中國古代史學叢書

八家後漢書輯注

周天游 輯注

修訂本 下

司馬彪續漢書卷四

光武十王傳

三五五　二郡二十九縣，租入倍諸王也〔一〕。（汪）

——范書宗室四王三侯傳注

〔一〕此東海王彊傳之文。彊以太子廢爲東海王。建武二十七年，始就國，光武以魯益東海。汪輯將此引入北海靖王興傳，非。

三五六　沛獻王輔性務嚴矜，有威，好經書，善說京氏易。（姚・汪・鈴木）

——初學記卷一〇

三五七　東平憲王蒼，少有孝友之質，弘雅恭敬。（鈴木）

——書鈔卷七〇

三五八　明帝詔曰：「東平王蒼寬博有謀，可以託六尺之孤〔一〕。其以蒼爲驃騎將軍。」是時天下無虞，蒼以宜修禮樂，乃議定南北郊衣冠車服制度，及世祖廟樂。蒼以懿親輔政，盡心王室，每有議

事，上未嘗不見從，名稱日重。（汪・鈴木）　——書鈔卷六四

〔一〕見論語泰伯篇，系曾子之語。正義曰：「謂可委託以幼少之君也，若周公、霍光也。」李賢曰：「六尺，謂年十五以下。」胡三省以爲出孔子之語，非。

三五九　蒼爲驃騎將軍，置長史員三十人〔一〕，位在三公上，辟當世名士，虚己禮之。（汪・鈴木）　——書鈔卷六四

〔一〕范書本傳作「四十人」，陳、俞本皆然。且「員」均作「掾史」。孔本恐誤。

三六〇　皁巾〔一〕。（汪）　——范書本傳注

〔一〕范書本傳作「帛巾」，系蒼生母光烈皇后生前所用，明帝賜蒼以作紀念。皁，黑繒也。説見廣韻。

三六一　東平王蒼到國，病，詔遣太醫丞將高手醫視病。（姚・汪・鈴木）　——初學記卷二〇

三六二　孝王京性孝恭〔一〕，好謙讓，好經學，數上詩賦頌德。（姚・汪）　——書鈔卷七〇

〔一〕京，琅邪王也。

朱穆傳

三六三　穆舉高第，拜侍御史。桓帝臨辟雍，行禮畢，公卿出，虎賁置弓階上，公卿下階皆避弓。穆過，呵虎賁曰：「執天子器，何故投於地！」虎賁怖，即攝弓。穆劾奏虎賁抵罪。公卿皆慙，曰：「朱御史可謂臨事不惑者也。」（姚・汪・鈴木）

——范書本傳注

樂恢傳

三六四　樂恢字伯奇，京兆長陵人。父爲縣吏，得罪，令收將殺之。恢時年十一，常於府寺門晝夜號泣。令聞之，即解出父。（汪）

——御覽卷三八四

三六五　樂恢除守陽令〔一〕，在職剛直，守清者也。（姚・汪）

——書鈔卷七八

〔一〕天游按：范書無恢任縣令事，且漢無守陽縣，疑有訛。

何敞傳

三六六　何敞字文高，太尉宋由辟爲掾，待之以禮。司徒袁安〔亦〕敬重之〔一〕。敞在宰府謇諤，議論抗直，〔無所屈撓，京師憚之〕〔二〕。

——書鈔卷六八

〔一〕據職官分紀卷五補。

〔二〕同右。

鄧彪傳

三六七　其先楚人，鄧況始居新野，子孫以農桑爲業。（姚・汪）

——范書本傳注

三六八　鄧彪字智伯，爲太尉，乞骸骨，以二千石終身焉。

——職官分紀卷四九

張禹傳

三六九　張禹拜揚州刺史，當濟江行部，〔中〕土人皆以江有子胥之神〔一〕，難於濟涉。禹厲聲云：「子胥若其有靈，知吾志在理察枉訟，豈危我哉！」令鼓楫而過。歷行部邑，吏民希見〔使〕者〔二〕，人懷喜悦。（姚・汪）

——類聚卷六〇　御覽卷六〇　書鈔卷三六　事類賦注卷六

〔一〕據御覽卷六〇補。

〔二〕據范書本傳補。

三七〇　張禹字伯達，遷太傅。朝夕進食，朝見特贊，與三公絶席〔一〕。（姚・汪）

——書鈔卷五二　〇　緯略卷五　晏公類要卷一四

〔一〕晏公類要卷一四末作「後漢世，周、畢之任特讚，與三公九卿絶席」。所增之文，當出自晏公手筆。

徐防傳

三七一　徐防爲尚書郎〔一〕，性惟周密畏慎，在臺閣典職十年，奏事三世〔二〕，未嘗有過。（姚・汪）

——初學記卷一一〇御覽卷二一五

〔一〕「防」原誤作「昉」，據御覽卷二一五逕正。

〔二〕范書本傳作「奉事二帝」，即明、章二帝。按和帝時，防遷司隸校尉，又出爲魏郡太守，復歷任少府、大司農、司空、司徒，不曾再在臺閣爲郎。據此則續書之「三」當系「二」之譌。

胡廣傳

三七二　剛〔一〕，辟大司徒馬宮掾。值莽居攝，剛即解其衣冠，懸府門而去。（姚・汪）

——書鈔卷六八

〔一〕乃胡廣六世祖。

三七三　胡〔廣，字〕伯始〔一〕，舉孝廉，試爲天下第一。（姚・汪）

——書鈔卷六〇　○　初學記卷一一　御覽卷二一五

〔一〕據初學記卷一一補。

三七四　故事：孝廉高第，三公尚書輒優之，特勞來其舉將。於是公府下詔書勞來雄焉〔一〕。（姚・汪）

——范書本傳注

〔一〕雄，南郡太守法雄也。

三七五　旬日拜尚書郎〔一〕，恪勤職事，所掌辨護〔二〕，兼涖兩曹，轉左丞（相）〔三〕。（姚・汪）

——書鈔卷六〇　○　范書本傳注　初學記卷一一　御覽卷二一五

〔一〕御覽卷二一五亦作「旬日」，然袁紀及范書本傳又均作「旬月」，又初學記卷一一、翰苑新書前集卷四、事文類聚新集卷十皆然，書鈔作「旬日」恐誤。

〔二〕「護」原誤作「讓」，據范書本傳注逕改。

〔三〕據初學記卷一一刪。

袁安傳 孫彭　彭弟湯　湯子成　逢　隗　玄孫　忠子祕

三七六　安字邵公，質性清嚴，不交異類。爲功曹〔一〕，奉檄記謁從事。從事因安致書於令，安曰：「公事自有郵驛，私請則非功曹所持。」距而不受。（姚・汪）

——書鈔卷三七

〔一〕時安任汝陽縣功曹

三七七　袁安爲河南尹，〔在職〕十餘年〔一〕，政令公平，未嘗以臧罪鞫人。吏民皆人人自勵，大小從化。〔京師肅然，名重朝廷〕〔二〕。（汪）

——書鈔卷七六④　○　又卷三六

〔一〕據書鈔卷三六補。

〔二〕同右。又書鈔卷七六有一引末句作「朝廷敬重之也」。

三七八　安奏司隸鄭據、河南尹蔡嵩〔一〕。（姚・汪）

——范書本傳注

〔一〕以鄭、蔡二氏阿附竇氏，無盡節之義而上奏彈劾。然書奏不報。

三七九　袁彭字伯楚，祖父安。歷廣漢、南陽太守。順帝初，爲光禄勳。行至清，爲吏麤袍糲食，終於議郎。（汪）

——御覽卷四二五　○　又卷六九三

三八〇　袁（安）〔湯〕字（召公）〔仲河〕〔一〕。桓帝初，〔爲司空〕〔二〕，遷太尉。有子逢、成、隗。

〔逢〕字周陽〔三〕，靈帝時爲司空。隗字〔次〕陽〔四〕，亦至司徒、太傅，封都鄉侯，四葉五公〔五〕。（姚・汪）

——御覽卷四七〇　○　初學記卷一八

〔一〕據范書本傳改。初學記卷一八作「安於桓帝初遷太尉」，御覽因之。天游按：袁安於章帝時歷任司空、司徒，和帝永元四年終於司徒任，豈能於桓帝時出任太尉！汪輯據御覽所引條，因而不改，復妄增「彭弟陽字仲和，累遷司徒」，又引初學記卷一八，改「太尉」爲「太師」，甚謬。

〔二〕據范書本傳補。

〔三〕同右。

〔四〕同右。

〔五〕除袁安、袁湯、袁逢、袁隗外，安子敞字叔平，和帝時曾位至司空，故曰「四葉五公」。

三八一　袁逢爲三老，賜玉杖。（姚・汪）

——類聚卷八三

三八二　袁忠子祕〔一〕，爲郡門下議生。黄巾起，祕從太守趙謙擊之，軍敗，祕與功曹封觀等七人以身扞刃，皆死於陣，謙以得〔免〕〔二〕。詔復祕等門閭，號曰「七賢」。（汪）

——御覽卷四二〇

〔一〕忠，袁安之玄孫。
〔二〕據汪輯補。

張酺傳曾孫濟

三八三　永平九年，詔書爲四姓小侯開學〔一〕，置五經師。張酺以經選，授於南宫。除廣平王郎。每朝會，輒講上前，音動左右，論難應對，常合上意。久之，賜車馬衣被，擢爲郎中。

——書鈔卷一三九

〔一〕四姓小侯，指外戚樊、郭、陰、馬四姓之子弟，故號小侯。

三八四　張濟爲河南尹〔一〕。中常侍段珪奴乘犢車于道，濟即收捕，梟首懸尸珪門也。（汪）

——御覽卷六四六

〔一〕「尹」原誤作「令」，逕改。

郭躬傳

三八五　郭躬字仲孫，潁川人。辟公府，以明法律，特預朝議。時有兄弟共以繩絞殺人，各持一端，辜不可分。中常侍孫章傳詔命：兄不教導弟，報兄重，弟減死。章誤言兩報。重獄已斷，尚書奏矯制當斬。上問躬，躬曰：「當罰金。」上曰：「矯〔詔〕殺人〔一〕，如何罰金？」躬曰：「法令有故有誤〔二〕，章不故，指傳命誤即報重，是故爲無所放也。『周道如砥，其直如矢』〔三〕。君子不逆詐〔四〕，王法大刑〔五〕，不可委曲生意。」上曰：「善。」（汪）

——御覽卷六四〇

〔一〕據汪輯補。

〔二〕晉書刑法志曰：「其知而死之，謂之故。不意誤犯，謂之過失。」按過失即誤。

〔三〕見詩小雅大東。鄭箋曰：「如砥，貢賦平均也。如矢，賞罰不偏也。」

〔四〕論語憲問：「子曰：『不逆詐，不億不信，抑亦先覺者，是賢乎？』」

〔五〕范書本傳「大」作「天」，是。

班超傳

三八六　「久弄筆研乎？」〔一〕（汪）

——范書本傳注

〔一〕范書本傳曰：「大丈夫無它志略，猶當效傅介子、張騫立功異域，以取封侯，安能久事筆研間乎？」華嶠書作「久事筆耕乎」，謝承書作「久事筆硯乎」。四載文意同而遣辭略異耳。

三八七　騩馬〔一〕。（汪）

——范書本傳注

〔一〕時超至于闐，于闐王禮儀甚疏，巫詐言神怒，欲取超之馬以祠之。范書本傳作「騧馬」。華嶠書同續書。說文卷九曰：「騩，馬淺黑色。」又曰：「騧，黃馬黑喙。」

三八八　求得故王兄子榆勒立之，更名曰忠。（汪）

——范書本傳注

三八九　損中[一]。（汪）

——范書本傳注

[一] 疏勒王忠反，説康居王借兵，還據損中，欲襲超取疏勒。東觀諸史唯東觀記作「頓中」，未知孰是。

應奉傳 子劭

三九〇　應奉字世叔，聰明，自爲童兒及長，凡所經歷，莫不暗記，讀書五行並下[一]。（汪）

——御覽卷三八四　○　緯略卷七

[一] 緯略卷七「五行」作「數行」。

三九一　仲援[一]。（姚・汪）

——范書本傳注

[一] 參見謝承書應劭傳注。

三九二　劭又著中漢輯敍、漢官儀及禮儀故事，凡十一種，百三十六卷。朝廷制度，百官儀式，所以不亡者，由劭記之。官至泰山太守。劭弟珣，字季瑜，司空掾，即瑒之父[一]。（姚・汪）

——魏志王粲傳注

〔一〕疑「即瑒之父」四字係裴松之所加，非續書原文。

孝明八王傳

三九三　王悝謀不道〔一〕，有詔削四縣。悝，伉之曾孫〔二〕。

——書鈔卷七〇

〔一〕按孔本標目作「貶食一縣」，與引文異。陳、俞本改注范書。

〔二〕按千乘王伉之孫鴻，質帝立，改封勃海王。無子，梁太后復立桓帝弟蠡吾侯悝爲勃海王，奉鴻祀，故曰伉之曾孫。

三九四　坐輕慢不孝〔一〕。（注）

——范書安帝紀注

〔一〕乃指樂城王萇坐此罪貶爲臨湖侯。

李恂傳

三九五　李恂字叔英，安定臨涇人。太守李鴻請署功曹，未及到而州辟爲從事。會鴻卒，恂不應

州命，而送鴻喪還鄉里。既葬，留起冢墳，治喪三年。（汪）
——御覽卷二六四

三九六　李恂字少英〔一〕，遷御史，持節使幽州，所過皆圖寫山川、屯田、聚落百餘卷，肅宗嘉之。（姚・汪）
——書鈔卷六二

〔一〕范書本傳作「叔英」，與上條御覽引同，此作「少英」，恐誤。

龐參傳

三九七　龐參字仲達，河南緱氏人，官至太尉〔一〕。（姚・汪）
——姚輯

〔一〕出處俟攷。

橋玄傳

三九八　玄字公祖，梁國睢陽人。少治禮及嚴氏春秋。累遷尚書令。玄嚴明有才略，長於知人〔一〕。初魏武帝爲諸生，未知名也，玄甚異之。（姚・汪）

——世説識鑒注　○　魏志武帝紀注

〔一〕魏志武帝紀注作「長於人物」。

三九九　橋玄爲部從事。時陳相羊昌受取狼藉，玄到陳，案考昌，得其姦臧案。玄少爲縣功曹，豫州刺史周景行部到梁國，玄謁景，因伏地言：「陳相羊昌罪惡，乞爲部陳從事，窮案其姦。」景壯玄意，署而遣之。玄到，悉收昌賓客，具考臧罪。昌素爲大將軍梁冀所厚，冀爲馳檄救之。景承旨召玄，玄還檄不發，案之益急，昌坐檻車徵〔一〕。（汪）

——汪輯

〔一〕汪輯注出書鈔卷七三，非。疑其誤引范書。

四〇〇　橋玄爲司空，轉司徒。素與南陽太守陳球有隙，及在公位，而薦球爲廷尉。（姚・汪）

——類聚卷五三　○　御覽卷六三　○　書鈔卷三三

崔瑗傳

四〇一　崔瑗愛士，好賓客，盛修肴膳。——書鈔卷三四

徐稚傳 李曇

四〇二　陳蕃、胡廣等上疏薦徐稚等曰：「臣聞善人，天地之紀，治之所由也。伏見處士豫章徐稚、彭城姜肱〔一〕、汝南袁閎〔二〕、京兆韋著、潁川李曇，德行純備，著於民聽。若使擢登三事，協亮天工，必能翼宣盛美，增光日月矣。」桓帝乃以安車玄纁徵之。（汪）——御覽卷六三〇　〇　初學記卷二〇　書鈔卷三三

〔一〕「彭城」原誤作「城陽」，據初學記卷二〇逕改。

〔二〕「閎」原誤作「閬」，據汪輯逕改。

四〇三　李曇字子雲〔一〕。（汪）——汪輯

〔一〕汪輯注出書鈔，未詳卷數。今按此引不見於書鈔，出處俟考。

姜肱傳

四〇四　姜肱字伯淮，〔彭城廣威人也〕〔一〕。兄弟三人皆以孝行著。肱年〔最〕長〔二〕，與二弟仲海、季江同被臥，甚相親友。及長，各娶妻，兄弟相戀，不能相離，以繼嗣當立，乃更往就室。學皆通五經，兼明星緯。（姚・汪）——御覽卷五一五　〇　類聚卷二一　初學記卷一七

〔一〕據初學記卷一七補。

〔二〕同右。

申屠蟠傳

四〇五　申屠蟠字子龍，父母卒〔一〕，〔孝毁過禮。服除〕〔二〕，蟠思慕，不飲酒食肉十餘年。〔每〕忌日哀戚〔三〕，輒三日不食。（姚・汪）——書鈔卷九四　〇　類聚卷二〇　御覽卷五六二

〔一〕類聚卷二〇作「九歲喪父」，與范書同。

〔二〕據類聚卷二〇補。

〔三〕同右。

四〇六 同縣大女緱玉爲從父報仇〔一〕，殺夫之從母兄李士。姑執玉以告吏〔二〕。（姚・汪）

——范書本傳注

〔一〕范書本傳作「爲父報讎」。

〔二〕時令欲論殺玉。蟠年十五，極諫之，玉遂得減死。

四〇七 徵爽爲司空，融爲尚書，紀爲侍中〔一〕。（姚・汪）

——范書本傳注

〔一〕此引李賢日出續漢志，誤。時值中平六年，董卓行廢立之事，公車徵荀爽、韓融、陳紀、申屠蟠，惟蟠不到。

楊震傳 子秉 孫賜 曾孫彪 玄孫修

四〇八 教授二十餘年，州請召，數稱病不就。少孤貧，獨與母居，假地種殖，以給供養。諸生嘗

有助種藍者，震輒拔更〔種〕〔一〕，以距其後，鄉里稱孝也。（姚・汪）

——范書本傳注 ○ 類聚卷八一

〔一〕據類聚卷八一補

四〇九 鱓〔一〕。（汪）

——范書本傳注

〔一〕時有冠雀銜三鱓魚飛集講堂前。范書本傳作「鱣」，謝承書同續書。李賢曰：「『鱣』、『鱓』古字通也。鱣魚長者不過三尺，黄地黑文，故都講云『蛇鱓，卿大夫之服象也』」。

四一〇 楊震爲東萊太守，道經昌邑。初震爲荆州，舉茂才王密。密時爲昌邑令，謁見。至夜，懷金十斤以遺震。震曰：「故人知君，君不知故人，何也？」密曰：「暮夜無知者。」震曰：「天知，神知，子知，我知，何謂無知？」密愧而出。（姚・汪）

——類聚卷八三 ○ 御覽卷八〇九 事類賦注卷九

四一一 楊震數切諫，爲樊豐等所譖，遣歸本郡。震行至城西凡陽亭〔一〕，謂諸子門人曰：「身死之日，以雜木爲棺，〔布〕單被〔二〕，裁足蓋形，勿歸塚次，勿設祭祠。」因飲酖而卒。（姚・汪）

——御覽卷五五一 ○ 書鈔卷九二

〔一〕書鈔卷九二作「陽亭」，范書本傳作「几陽亭」，而汲本、殿本范書作「夕陽亭」，袁紀作「沈亭」，東觀記又作「都亭」，諸載各異，未悉孰是。

〔二〕據書鈔卷九二補。

四一二　楊震將葬，大鳥來止亭樹，下地安行到柩前，正立低頭淚出。衆人更共摩撫抱持，終不驚駭。其鳥五色，高丈餘，兩翼長二丈三尺，人莫知其名也〔一〕。（姚·汪）

——御覽卷九一四　○　范書本傳注

〔一〕本傳注「其鳥」以下爲謝承書之文，御覽編者恐誤將其抄入續書。

四一三　楊秉字叔節，爲刺史、二千石，計日受俸，餘祿不入私門。故吏齎錢百萬遺之，閉門不受，以廉清稱。

——書鈔卷三八

四一四　楊秉字叔節，以尚書侍講；蔡邕字伯喈，以侍中並爲左中郎將。（汪）

——御覽卷二四一

四一五　楊賜以病罷，居無何，拜爲太常，詔賜御〔府〕衣一襲〔一〕。（姚·汪）

——書鈔卷一二九　○　又卷一九

〔一〕據書鈔卷一九補。

四一六　楊彪字文先，博覽衆書〔一〕，有恭孝稱。〔與諸郎著作東觀〕〔二〕，〔位〕至司徒、太尉〔三〕。

——書鈔卷五〇　○　御覽卷二三四

（汪）

〔一〕御覽卷二三四作「多識博聞」。汪輯注曰：「書鈔五十七引作『博議多文』。」今按孔本卷五七引，乃班固事蹟，且文作「多議博文」。陳、俞本妄改作楊彪事，並删「字孟堅」三字，又翰苑新書前集卷五同孔本。汪注誤。

〔二〕據御覽卷二三四補。

〔三〕據翰苑新書前集卷一補。

四一七　彪代董卓爲司空，又代黄琬爲司徒。時袁術僭亂，操託彪與術婚姻，誣以欲圖廢置，奏收下獄，劾以大逆。（姚・汪）

——范書袁紹傳注

四一八　彪見漢祚將終，自以累世爲三公，恥爲魏臣，遂稱足攣，不復行。積十餘年，〔魏文〕帝即（王）位〔一〕，欲以爲太尉，令近臣宣旨。彪辭曰：「嘗以漢朝爲三公，值世衰亂，不能立尺寸之益，若復爲魏臣，於國之選，亦不爲榮也。」帝不奪其意。黄初四年，〔魏文帝詔曰：「先王制几杖之賜，所以賓禮黄耇〔二〕，以彰舊德〔三〕。太尉楊彪，乃祖以來世著名績，其賜公延年杖。延請之日便使杖之。」〕〔四〕〔又使着鹿皮冠〕〔五〕，詔拜光禄大夫，秩中二千石，朝見位次三公，如孔光故事〔六〕。彪

上章固讓，帝不聽，又爲門施行馬，致吏卒，以優崇之。年八十四，以六年薨。（姚・汪）

——魏志文帝紀注　○　書鈔卷五〇　御覽卷三七二　又卷七四三
范書本傳注　書鈔卷一三三（2）　御覽卷七一〇

〔一〕據書鈔卷五〇刪補。

〔二〕儀禮士冠禮曰：「黄耇無疆，受天之慶。」鄭注：「黄，黄髮也；耇，凍梨也。皆壽徵也。」

〔三〕此四字據書鈔卷一三三、御覽卷七一〇補入。

〔四〕據范書本傳注補。

〔五〕據書鈔卷五〇補。

〔六〕漢書孔光傳載王太后詔曰：「賜太師靈壽杖，黄門令爲太師省中坐置几，太師入省中用杖，賜餐十七物，然後歸老于第，官屬按職如故。」又元壽元年光徵詣公車，問日蝕事。書奏，帝悦，拜光爲光禄大夫，秩中二千石，給事中，位次丞相。

四一九　人有白修與臨淄侯曹植飲，醉共載，從司馬門出，謗訕鄢陵侯章。太祖聞之，大怒，故遂收殺之。時年四十五矣。（汪）

——范書本傳注

章帝八王傳

四二〇　清河王小心恭孝，特見親愛。後諸王就國，鄧太后特詔清河國置中尉、内史〔一〕，賜乘〔輿〕〔二〕、上御物焉。（汪）

——御覽卷二四八

〔一〕「特詔」二字原誤倒，據汪輯逕正。

〔二〕據范書本傳補。清河王，孝王劉慶也。

四二一　河間孝王開，忠貞恭謹，聰敏畏慎。上以開小弟，特親愛。（姚·汪）

——書鈔卷七〇

四二二　起河間第。

——書鈔卷二一

張綱傳

四二三　綱字文紀，少以三公子經明行修舉孝廉〔一〕，不就。司徒辟，以高第爲侍御史。漢安元年，拜光祿大夫。〔帝遣八使巡行風俗〕〔二〕，與侍中杜喬等八人同日受詔，持節分出，案行天下貪廉，墨綬有罪便收，刺史二千石以驛表聞，威惠清忠，名振郡國，號曰「八儁」〔三〕。〔皆宿儒要位，唯綱年少官微〕〔四〕。是時大將軍梁冀侵擾百姓，喬等七人皆奉命四出，〔各之所部〕〔五〕，唯綱獨埋車輪於洛陽都亭不去〔六〕。〔或問之〕〔七〕，曰：「豺狼當路，安問狐狸！」〔八〕遂上書曰：「大將軍梁冀、河南尹不疑，蒙外戚之援，荷國厚恩，以芻蕘之姿，安居阿保，不能敷揚五教，翼贊日月，而專爲封豕長蛇〔九〕，肆其貪饕，甘心好貨，縱恣無厭，多樹諂諛，以害忠良，誠天威所不赦，大辟所宜加也。謹條其無君之心十五事於左，皆忠臣之所切齒也。」書奏御，京師震悚。時冀妹爲皇后，內寵方盛，冀兄弟權重於人主，順帝雖知綱言不誣，然無心治冀，冀深恨綱〔一〇〕。（姚・黄）

——蜀志張翼傳注　○　書鈔卷六二　又卷一四一　初學記卷一二　又卷二〇　御覽卷二二七　又卷七七五　類林雜説卷三

〔一〕綱父張晧，順帝時拜司空，忝任三公之位。

〔二〕據書鈔卷六二補。帝，順帝也。

〔三〕書鈔卷六二作「八座」，書鈔卷一四一作「八使」，初學記卷一二、御覽卷二二七作「八彥」，唯御覽卷七七五作「八俊」，與蜀志注同。范書周舉傳亦作「八俊」。

〔四〕據書鈔卷六二補。

〔五〕同右。

〔六〕參見謝承書張綱傳注。

〔七〕據御覽卷七七五補。

〔八〕漢書孫寶傳載：寶任京兆尹，其所署東部督郵侯文曰：「豺狼橫道，不宜復問狐狸。」綱言當本於此。

〔九〕淮南子本經訓曰：「堯之時，封豨、脩蛇爲民害，乃使羿斷脩蛇於洞庭，擒封豨於桑林。」按封豨即封豕，野猪也。脩蛇即長蛇，劉安避其父諱而改。定公四年左傳即作「封豕長蛇」。二者皆以喻貪暴者。

〔一〇〕類林雜説卷二「漢安」誤作「漢宣」，且下有「帝」字。「安問狐狸」下作「帝曰：『是誰？』曰：『是梁冀。』是日誅冀」，謬甚！

四二四　會廣陵賊張嬰等衆數萬人，殺刺史二千石，冀欲陷綱，乃諷尚書以綱爲廣陵太守，若不爲嬰所殺，則欲以法中之。前太守往，輒多請兵，及綱受拜，詔問當得兵馬幾何，綱對曰「無用兵馬」，遂單車之官，徑詣嬰壘門，示以禍福。嬰大驚懼，走欲閉門。綱又於門外罷遣吏兵，留所親者十餘人，以書語其長老素爲嬰所信者，請與相見，問以本變，因示以詔恩，使還請嬰。嬰見綱意誠，即出見綱。綱延置上坐，問其疾苦，禮畢，乃謂之曰：「前後二千石多非其人，杜塞國恩，肆其私求。鄉郡遠〔一〕，天子不能朝夕聞也，故民人相聚以避害。二千石信有罪矣，爲之者乃非義也。忠臣不欺君以自榮，孝子不損父以求福。天子聖仁，欲文德以來之〔二〕，故使太守來，思以爵禄相榮，不願以刑也。今誠轉禍爲福之時也，若聞義不服，天子赫然發怒，大兵雲合，豈不危乎？宜深計其利害。」嬰聞，泣曰：「荒裔愚人，數爲二千石所侵枉，不堪其困，故遂相聚偷生。明府仁及草木，乃嬰等更生之澤，但恐投兵之日，不免孥戮耳。」綱曰：「豈其然乎！要之以天地，誓之以日月。方當相顯以爵位，何禍之有乎？」嬰曰：「苟赦其罪，得全首領，以就農畝，則抱戴没齒，爵禄非所望也。」嬰雖爲大賊，起於狂暴，自以爲必死，及得綱言，曠然開明，乃辭還營。明日，遂將所部萬餘人，與妻子面縛詣綱降。綱悉釋縛慰納，謂嬰曰：「卿諸人一旦解散，方垂盪然，當條名上之，必受封賞。」嬰曰：「乞歸故業，不願以穢名汙明時也。」綱以其至誠，乃各從其意，親爲安處居宅，子弟欲爲吏者，隨才任職，欲爲民者，勸以農桑，田業並豐，南州晏然。論功，綱當封，爲冀所遏絶，故不得侯。天子美其功，徵欲用之。嬰等上書，乞留在郡二歲。建康元年，病卒官，時年三十六〔三〕。嬰等三百餘人〔四〕，皆衰杖送綱喪至洛陽。葬訖，爲起冢立祠，四時奉祭，思慕如喪考妣。天子追念不已，下詔褒揚，除一子爲郎〔五〕。

——蜀志張翼傳注　○　類林雜説卷三　書敍指南卷一八

（姚・汪）

〔一〕汪輯改「鄉」作「卿」。袁紀同續書。

〔二〕書大禹謨曰：「帝乃誕敷文德。」孔傳曰：「遠人不服，大布文德以來之。」亦見論語季氏。

〔三〕范書本傳作「年四十六」，袁紀亦然，續書恐誤。

〔四〕范書本傳作「五百餘人」，袁紀同續書。

〔五〕綱子名續，除爲郎。又以上二引，姚輯未注出處，汪輯不詳所出，依姚本而補之以初學記、御覽諸引，今并補正之。

王龔傳

四二五　龔以中常侍張昉等弄國權，欲奏誅之。時龔宗親有以楊震行事諫止之〔一〕。（汪）

——汪輯

〔一〕此引汪文臺未注所由出，僅曰：「范書謂上書極言其狀，與此異。」

四二六　王龔爲太尉，在位恭慎自持，非公事不通州郡書記。其所辟命，皆海内之長者。（汪）

——書鈔卷五一　○　御覽卷二〇七

种暠傳

四二七　种暠字景伯。順帝時爲侍御史，監護太子承光宮。中常侍高梵受勅迎太子，不賫詔書，以衣車載太子欲出。太子太傅（高襄）〔杜喬〕不知所以〔一〕，力不能止。開門臨去，暠至，横劍當車，曰：「御史受詔，監護太子。太子，國之儲副，天命所繫〔二〕。常侍來，無一尺詔書〔三〕，安知非挾奸邪？今日之事，有死而已。」梵不敢爭。〔帝嘉其持重，稱善良久〕〔四〕。（姚・汪）

——初學記卷一二　○　書鈔卷六二　御覽卷二二七

〔一〕據書鈔卷六二以正。御覽卷二二七誤作「高褒」。袁紀、范書均作「杜喬」。

〔二〕御覽卷二二七作「人命所繫」，職官分紀卷一四、天中記卷三二均同。按范書亦作「人命」，而袁紀作「巨命」。疑「人」本作「民」，後人避唐太宗諱而改。御覽引袁紀誤「民」作「巨」，乃形近致訛。而初學記作「天」，則又系撰者誤抄「人」爲「天」也。

〔三〕「一尺」書鈔卷六二作「尺寸」，疑皆爲「尺一」之訛。李賢曰：「尺一，謂板長尺一，以寫詔書也。」陳蕃傳「尺一選舉」，陽球傳「不得稽留尺一」，李雲傳「尺一拜用」，皆可爲證。

〔四〕據書鈔卷六二補。

四二八　种暠爲益州刺史，在職三年，宣恩遠夷，開曉殊俗，岷山雜落，皆懷服漢德。其白狼、槃木諸國並貢，〔自〕前刺史卒後遂絶〔一〕。暠至，乃復向化。永昌太守鑄黄金爲文蛇，以獻梁冀。暠糾發追捕，馳傳上言。冀由是銜怒。（姚・汪）

——類聚卷五〇　○　御覽卷二五六

〔一〕據御覽卷二五六補。

四二九　种暠字景伯，爲梁州刺史，甚得百姓歡心。欲遷，吏民詣闕請留。太后歎曰：「未聞刺史

得人民心如此！」復留一年。（姚・汪）

——書鈔卷七二

四三〇　种暠爲益州刺史〔一〕，遷漢陽太守，吏民五夷，男子號泣。（姚・汪）

——書鈔卷三五

〔一〕「益」當係「梁」之誤。

陳球傳

四三一　陳球遷繁陽令，清高不動。（汪）

——書鈔卷七八

劉陶傳

四三二　劉（騊）〔陶〕爲（涓）〔湞〕陽長〔一〕，政化大行，道不拾遺。以病去官，童謡歌曰：「悒然不

樂，思我劉君。何時復來，安此下民。」（姚・汪）

——類聚卷五〇　〇　御覽卷二六七

〔一〕據袁紀、范書改「騊」作「陶」。御覽卷二六七作「騊駼」，更謬。又據御覽改「湏」作「湞」。然范書本傳作「順陽」，謝承書作「樅陽」，三載各異，未知孰是。

虞詡傳

四三三　虞詡字升卿，陳留圉人〔一〕。祖〔經〕爲獄吏〔二〕，嘗傚于公之治獄〔三〕。及詡生，經曰：「吾雖不及于公子孫至丞相，冀得爲九卿。」故字詡曰升卿。至尚書令。（汪）

——御覽卷六四三

〔一〕范書本傳作「陳國武平人」。今按陳國即漢故淮陽郡，章和二年改作陳國。圉，舊屬淮陽，後入陳留郡。二縣雖曾同郡，而相距較遠。李賢曰：「酈元水經注云武平城西南七里有漢尚書令虞詡碑，題云『君諱詡，字定安，虞仲之後』。定安蓋詡之別字也。」據此恐當以范書爲是。又「升」誤「叔」，逕改，下同。

〔二〕據范書本傳及下文補。

〔三〕于公，西漢名獄吏，史稱「決獄平，羅文法者于公所決皆不恨。郡中爲之生立祠」。後其子于定國於宣帝時代黃霸爲丞相。

四三四　虞詡從弟孫客長沙，詡迎與俱渡江水，孫墮船，詡投水中救之，一浮一没，遇沙得皆不死。（姚・汪）

——書鈔卷一五九

四三五　朝歌賊寧季等數千人攻殺長吏，乃使虞詡爲朝歌長。故舊皆弔詡曰：「得朝歌何衰！」詡笑曰：「難者不避，易者不從〔一〕，臣之職也。不遇盤根錯節，何以別利器乎？」始到，謁河内太守馬稜。稜勉之曰：「儒者謀謨廟堂，反在朝歌耶？」詡曰：「初除之日，大夫皆弔。」及到官，設令三科以募求壯士，自掾史以下，各舉所知，其攻劫者爲上，而不事家業者爲下〔二〕，收得百餘人。詡爲之饗會，悉貸其罪，使入賊中，誘令劫掠，乃伏兵以待之，遂殺賊百人。又潛遣貧民得縫者，傭作賊衣，以絳縷縫其裾爲識〔三〕。有出市買者，吏輒禽之。由是駭散，咸稱神明。（姚・汪）

——御覽卷四四九　○　書鈔卷七八(2)　類聚卷五〇　御覽卷二六六　范書本傳注

〔一〕原作「志不求易，事不避難」，乃御覽編者妄據范書本傳改易所致。今據書鈔卷七八、類聚卷五〇、御覽卷二六六逕改。

〔二〕范書本傳此句上有「傷人偷盜者次，帶喪服」十字，疑此引有脱文。

〔三〕「絳縷」本作「采綖」，「裾」本作「裙」，皆據范書本傳注逕改。又范書本傳「識」作「幟」。

四三六　遷武都太守。及還，羌率數千遮詡於陳倉。詡即停軍不進，而上書請兵，須到當發。羌聞之，乃分鈔傍縣。詡因其兵散，日夜進行百餘里。令吏士各作兩竈，日增倍之，羌不敢逼。或問曰：「孫臏減竈，而君增之。兵法曰：『日行不可過三十里，〔以戒不虞〕〔一〕。』而今日行二百〔里〕〔二〕，何也？」詡曰：「虜衆多，吾兵少，徐則易爲所及，速則彼不測。虜見竈增，必謂郡兵來迎。〔衆〕行速〔三〕，必憚追我。孫臏見弱，吾今示彊，勢有不同故也。」（姚・汪）

——御覽卷四四九　○　類聚卷八〇

〔一〕據類聚卷八〇補。李賢曰：「前書王吉上疏曰：『古者師行三十里，吉行五十里。』」

〔二〕據類聚卷八〇補。

〔三〕同右。

四三七　虞詡爲武都太守。虜來攻城，詡出戰，敕曰：「吾言强弩射之，小弩發。言小弩射之，强弩發。」於是小弩先發，虜以爲弩力極，即解弛。〔詡〕使强弩二十張共唯一人而射之〔一〕，三發而三中，虜衆潰。（汪）

——書鈔卷一二五　○　御覽卷三四八

〔一〕據汪輯補。

四三八　下辯東三十餘里有峽，中當泉水，生大石〔一〕，障塞水流，每至春夏，輒〔濆〕溢，没秋稼〔二〕，壞敗營郭。詡乃使人燒石，以水灌之〔三〕，石皆坼裂〔四〕，因鐫去石，遂無氾溺之患〔五〕。

（姚・汪）

——范書本傳注　○　水經注卷二漾水注○　類聚卷六　御覽卷五三

〔一〕水經注卷二〇作「峽中白水生大石」，御覽卷五三亦然。按「白水」係「泉」之誤。

〔二〕據水經注卷二〇、類聚卷六補。

〔三〕水經注卷二〇「水」作「醯」，御覽卷五三作「醋」。正字通曰：「醋，醯別名也。」醯，音希。

〔四〕水經注卷二〇「坼」作「碎」，類聚卷六作「罅」，御覽卷五三作「淬」，其意一也。

〔五〕他三引「患」皆作「害」。

四三九　詡始到〔郡〕〔一〕，穀石千〔二〕，鹽石八千，見戶萬三千。視事三歲，米石八十，鹽石四百，流人還歸，郡戶數萬，人足家給，一郡無事。（姚・汪）

——范書本傳注　○　書鈔卷一四六　御覽卷八六五

〔一〕據書鈔卷一四六補。郡，武都郡。

〔二〕御覽卷八六五「千」下有「五百」二字。

傅燮傳

四四〇　欒軍斬賊三師卜已、張伯、梁仲寧等，功高爲封首。（姚・汪）

——范書本傳注

蓋勳傳

四四一　曾祖父進，漢陽太守；祖父彪，大司農。（姚・汪）

——范書本傳注

四四二　中平元年，黃巾賊起，故武威太守酒泉黃雋被徵，失期。梁鵠欲奏誅雋，勳爲言得免。雋以黃金二十斤謝勳，勳謂雋曰：「吾以子罪在八議〔一〕，故爲子言，吾豈賣評哉！」終辭不受。（姚・汪）

——范書本傳注

〔一〕周禮秋官小司寇曰：「以八辟麗邦法，附刑罰：一曰議親之辟，二曰議故之辟，三曰議賢之辟，四曰議能之辟，五曰議功之辟，六曰議貴之辟，七曰議勤之辟，八曰議賓之辟。」孫詒讓周禮正義曰：「蓋凡入八議限者，輕罪則宥，重罪則改附輕比，仍有刑也。」

四四三　宋泉〔一〕。（姚・汪）

〔一〕范書本傳言涼州刺史左昌坐因軍興斷盜數千萬被徵，以扶風宋梟代之。汪文臺按：范作「梟」非，作「泉」亦非，疑本作「鳶」，因音誤作「淵」，又以廟諱作「泉」。——范書本傳注

四四四　是時，漢陽叛人王國衆十餘萬，攻陳倉，三輔震動。勳領郡兵五千人，自請滿萬人，因表用處士扶風士孫瑞爲鷹鷂都尉，桂陽魏傑爲破敵都尉，京兆杜楷爲威虜都尉，弘農楊儒爲鳥擊都尉，長陵第五儁爲清寇都尉。凡五都尉，皆素有名，悉領屬勳。每有密事，靈帝手詔問之。（姚・汪）——范書本傳注

張衡傳

四四五　張衡字平子，以才學通博稱，文最高華，舉孝廉，除尚書郎〔一〕。——職官分紀卷八

〔一〕范書本傳作「永元中，舉孝廉不行，連辟公府不就」，後「安帝雅聞衡善術學，公車特徵拜郎中」，與此異。按職官分紀卷八所引，文多怪譎，恐非續書之舊，録以備攷。

四四六　張衡〔字平子，以郎中遷太史令〕〔一〕。性精微，有巧藝，〔妙善璣衡之正紀，作渾天儀。復造候風〕地動儀〔二〕，以精銅鑄〔成〕〔三〕。其器圓徑八尺，形似（傾）〔酒〕樽〔四〕，其蓋穹隆〔五〕，飾以篆文。〔樽中有都柱，旁行八道，施關發機〕〔六〕。外有八龍，首銜銅丸，下有蟾蜍承之。其牙發機，皆隱在樽中，周密無際，如一體焉。〔如有〕地動〔七〕，〔樽則震〕〔八〕，機發，龍即吐丸，蟾蜍張口受丸，聲乃振揚，司者覺知。即省龍機，其餘七首不發，〔尋其方面〕〔九〕，則知地震所從起來也。〔驗之以事〕〔一〇〕，合契若神，觀之莫不服其奇麗，自古所來未嘗有也。（姚・汪）

——御覽卷七五二　○　又卷二三五　初學記卷五　書鈔卷五五
事類賦注卷六

〔一〕據御覽卷二三五及書鈔卷五五補。
〔二〕同右。其中「作」字據范書本傳補。
〔三〕據御覽卷二三五補。
〔四〕據初學記卷五、事類賦注卷六改。又御覽卷二三五作「酒杯」。
〔五〕御覽卷二三五作「合蓋隆起」，且在「八尺」句之下。
〔六〕據初學記卷五、事類賦注卷六補。
〔七〕據書鈔卷五五及御覽卷二三五補。

〔八〕據御覽卷二三五補。

〔九〕據御覽卷二三五補。

〔一〇〕據書鈔卷五五、御覽卷二三五補。

四四七　「後人皮傅，無所容竄。」〔一〕（汪）

——范書本傳注

〔一〕范書本傳引張衡斥圖緯虚妄疏曰：「且河洛、六藝，篇録已定，後人皮傅，無所容篡。」張衡集亦作「竄」。李賢曰：「篡」「竄」，義亦通也。又李賢引揚雄方言曰：「秦晉言非其事謂之皮傅。」即牽强傅會之意也。

馬融傳

四四八　馬融安帝時爲大將軍鄧騭所召，拜校書郎中。在東觀十年，窮覽典籍，上廣成頌〔一〕。（汪）

——職官分紀卷一六

〔一〕汪輯未注所出，且無前兩句。

四四九　融爲校書郎，又拜郎中〔一〕。（汪）　——范書本傳注

〔一〕參見謝承書馬融傳注。

四五〇　融對策於北宫端門。（汪）　——范書本傳注

蔡邕傳

四五一　蔡伯喈，陳留圉人。通達有儁才，博學善屬文，伎藝術數，無不精綜。（姚・汪）　——世説新語品藻注　○　史略卷二

四五二　蔡邕避難在吴，告人曰：「吾昔經會稽高遷亭，見屋椽竹從東間數第十六可以爲籥。」取用，果有異聲。（汪）　——御覽卷一八八　○　又卷一九四

四五三　董卓爲司空，辟蔡邕，稱疾不就。卓大怒，詈曰：「我力能族人！」邕不得已，及到，署祭

酒。（汪）

——御覽卷四六六

四五四　〔以侍中〕仕至左中郎將〔一〕。爲王允所誅。（姚・汪）

——世説新語品藻注　○　御覽卷二四一

〔一〕據御覽卷二四一補。

左雄傳

四五五　虞詡以左雄有忠公節，上疏薦之曰：「伏見議郎左雄，數上封事，至引陛下身遭危難以爲警戒，實有王臣蹇蹇之節，周公謨成王之風〔一〕，宜擢在喉舌之官，必有匡弼之益。」由是拜雄尚書。（姚・汪）

——御覽卷六三〇　○　類聚卷五三　書鈔卷三三

〔一〕李賢曰：「謨，謀也。即尚書立政、無逸篇之類也。」

四五六　左雄字伯豪，爲尚書，遷僕射，奏孝廉不滿四十，不得察舉。廣陵孝廉徐淑未滿，對曰：「漢詔云『有如顏子者不限年』〔一〕，是故本鄉以淑充選。」雄詰之曰：「昔者顏子聞一知十，孝廉聞一知幾？」淑默然無以對也。

——書鈔卷七九

〔一〕范書本傳作「顔回、子奇」。

四五七 左雄奏徵海内名儒爲博士，使公卿子弟爲諸生，有志操者，加其俸禄。及汝南謝廉、河南趙建（章）〔一〕，年始十二，各能通經，雄並奏拜童子郎。於是負書來學，雲集京師。（姚・汪）

——范書臧洪傳注　○　書鈔卷五六

〔一〕據書鈔卷五六删。范書本傳亦無「章」字。

周舉傳

四五八 周舉字真先〔一〕，爲并州刺史。太原一（部）〔郡〕〔二〕，舊俗以介子推焚骸，有龍忌之戒〔三〕，或一月寒食，〔莫敢煙爨，老小不堪，歲歲多死者〕〔四〕。舉到，以吊書置子推廟，言盛冬滅火，殘損人命，非賢者之意，〔以宣示愚民〕〔五〕，使還温食。於是衆人稍解，風俗頗革。（姚・汪）

——書鈔卷七二　○　類聚卷五〇　御覽卷二五六

〔一〕書鈔卷五六、初學記卷一二均作「宣光」，而東觀記、袁紀、范書皆然。按姚輯作「貞先」，汪輯删而不録。孔廣陶以爲「貞」本作「真」，宋鈔避仁宗諱。今録而存疑，或系周舉別字亦未可知。

〔二〕據范書本傳改。

〔三〕「龍忌」者，禁火之日也。范書本傳李賢注：「龍，星，木之位也，春見東方。心爲大火，懼火之盛，故爲之禁火。俗傳云子推以此日被焚而禁火。」

〔四〕據類聚卷五〇改補。書鈔卷七二僅有「人多不堪」四字。御覽卷二五六同類聚卷五〇所引。

〔五〕據類聚卷五〇補。御覽卷二五六亦然。

四五九　周舉字宣光，梁商表爲從事中郎。商疾甚，帝問遺言，對曰：「臣從事中郎周舉，清慎高亮，不可不任。」拜諫議大夫。（姚・汪・鈴木）

——書鈔卷五六　○　初學記卷一二　御覽卷二二三

四六〇　〔周舉字宣光〕〔一〕，順帝時，詔遣八使循行風俗，皆選素有威名者。乃拜舉侍中，〔與侍中〕杜喬〔二〕、守光禄大夫周翊〔三〕、前青州刺史馮羨、尚書欒巴、侍御史張綱、兗州刺史郭遵、太尉長史劉班并守光禄大夫〔四〕，分行天下。〔其刺史、二千石有贓罪顯明者，驛馬上之；墨綬以下，便輒收舉；其有清忠惠利，爲百姓所安，宜表異者，皆以狀上〕〔五〕。於是八使同拜，天下號曰「八俊」。於是奏劾貪猥，表薦清公，朝廷稱之。（汪）

——書鈔卷四〇　○　御覽卷七七八

〔一〕據御覽卷七七八補。

〔二〕據汪輯補。

〔三〕御覽卷七七八「翃」作「栩」。袁紀、范書亦然。作「翃」恐誤。

〔四〕「太尉」原誤作「太守」，據御覽卷七七八逕改。

〔五〕據御覽卷七七八補。

黃瓊傳孫琬

四六一 黃瓊字世英，遷尚書令。明習故事，號爲富贍。

——職官分紀卷八

四六二 黃琬字子琰，江夏人。少失父母而辨惠。祖父瓊初爲魏郡太守，建和元年正月，日蝕，京師不見，梁太后詔問所蝕多少，琬年七歲，在傍曰：「何不言日蝕之餘，如月之初？」瓊大驚，即以其言應詔，后深奇愛之。時司空盛元疾〔一〕，瓊遣琬候問。會江夏上蠻賊事到府，元發書，視畢，微戲琬曰：「江夏大郡，而蠻多士少。」琬舉手對曰：「蠻夷猾夏，責在司空。」（汪）

——御覽卷三八四

〔一〕袁紀、范書「元」均作「允」。汪文臺以爲「應作允」，是。

四六三　黄琬字子琰，方毅廉直，爲侍中、尚書。（姚・汪）

——書鈔卷六〇　○　初學記卷一一

荀淑傳 子爽　孫悦

四六四　淑對策，譏刺梁氏，故出也〔一〕。（姚・汪）

——范書本傳注

〔一〕淑出補朗陵侯相。疑「故出也」三字系李賢之語。

四六五　淑有高才，王暢、李膺皆以爲師。爲朗陵侯相，號稱「神君」。（姚・汪）

——魏志荀彧傳注

四六六　荀爽字慈明，幼而好學。〔太尉杜喬見而稱曰：「可爲人師。」爽遂〕耽思經書〔一〕，慶弔不行，徵命不應。潁川爲之語曰：「荀氏八龍，慈明無雙。」（汪）

——御覽卷四九五　○　又卷六一一

〔一〕據御覽卷六一一補。

四六七　荀爽字慈明，爲光禄勳，視事三日〔一〕，策拜司空。（汪）

——書鈔卷五三　○　御覽卷二一九

〔一〕御覽卷二一九作「三月」，非。

四六八　荀悦字仲豫，遷黄門侍郎。獻帝頗好文學，悦與從弟彧、孔融並侍講禁中。（汪）

——御覽卷二二一

四六九　荀悦十二，能讀春秋，貧無書，每至市間閲篇牘，一見多能誦記。（汪）

——御覽卷六一四

陳寔傳

四七〇　陳寔字仲躬〔一〕，舉灼然〔二〕，爲司徒屬〔三〕，遷太丘長。（姚・汪）

——書鈔卷六八

〔一〕袁紀、范書均作「仲弓」，俞本亦然。此同陳寔碑。

〔二〕姚之駰曰：「灼然應是當時選舉名目。」沈欽韓曰：「謂行義灼然。晉書温嶠傳：『舉秀才、灼然。』」

〔三〕范書本傳曰：「司空黄瓊辟選理劇，補聞喜長，旬月，以朞喪去官。復再遷除太丘長。」未聞曾爲司徒屬。此引「司徒」或系「司空」之誤。

四七一 陳羣父子，並著高名，世號「三君」〔一〕。每宰府辟召，常同時旍命，羔雁成羣〔二〕，當世者靡不榮之。（姚・汪）

——類聚卷九一

〔一〕指陳寔，寔子紀，紀子羣。

〔二〕李賢曰：「古者諸侯朝天子，卿執羔，大夫執雁，士執雉。成羣言衆多也。」

李固傳子燮

四七二 李固字子堅，狀有奇表，鼎角匿犀，足履龜文。

——職官分紀卷八

四七三 李固少有儁才，雅志好學。爲三公子〔一〕，常躬步行，驅驢負書從師。（汪）

——御覽卷三九四 ○ 又卷六一一

〔一〕父李郃曾任司徒，故稱三公子。

四七四 李固字子堅，拜議郎，爲洛陽令〔一〕。大將軍梁商請爲從事中郎〔二〕。（汪）

——御覽卷二三八

〔一〕范書本傳作「出爲廣漢雒令」，御覽引誤。

〔二〕「商」誤作「冀」，逕正。

四七五　陽嘉二年，詔公卿舉敦樸之士，衛尉賈建舉固。（姚・汪）

——范書本傳注

四七六　老子曰：「其進鋭，其退速也。」〔一〕（汪）

——范書本傳注

〔一〕見李固陽嘉二年京師地震對策。李賢曰：「案：孟子有此文。謝承書亦云孟子。」范書同續書。

四七七　李固上書曰：「陛下之有尚書，猶天之有北斗。北斗天之喉舌，尚書陛下之喉舌也。」（汪）

——書鈔卷五九　〇　御覽卷二一二　類聚卷四八　書鈔卷三三

四七八　方毅廉直，宜拜尚書。

——書鈔卷三三

四七九　李固遷將作大匠，常推賢進士。（姚・汪）

——書鈔卷五四　〇　通典職官九　御覽卷二三六

四八〇　李固爲大司農。〔時〕上信閹宦〔一〕，天下牧守多其宗親舊故，及受貨賂，有詔特拜，不由

選試，亂生彌甚。固乃上表，具陳盜賊所以興，由官非其人也。（姚・汪）

——御覽卷二三一　○　書鈔卷五四

〔一〕據書鈔卷五四補。

四八一　順帝時，所除官多不次，李固奏免百餘人。此等既怨，共作飛章，誣固曰：「大行在殯，路人掩涕，固獨胡粉飾貌，搔頭弄姿，盤旋偃仰，曾無慘怛之心。」（姚・汪）

——御覽卷七一九　○　書鈔卷一三五

四八二　沖帝以太尉李固參録尚書事。帝崩，梁太后詔固議所徵王侯，至乃發喪。對曰：「帝雖少，猶天下之父，今日崩，人臣感痛，豈有臣子反掩之乎？」太后從之。

——書鈔卷五九

四八三　李固被誅，梁冀乃露固屍於四衢，令有敢臨者，加其罪。固弟子汝南郭亮，年始成童，左提章鉞，右秉鐵鑕，詣闕上書，乞收固屍，不許。因往臨哭，陳辭於其前，遂守喪不去。夏門亭長呵之，亮曰：「含陰陽氣以生，戴乾履坤，義之所重，豈知生命，何爲以死相懼？」太后聞而不誅，乃聽得襚斂歸葬之。（汪）

——御覽卷四二〇

四八四　基，偃師長〔一〕。（注）

——范書李固傳注

〔一〕基，李固長子。固被誅，基與弟兹皆死於漢中。范書載基死於偃城獄中，必涉基偃師長而誤。

四八五　李燮字德公。初李固既策罷，知不免禍，乃遣三子歸鄉里。時燮年十三。有頃難作，下郡收固三子，二兄受害。燮姊文姬乃告父門生王成曰〔一〕：「今委君以六尺之孤，李氏存滅，其在君矣。」成乃將燮入徐州界中，變名姓，爲酒家傭，而成賣卜於市，陰相往來〔二〕。梁冀既誅，而災眚屢見。明年史官上言，宜有赦令，又當存録大臣冤死者子孫。於是求固後，燮乃以本末告酒家，酒家具車重厚遣之〔三〕。後王成卒，燮以禮葬之〔四〕，感傷舊恩，每四節爲設上賓之位而祠焉。（注）

——御覽卷四二〇

〔一〕袁紀作「固之僕隸也」。而范書、華陽國志均與續書同。沈欽韓曰：「案傳云燮從受學，則非僕隸也。」沈說是。

〔二〕謝承書李燮傳作「燮遠遁身於北海劇，託命滕咨家以得免」，與諸書大異。

〔三〕范書本傳下有「皆不受」三字。

〔四〕袁紀作「會赦得免，而成病卒」，下始言歸鄉里，與此異。范書同續書。

四八六　李燮拜京兆〔尹〕〔一〕，詔發西園錢，〔燮〕（君）上封事〔二〕，遂（上）〔止〕不發〔三〕。吏民

愛敬，乃謠曰：「我府君，道教舉，恩如春，威如虎，剛不吐，弱不茹，愛如母，訓如父。」（姚・汪・俊）

——類聚卷一九　○　御覽卷四六五

〔一〕據御覽卷四六五補。

〔二〕據御覽卷四六五改。

〔三〕同右。

杜喬傳

四八七　〔杜喬字叔榮〕〔一〕。累祖吏二千石。喬少好學，治韓詩、京氏易、歐陽尚書，以孝稱。雖二千石子，常步擔求師。（姚・汪）

——范書本傳注　○　御覽卷六一一

〔一〕據御覽卷六一一補。

四八八　喬諸生耿伯嘗與鮪同止。冀諷吏執鮪爲喬門生〔一〕。（姚・汪）

——范書本傳注

〔一〕時值桓帝建和元年，劉鮪訛言清河王當統天下，事發被誅。梁冀欲害杜喬，故誣陷之。

四八九　梁冀諷有司劾杜喬，遂執繫之，死獄中。與李固俱暴屍於城北，故人莫敢視者。喬故掾陳留楊匡聞之號哭，星行到洛，託爲夏門亭吏，守衛屍喪，驅護蠅蟲。都官從事執之以聞，太后義而不罪。使於是帶鐵鑕上書詣闕〔一〕，乞杜李二公骸骨，太后許之。成禮殯殮，送喬喪還家，葬送行服，隱匿。（汪）

——御覽四二〇

〔一〕疑「使」系「匡」之訛。

吴佑傳

四九〇　吴佑字季英〔一〕，陳留人。父恢，南海太守。佑年十二，隨恢到官。欲以殺青簡寫尚書章句〔二〕，佑諫曰：「今君踰江湘，越五嶺，僻在海濱，風俗雖陋，然多珍玩，上爲朝廷所疑，下爲權戚所望。此章若成，載必兼兩。昔馬援以薏苡興謗，王陽以衣囊邀名〔三〕，嫌疑之戒，願留意焉。」恢撫其首曰：「吴氏世不乏季子者。」〔四〕（汪）

——御覽卷四五二　〇　范書本傳注

〔一〕「佑」原作「祐」，與袁、范諸書同。然李賢曰：「續漢書作『佑』。」今據以正，下同。

〔二〕李賢曰：「殺青者，以火炙簡令汗，取其青易書，復不蠹，謂之殺青，亦謂汗簡。義見劉向別録也。」

〔三〕參見張璠紀桓帝紀注。

〔四〕同右。

四九一　吴佑年二十〔一〕，喪父，居無擔石而不受贍遺。常牧豕於長垣澤中〔二〕，行吟經書。遇父故人，謂之曰：「卿二千石子，而自業賤事，縱子無恥，奈先君何？」佑辭謝而已，守志如初也。〔年四十餘，乃爲郡吏，舉孝廉〕〔三〕。（姚・汪）

——御覽卷四八四　○　書鈔卷七九　范書本傳注　御覽卷七二

〔一〕書鈔卷七九作「年三十」，誤。

〔二〕參見袁山松書吴祐傳注。

〔三〕據書鈔卷七九、范書本傳注補。

四九二　吴佑遷膠東侯相，政尚清静，以身率下，褒賢勸善爲務。

——職官分紀卷三二

四九三　賦錢五百，爲父市單衣〔一〕。

——范書本傳注

〔一〕時佑任膠東侯相，嗇夫孫性私賦民錢五百，市衣以進父。范書不載所賦錢數，李賢引續書以注。

延篤傳

四九四　李文德素善延篤，謂公卿曰：「延篤有王佐之才。」欲令引進之。篤聞，爲書止文德曰：「吾常昧爽櫛梳，坐於客堂，朝則誦虞夏之書，歷公旦之典禮，覽仲尼〔之〕春秋〔一〕。當此之時，不知天之爲蓋，地之爲輿〔二〕，慎勿迷其本，棄其生也。」（姚・汪）

——類聚卷七〇　〇　御覽卷七一四　白帖卷一四

〔一〕據御覽卷七一四補。李賢引班固東都賦曰：「今論者但知誦虞夏之書，詠殷周之詩，講羲文之易，論孔氏之春秋。」

〔二〕李賢引宋玉大言賦曰：「方地爲輿，員天爲蓋。」

史弼傳

四九五　敞爲京兆尹〔一〕，化有能名，尤善條教，見稱於三輔。（姚・汪）

——范書本傳注

〔一〕敞，史弼之父。

四九六　史弼遷河東太守，斷絶書屬。中常侍侯覽遣諸生齎書請之，并求假鹽税。弼大怒，乃付安邑獄，拷殺之。覽遂詐作飛章下司隸，誣弼誹謗，檻車徵。前孝廉魏劭毁變形服，詐爲家僮，瞻護於弼。弼遂受誣事，當棄市。劭與同郡人賣郡邸，行賂於覽，得減死罪一等，論輸左校。時人或譏曰：「平原行貨免君〔一〕，無乃甚乎？」陶丘洪曰：「文王羑里，閎、散懷金〔二〕。史弼遭患，義夫獻寶，亦何疑焉！」議者乃息。（汪）

——御覽卷四二〇

〔一〕弼前曾出任平原相，詔書下令舉黨人，弼獨無所上。平原人感懷其德，故賣郡邸以贖弼。

〔二〕周文王曾被殷紂王囚於羑里，其臣閎夭、散宜生以黄金千鎰求有莘氏美女、驪戎文馬、有熊九駟獻與紂王，使文王得以赦歸。事見史記。

盧植傳

四九七　植字子幹，少事馬融，與鄭玄同門相友。植剛毅有大節，嘗喟然有濟世之志，不苟合取容，不應州郡命召。建寧中，徵博士，出補九江太守，以病去官。作尚書章句、禮記解詁。稍遷待中、尚書。張角起，以植爲北中郎將征角，失利抵罪。頃之，復以爲尚書。張讓劫少帝奔小平津，植手劍責數讓等，讓等皆放兵，垂泣謝罪，遂自殺。董卓議欲廢帝，衆莫敢對，植獨正言，語在卓傳。植以老病去位，隱居上谷軍都山。初平三年，卒。（姚・汪）

——魏志盧毓傳注 ○ 水經注卷一四濕餘水注 御覽卷二四一

四九八 太祖北征柳城，過涿郡，令告太守曰：「故北中郎將盧植，名著海内，學爲儒宗，士之楷模，乃國之楨幹也。昔武王入殷，封商容之閭；鄭喪子産，而仲尼隕涕〔一〕。孤到此州，嘉其餘風。春秋之義，賢者之後，有異於人〔二〕。敬遣丞掾修墳墓，并致薄醊，以彰厥德。」植有四子，毓最小。（姚・汪）

——魏志盧毓傳注

〔一〕史記殷本紀曰：「商容賢者，百姓愛之，紂廢之。」又昭公二十一年左傳曰：「及子産卒，仲尼聞之，出涕曰：『古之遺愛也。』」

〔二〕昭公二十年公羊傳曰：「君子之善善也長，惡惡也短。惡惡止其身，善善及子孫。賢者子孫，故君子爲之諱也。」

四九九 盧植能飲一石不醉。（姚・汪）

——類聚卷七二

趙岐傳

五〇〇　趙岐字臺卿。獻帝以爲太僕，持節安慰天下。（姚・汪）

——類聚卷四九　〇　御覽卷二三〇　書鈔卷五四

皇甫規傳

五〇一　皇甫規以西羌之叛，爲中郎將，討納叛羌。（姚・汪）

——書鈔卷六三

五〇二　皇甫規字威明，安定人。拜度遼將軍，上書薦中郎將張奐自代。及黨事起，天下名賢多見染逮。規雖爲名將，素譽不高，自以西州豪傑，恥不得豫，乃先自上言：「臣前薦故大司農張奐，是附黨。」朝廷知而不問也。（汪）

——御覽卷六三〇

五〇三　皇甫規，安定人。〔鄉人〕有以貨買雁門太守〔一〕，還家，書刺謁規，規臥不迎。既入，而問曰：「卿前在郡，食雁美乎？」有頃，白王符在門，規素聞符名，乃遽起，衣不及帶〔二〕，屣履出迎，援符手而還，與同坐極忻。時人爲之語曰：「徒見二千石，不如一縫掖〔三〕。」言書生道義之爲貴。（汪）

——御覽卷四七四　○　又卷四九五　書鈔卷三四

〔一〕據御覽卷四九五補。

〔二〕書鈔卷三四作「衣不及席」，非。

〔三〕鄭玄曰：「逢，猶大也。大掖之衣，大袂單衣也。」范書王符傳亦作「縫掖」，而禮記儒行「縫」作「逢」，古字通，亦可作「豐」。

張奐傳

五〇四　張奐字然明，永壽元年遷安定屬國都尉，郡界以寧。羌豪帥〔離湳〕感奐德〔一〕，上馬二十匹，先零（遣）酋長又遺金渠八枚〔二〕。奐〔受之，而〕召主簿〔張祁〕於〔諸〕羌前〔三〕以酒酹地曰：「使馬如羊，不以入廄；使金如粟，不以入懷。」悉以馬、金還之。（姚・汪）

——書鈔卷三八　○　御覽卷八〇九　又卷八九四　事類賦注卷九

〔一〕據御覽卷八九四補。其「湳」下有夾注曰：「奴感切。」

〔二〕「遣」系衍文，據他三引删。

〔三〕「受之而」三字及「諸」字據御覽卷八〇九補。「張祁」二字據御覽卷八九四補。范書本傳未載主簿姓名。

五〇五　張奐字然明，與段紀明、皇甫威明，俱顯京師，號「涼州三明」，並爲匈奴中郎將。（汪）

——御覽卷二四一

五〇六　張奐字然明，拜太常卿，〔設職官粮限施行〕〔一〕。奐〔素〕有清節〔二〕，〔當〕可否之間〔三〕，强禦不敢奪也。該覽羣籍，古今詳備。（姚・汪）

——御覽卷二二八　〇　書鈔卷五三

〔一〕據書鈔卷五三補。

〔二〕同右。

〔三〕同右。

五〇七　張奐少立志節，董卓慕之，使其兄遺縑百匹。奐惡卓爲人，絶而不受。（汪）

——御覽卷八一八

五〇八　張奐光和四年卒。遺令曰：「吾前後仕進，十腰銀艾〔一〕，不能和光同塵，爲讒邪所忌。但地底冥冥，長無曉期，而復纏以纊綿，牢以釘密，爲不喜耳。今幸有前穿，朝隕夕下，措屍靈牀，幅巾而已。奢非桓文，儉非王孫〔二〕，推情從意，庶免咎悋。」諸子從之。（汪）

——御覽卷五五三　〇　文選卷五七潘岳哀永逝文注

〔一〕腰，要也。按續漢輿服志注引東觀記曰：「九卿、執金吾、河南尹秩皆中二千石；大長秋、將作大匠、度遼將軍、郡太守、國傳相皆秩二千石；校尉、中郎將、諸郡都尉、諸國行相、中尉、内史、中護軍、司直秩皆二千石，以上皆銀印青綬。」再按奂歷任安定屬國都尉、使匈奴中郎將、武威太守、度遼將軍、大司農、護匈奴中郎將、少府、大司農、太常卿，則九要銀印青綬。言十者，喻其多也。又李賢以爲艾指緑綬，以艾草染而得，與東觀記作「青綬」異。按續漢輿服志言緑綬系諸國貴人及相國所服，恐非二千石吏所得以服也。

〔二〕桓，齊桓公；文，晉文公也。范書作「奢非晉文」，與注文不符，恐誤。李賢曰：「陸翽鄴中記曰：『永嘉末，發齊桓公墓，得水銀池金蠶數十箔，珠襦、玉匣、繒綵不可勝數。』左傳曰：『晉文公朝王，請隧。王不許，曰：「王章也，未有代德而有二王，亦叔父之所惡也。」』晉文既臣，請用王禮，是其奢也。」又「王孫」，楊王孫也，漢武帝時人。臨終戒其子掘穴深七尺，以身親土而葬。事見漢書楊王孫傳。

段熲傳

五〇九　段熲破羌。明年餘羌復與燒何大豪寇張掖。熲下馬大戰，至日中，刀折矢盡，虜亦引退。

——書鈔卷一一八

司馬彪續漢書卷五

陳蕃傳

五一〇　陳蕃字仲舉，汝南平輿人。年十五，常閑處一室，而庭宇蕪穢。父友同郡薛勤來候之，謂蕃曰：「孺子何不洒掃，以待賓客？」蕃曰：「丈夫處世，當除天下，安事一室乎？」勤知其有清世志。（汪）

——御覽卷三八四　〇　文選卷六王僧達祭顔光禄文注

五一一　陳蕃出爲豫章太守，性方峻，不接賓客。徵爲尚書令，送者不出郭門。（姚・汪）

——類聚卷四八　〇　文選卷六〇王僧達祭顔光禄文注　初學記卷一一

五一二　陳蕃諫桓帝云：「宫女數千，脂粉之耗，不可勝數。」（姚・汪）

——書鈔卷一三五

五一三　陳蕃字仲舉，諫桓帝曰：「鄙諺言『盜不過五女門』，以〔女〕貧家也〔一〕。今後宮之女，豈不貪國乎？」（汪）

——御覽卷四九五

〔一〕據紀纂淵海卷四一補。

五一四　陳蕃既被害，友人陳留朱震時爲銍令，聞而棄官，哭之，收葬蕃尸，匿其子逸於甘陵界中。事覺繫獄，合門桎梏。震受拷掠，誓死不言，故逸其得免。（汪）

——御覽卷四二〇

王允傳

五一五　元仕郡爲主簿〔一〕，在朝正色，舉善不避仇怨，退惡不避親戚。（姚·汪）

——書鈔卷七三(2)

〔一〕姚之駰按：「此似又一王元，非先任隗囂，後爲漢將者。范闕。」又汪文臺按：「王元疑即王允之誤，故姑附於此（指陳蕃傳末）。」汪說是，今別作王允傳，依孔本「王元」作「元」。

黨錮傳

五一六　劉淑，桓帝時對策，爲天下第一，拜議郎。——緯略卷三

五一七　李膺性簡亢，無所交接，唯以同郡荀淑、陳寔爲師友。（汪）——御覽卷四〇四　〇　又卷四〇七　初學記卷一八

五一八　荀爽嘗謁李膺，因爲其御，既還喜曰：「今日乃得御李君矣。」見慕如此。（汪）——御覽卷四六七

五一九　爲河南尹。陽翟令張興，黄門張讓〔一〕，政治殘虐。膺上十日，收興等考殺之〔二〕。——書鈔卷七六

〔一〕疑「張讓」下有脱文，或興系讓之宗親子弟。

〔二〕范書失載，陳俞本改作膺任司隸校尉時誅殺張讓弟野王令張朔事，且改注范書，恐非。

五二〇　李膺門生皆禁錮，侍御史景毅子寔爲膺門徒〔一〕，未有録牒，故不譴。毅慨然曰：「本謂膺賢，遣子師之，豈可以漏脱名籍，苟安而已。」遂自表免歸，時人義之。（汪）

〔一〕范書本傳「寔」作「顧」。

——御覽卷四二〇

五二一　范滂〔字孟博，汝南征羌人〕〔一〕。少勵清節，爲州里所知服。舉〔孝廉〕〔二〕，光禄四行。時冀州饑荒，盜賊羣起，乃以滂爲清詔使，〔案察之。滂登車攬轡，慨然有澄清天下之志〕〔三〕。及至州境，守令自知臧污，望風解印綬而去。其所舉議，莫不壓服。（姚・汪）

——書鈔卷四〇　〇　御覽卷七七八　初學記卷二〇

〔一〕據御覽卷七七八補。又「羌」原誤作「西」，據范書及續漢郡國志逕改。又謝承書作「細陽人」，二説未知孰是。

〔二〕據御覽卷七七八補。

〔三〕據初學記卷二〇、御覽卷七七八補。

五二二　范滂字孟博，坐繫黄門北寺，北寺獄吏謂曰：「凡坐繫皆祭皐陶。」滂曰：「皐陶賢者，古之直臣。知滂無罪，將理之帝。如其有罪，祭之何益？」衆人由此止也。（姚・汪）

——初學記卷二〇　〇　御覽卷六四三

五二三　〔桓帝時〕〔一〕，汝南太守宗資以事委任功曹范滂。〔中人以下共嫉之〕〔二〕，時人謡曰：

「汝南太守范孟博，南陽宗資主畫諾。」（汪）

——御覽卷二六四　○　又卷四六五　書鈔卷七七　文選卷三〇謝玄暉郡内登望詩注

〔一〕據御覽卷四六五補。

〔二〕同右

五二四　羊陟拜河南尹，常食乾飯。（汪）

——御覽卷八五〇

五二五　獻帝初，百姓饑荒，張儉資計差温，乃傾竭財産，與邑里共之，賴其差温故存者以百數。（汪）

——御覽卷四七六

五二六　陳翔字子麟。遷侍御史。正朔旦朝賀，梁冀威儀不整，請收治罪，時人奇之。（姚・汪）

——書鈔卷六二　○　初學記卷一二

郭泰傳

五二七　郭泰字林宗，太原介休人。泰少孤，年二十，行學至成皋屈伯彥精廬，乏食，衣不蓋形，而處約味道，不改其樂。李元禮一見稱之曰：「吾見士多矣，無如林宗者也。」（姚・汪）

——世説新語德行注　○　史略卷二

五二八　郭泰字林宗，退身隱居教授，徒衆甚盛。喪母，友人或千里來弔之。（汪）

——御覽卷五六一

五二九　及卒，蔡伯喈爲作碑曰：「吾爲人作銘，未嘗不有慙容，唯爲郭有道碑頌無愧耳。」初以有道君子徵，泰曰：「吾觀乾象人事，天之所廢，不可支也。」遂辭以疾。（姚・汪）

——世説新語德行注　○　史略卷二

五三〇　郭泰入汝南，交黄叔度〔一〕。至南州，先過袁奉高〔二〕，不宿而去，從叔度累日。或以問泰，泰曰：「袁奉高之器，譬諸軌濫，雖清而易挹也。叔度之器，汪汪若萬頃之陂，澄之而不清，混之而不濁，不可量也。」（汪）

——類聚卷九　○　御覽卷七二　一切經音義卷五五　白帖卷七

〔一〕黄叔度，即黄憲，桓帝朝處士。

〔二〕袁奉高，即袁閬。與黄憲、戴良俱爲汝南慎陽名士。

許劭傳

五三一　許劭字子將。劭知人，入幘肆，拔樊子昭。（汪）

——御覽卷六八七

五三二　袁紹五世公族，嘗除濮陽長，以母喪去官，服乘甚盛。入（累）〔界〕〔一〕，嘆曰：「吾車服豈可使許子將見之哉！」乃謝遣賓客，以單車騎〔二〕。

——書鈔卷一三九

〔一〕據范書本傳改。

〔二〕疑「騎」系「歸」之誤。

何進傳

五三三　進字遂高，南陽人，太后異母兄也。進本屠家子，父曰真。真死後，進以妹倚黄門得入掖

庭，有寵。光和三年，立爲皇后，進由是貴幸。中平元年，黄巾起，進拜大將軍。（姚・汪）

——魏志董卓傳注

五三四　紹使客張津説進曰：「黄門常侍，秉權日久。又永樂太后與諸常侍專通財利，將軍宜整頓天下，爲海内除患。」進以爲然，遂與紹結謀。（姚・汪）

——魏志袁紹傳注

五三五　何進欲誅中常侍趙忠等，進乃詐令武猛都尉丁原放兵數千人，爲賊於河内，稱「黑山伯」，上書以誅忠等爲辭，燒平陰、河津莫府人舍，以怖動太后。（姚・汪）

——范書公孫瓚傳注

孔融傳

五三六　融〔字文舉，魯國人〕〔一〕，孔子二十世孫也〔二〕。高祖父尚，鉅鹿太守；父宙，泰山都尉。融幼有異才。時河南尹李膺有重名，敕門下簡通賓客，非當世英賢及通家子孫弗見也。融年十餘歲，欲觀其爲人，遂造膺門，語門者曰：「我，李君通家子孫也。」膺見融，問曰：「高明父祖，嘗與僕周旋乎？」融曰：「然。先君孔子與君先人李老君，同德比義而相師友，則融與君累世通家也。」衆坐奇之，僉曰：「異童子也。」太中大夫陳煒後至[三]，同坐以告煒，煒曰：「人小時了了者，大亦未必奇也。」融答曰：「即如所言，君之幼時，豈實慧乎？」膺大笑，顧謂曰：「高明長大，必爲偉器。」（姚·汪）

——魏志崔琰傳注　○　世説新語言語注

〔一〕據世説新語言語注補。

〔二〕世説注作「二十四世孫」。

〔三〕陳煒，袁紀作「陳禕」，而世説新語作「陳韙」。范書與續漢書同。

五三七　山陽張儉，以中正爲中常侍侯覽所忿疾，覽爲刊章下州郡捕儉。儉與融兄褒有舊，亡投褒。遇褒出。時融年十六[一]，儉以其少不告也。融知儉長者，有窘迫色，謂曰：「吾獨不能爲君主邪！」因留舍藏之。後〔以客發洩〕事泄[二]，國相以下密就掩捕，儉得脱走，登時收融及褒送獄。融曰：「保納藏舍者融也，融當坐之。」褒曰：「彼來求我，罪我之由，非弟之過，我當坐之。」兄弟争死，郡縣疑不能決，乃上讞，詔書令褒坐焉。融由是名震遠近，與平原陶丘洪、陳留邊讓，並以俊秀爲後進冠蓋。融持論經理不及讓等，而逸才宏博過之。（姚·汪）

——魏志崔琰傳注　○　初學記卷一七　御覽卷四一六

〔一〕初學記卷一七作「年十五六」，御覽卷四一六亦然。范書本傳與魏志注同。

〔二〕據初學記卷一七補。

五三八　司徒、大將軍辟舉高第，累遷北軍中候、虎賁中郎將〔一〕、北海相，時年三十八。承黄巾殘破之後，修復城邑，崇學校，設庠序，舉賢才，顯儒士。以彭璆爲方正，邴原爲有道，王脩爲孝廉。告高密縣爲鄭玄特立一鄉，名爲鄭公鄉。又國人無後，及四方遊士有死亡者，皆爲棺木而殯葬之。郡人甄子然孝行知名〔二〕，早卒，融恨不及之，乃令配食縣社。其禮賢如此〔三〕。（姚・汪）

——魏志崔琰傳注　〇　書鈔卷六三　御覽卷二四一　又卷二四〇

〔一〕書鈔卷六三此句作「孔融拜北軍中候，三日而遷虎賁中郎將」。魏志注引文當有脱文。

〔二〕按范書本傳作「郡人甄子然、臨孝存知名」。而袁紀作「使甄子然臨配食縣社」，無「臨孝存」，與續書略同。沈家本諸史瑣言考魏志注此引曰：「臨孝存，人姓名也，疑此譌奪。」

〔三〕汪輯下尚有「融負其高氣，志在靖難，而才疏意廣，迄無成功」十八字，且曰據書鈔卷六三補。按此乃陳本之謬種流傳也，故不取。

五三九　在郡六年，劉備表融領青州刺史。建安元年，徵還爲將作大匠，遷少府。每朝會訪對，輒爲議主，諸卿大夫寄名而已。（姚・汪）

——魏志崔琰傳注　〇　書鈔卷五四　通典職官典　御覽卷二三六

五四〇　太尉楊彪與袁術婚姻〔一〕，術僭號，太祖與彪有隙，因是執彪，將殺焉。融聞之，不及朝服，往見太祖曰：「楊公累世清德，四葉重光。周書『父子兄弟，罪不相及』〔二〕。況以袁氏之罪乎？

易稱『積善餘慶』〔三〕，但欺人耳。」太祖曰：「國家之意也。」融曰：「假使成王欲殺召公，則周公可得言不知邪？今天下纓緌搢紳之士所以瞻仰明公者，以明公聰明仁智，輔相漢朝，舉直措枉，致之雍熙耳。今横殺無辜，則海内觀聽，誰不解體？孔融魯國男子〔四〕，明日便當褰衣而去，不復朝矣。」太祖意解，遂理出彪。（姚・汪）

——魏志崔琰傳注

〔一〕惠棟曰：「古文苑載曹公卞夫人與楊太尉夫人袁氏書，又楊夫人答書稱『彪袁氏頓首』是也。」

〔二〕僖公三三年左傳引臼季語曰：「康誥曰：『父不慈，子不祇，兄不友，弟不共，不相及也。』」又昭公二十年左傳引苑何忌曰：「在康誥曰『父子兄弟，罪不相及』，況在羣臣？」今本康誥脱此文。

〔三〕見易坤文言。

〔四〕漢代地方名姓，往往以郡望自詡，所謂某某男子者，乃某某地名姓大族之意，非一般平民所能自言。

五四一　時論者多欲復肉刑。孔融乃建議曰：「古者敦龐，善否區別，吏端刑清，政無過失，百姓有罪，皆自取之。末世陵遲，風化壞亂，政撓其俗，法害其民。故曰上失其道，民散久矣。而欲繩之以古刑，投之以殘棄，非所謂『與時消息』者也〔一〕。紂斮朝涉之脛，天下謂爲無道〔二〕。夫九牧之地千八百君，若各刑一人，是天下常有千八百紂也。求俗休和，弗可得已。且被刑之人，慮不念生，志在思死，類多趣惡，莫復歸正。風沙亂齊〔三〕，伊戾禍宋〔四〕，趙高英布，爲世大患，不能正人，遂爲

非也。故明德之君，遠度深惟，棄短就長，不苟革其政者也。」朝廷善之，卒不改焉。（汪）

——御覽卷六四八

〔一〕見易豐卦。

〔二〕見尚書泰誓下。孔傳曰：「冬日見朝涉水者，謂其脛耐寒，斮而視之。」

〔三〕「夙」原誤作「風」，逕改。夙沙者，夙沙衛也，齊靈公之幸臣。靈公廢太子光而立牙，以夙沙衛爲少傅。靈公死，光復位，夙沙衛以曾預廢太子事奔高唐以叛。事見襄公十九年左傳。

〔四〕襄公二十六年左傳：楚客聘于晉，過宋，太子痤野享之。伊戾爲太子內師而無寵，故誣太子將爲亂，宋平公囚太子，乃縊而死。後平公聞痤無罪，乃烹伊戾。

皇甫嵩傳

五四二　舉孝廉，爲郎中，遷霸陵、臨汾令，以父喪遂去官。（姚・汪）

——范書本傳注

五四三　皇甫嵩爲左中郎將，持節與右中郎將朱儁各領一軍，擊潁川賊〔一〕，進保長社。（姚・汪）

——書鈔卷六三

〔一〕指潁川黄巾軍。

五四四　皇甫嵩爲左中郎將，擊匈奴〔一〕。（汪）

——御覽卷二四一

〔一〕范書、袁紀均無此事。疑「匈奴」乃「黄巾」之訛。

五四五　皇甫嵩領冀州牧，奏請一年租〔以〕賑饑民〔一〕。民歌之曰：「天下亂兮市爲墟，母不保子兮妻失夫。賴得皇甫兮復安居。」（姚・汪）

——類聚卷五〇　○　御覽卷二五〇

〔一〕據御覽卷二五〇補。

五四六　以日有重珥免〔一〕。（姚・汪）

——范書本傳注

〔一〕時董卓既誅，嵩拜太尉。范書本傳作「以流星策免」，袁紀則作「日有重暈」，與續書同。

朱儁傳

五四七　儁字公偉，會稽人。少好學，爲郡功曹，察孝廉，舉進士〔一〕。漢朝以討黄巾功拜車騎將軍。累遷河南尹。董卓見儁，外甚親納，而心忌之，儁亦陰備焉。關東兵起，卓議移都，儁輒止卓。卓雖憚儁，然貪其名重，乃表拜太僕以自副。儁被召，不肯受拜，因進曰：「國不宜遷，必孤天下望，成山東之結，臣不見其可也。」有司詰曰：「召君受拜，而君拒之；不問徙事，而君陳之，何也？」儁曰：「副相國，非臣所堪也；遷都非計，臣之所急也。辭所不堪，進臣所急，臣之所宜也。」有司曰：「遷都之事，初無此計也，就有未露，何所受聞？」儁曰：「相國董卓爲臣說之，臣聞之於相國。」有司不能屈，朝廷稱服焉。後爲太尉。李傕、郭汜相攻，劫質天子公卿，儁性剛，即發病而卒。（注）

——吳志孫破虜討逆傳注

〔一〕盧弼三國志集解曰：「何焯曰：『史傳言舉進士，始見於此。』梁章鉅曰：『此與後人由科舉出身者相仿。』周壽昌曰：『後漢書儁作儁，云太守徐珪舉孝廉，再遷除蘭陵令，其敍儁出身是也。若舉進士，兩漢無此制，即司馬彪時亦不能有也。「進士」兩字恐是高第之誤。』沈家本曰：『兩漢無進士之名，此云舉進士，未詳其義。梁氏欲以今制擬之，殊非事實。』」天游按：禮記王制曰：「大樂正論造士之秀者，以告于王而升諸司馬，曰進士。司馬辨論百材，論進士之賢者，以告於王而定其論。論定然後官之，任官然後爵之，位定然後禄之。」續書所言，當取此義，非漢時即有此制。

五四八　朱儁爲右中郎將，持節擊潁川長社賊。（注）

——御覽卷二四一

董卓傳

五四九　堰下過軍〔一〕。

〔一〕范書本傳曰：「中平元年卓與張温討先零羌，卓爲羌所圍，乃於所度水中僞作隁，而潛從隁下過軍，得全師而還。」注曰：「續漢書『隁』作『堰』。」——范書本傳注

五五〇　羌胡憋腸狗態〔一〕。

〔一〕范書本傳「憋」作「敝」。注引方言曰：「憋，惡也。」又引郭璞曰：「憋忿，急性也。」此卓不肯就少府職所上疏中語。——范書本傳注

五五一　太尉黄琬、司徒楊彪、司空荀爽俱詣卓，卓言：「昔高祖都關中，十一世後中興，更都洛陽。從光武至今，復十一世。案石苞室讖，宜還都長安。」坐中皆驚愕，無敢應者。彪曰：「遷都改制，天下大事，皆當因民之心，隨時之宜。昔盤庚五遷〔一〕，殷民胥怨，作三篇以曉之。往者王莽篡逆，變亂五常；更始赤眉之時，焚燒長安，殘害百姓，民人流亡，百無一在。光武受命，更都洛邑，此其宜也。今方建立聖主，光隆漢祚，而無故損宮廟，棄園陵，恐百姓驚愕，不解此意，必麈沸蟻聚，以致擾亂。

石苞室讖，妖邪之書，豈可信用？」卓作色曰：「楊公欲沮國家計邪？關東方亂，所在賊起。崤函險固，國之重防。又隴右取材，功夫不難。杜陵南山下有孝武故陶處，作塼瓦，一朝可辦。宮室官府，蓋何足言！百姓小民，何足與議。若有前卻，我以大兵驅之，豈得自在！」百僚皆恐怖失色。琬謂卓曰：「此大事。楊公之語，得無重思！」卓罷坐，即日令司隸奏彪及琬，皆免官。大駕即西，卓部兵燒洛陽城外面百里。又自將兵燒南北宮及宗廟、府庫、民家，城內掃地殄盡〔二〕。又收諸富室，以罪惡没入其財物，無辜而死者，不可勝計。（姚・汪）

——魏志董卓傳注　○　御覽卷八三三　又卷七六七

〔一〕參見華嶠書董卓傳注。

〔二〕御覽卷七六七作「洛陽城無隻瓦尺木」。

劉虞傳

五五二　是時用劉虞爲幽州，劉焉爲益州，劉表爲荊州，賈琮爲冀州。虞等皆海內清名之士，或從列卿、尚書以選爲牧伯，各以本秩居任。舊典：傳車參駕，施赤爲帷裳。（姚・汪）

——蜀志劉焉傳注

循吏傳

五五三　任延字長孫，治京氏易，顯名太學。（姚・汪）

——書鈔卷九六

五五四　任延拜會稽南部都尉。時年十九，迎吏見其少，皆驚。會稽多名士，延到官，皆聘請高行俊乂，（警）〔敬〕待師友之禮〔一〕。及掾吏貧乏，輒分俸禄以賑給之。（姚・汪）

——類聚卷六

〔一〕據范書本傳改。

五五五　任延字長孫，爲九真太守，教民牛耕，鑄作田器，民以利之，産子多名曰：「任」。（姚・汪）

——書鈔卷三九

五五六　王涣爲河南温縣令，土俗豪强。涣到，舉賢誅猾，民開門，皆放牛於野。（姚・汪）

——書鈔卷七八

五五七　王涣爲洛陽令，履正。病卒，百姓哀痛，老少隨車致祠，晝夜號泣〔一〕。（姚・汪）

——書鈔卷七八（2）

〔一〕「病卒」以下，陳俞本作吴漢事迹，誤。

五五八 寵字祖榮〔一〕，受父業，以經明行修舉孝廉，光禄察四行，除東平陵令。〔是時民俗奢泰，寵到官躬儉，訓民以禮，上下有序，都鄙有章〕〔二〕。視事數年，以母病棄官。百姓士民攀輿拒輪〔三〕，充塞道路，車不得前，乃止亭，輕服潛遁，歸脩供養。（姚·汪）

——吴志劉繇傳注 ○ 類聚卷五〇 御覽卷二六七 書鈔卷七八 ② 書敍指南卷一五

〔一〕寵，劉寵也。
〔二〕據類聚卷五〇補。
〔三〕書鈔卷七八、類聚卷五〇「士民」皆作「士女」。

五五九 後辟大將軍府，稍遷會稽太守，正身率下，郡中大治。徵入爲將作大匠。山陰縣民去治數十里有若邪中在山谷間五六老翁〔一〕，年皆七八十，聞寵遷，相率共送寵，人齎百錢。寵見，勞來曰：「父老何乃自苦遠來？」皆對曰：「山谷鄙老，生未嘗至郡縣。他時吏發求不去，民間或夜不絶犬吠，竟夕民不得安。自明府下車以來，狗不夜吠，吏稀至民間。年老遭值聖化，今聞當見棄去，故戮力來送。」寵謝之，爲選受一大錢，故會稽號寵爲「取一錢太守」。其清如是。（姚·汪）

——吳志劉繇傳注　○　御覽卷八三五　文選卷五九沈休文齊安陸昭王碑文注　事類賦注卷一○　類林雜説卷四

〔一〕御覽卷八三五「若邪中」作「若郝水」，事類賦注卷一○作「若耶水」，類林雜説卷四作「若耶溪」，而文選注則作「若耶山」，袁紀、范書與之同。天游按：下文既言「在山谷間」，「中」必不當作「山」。中、水形近易訛，恐當作「水」爲是。耶、邪通用，御覽之「郝」系「耶」之訛。又袁紀曰「去郡十里」，無「數」字，與續書異，恐其偶脱之耳。

五六〇　寵前後歷二郡，八居九列，四登三事〔一〕。家不藏賄，無重寶器，恒菲飲食，薄衣服，弊車羸馬，號爲「窶陋」。三去相位，輒歸本土。往來京師，常下道脱驂過，人莫知焉。寵嘗欲止亭，亭吏止之曰：「整頓傳舍，以待劉公，不可得止。」寵因過去。其廉儉皆此類也。以老病卒於家。（姚·汪）

——吳志劉繇傳注

〔一〕寵歷豫章、會稽二郡。范書本傳言其二任將作大匠，二任宗正，一任大鴻臚，則有據可查居九列者五，其三不詳焉。又代黄瓊爲司空，復代王暢爲司空，又頻遷司徒、太尉，故曰四登三事。

五六一　繇祖父本，師受經傳，博學羣書，號爲通儒。舉賢良方正，爲般長，卒官。（姚·汪）

——吳志劉繇傳注

五六二　繇父輿〔一〕，一名方，山陽太守。岱、繇皆有俊才。（姚·汪）

——吳志劉繇傳注

〔一〕興，劉寵之弟。

酷吏傳

五六三　嚴延年字次卿，爲河南太守。冬月傳屬縣囚會府下，流血數里，河南號爲「屠伯」〔一〕。

（汪）　——御覽卷二一六

〔一〕此段文字始見班書酷吏傳，范書酷吏傳序李賢注引用之。疑御覽引有誤，或系續漢書酷吏傳序之文，故列於此。汪文臺刪「年」字，作嚴延傳，大誤。

五六四　董宣爲洛陽令。寧平公主乳母奴白日殺人〔一〕，因匿主家，吏不能得。及主出行，以奴驂乘。宣于大夏門亭候之，乃駐車叩馬，以刀畫〔地〕〔二〕，數主失者三，叱奴下車，格殺之。主即馳車入宮，上大怒，召宣：「令欲死乎？」宣叩頭曰：「臣奉法之吏，不敢縱法，不欲死也。」上曰：「捶之！」宣曰：「願一言，死無恨。」上曰：「何言？」宣曰：「陛下聖德中興，而縱奴殺良民，以奴殺臣。臣死之後，陛下何以治天下？捶殺臣，不如臣自殺。」即以頭撑楹，流血被面。上令小黄門持之，曰：「癡令！叩頭謝主。」宣不從。上〔曰〕頓癡令頭〔三〕，宣兩手據地，不肯低頭。上勑「彊項令」出，詣大官賜食。

（姚・汪）

——類聚卷五〇　〇　御覽卷二六六

〔一〕范書本傳作「湖陽公主蒼頭」。

〔二〕據御覽卷二六六補。

〔三〕同右。

五六五　陽球字方正，漁陽人也。少有勇氣，〔拜〕尚書令〔一〕。中常侍王甫、曹節等秉權勢，球常唾手拊髀曰：「陽球作司隸，此曹子何得爾邪？」尋爲司隸，明日詣闕謝恩，甫時休下在舍。〔恩〕〔悉〕表甫罪〔二〕，〔奔車〕收送洛陽詔獄〔三〕，自臨拷之。甫子萌，亦見收，〔死杖下，權門惶怖〕〔四〕。（姚・汪）

——御覽卷二五〇　〇　書鈔卷六一　又卷三六

〔一〕據范書本傳補。

〔二〕據汪輯改。

〔三〕據書鈔卷六一補。

〔四〕同右。

五六六　楊球爲幽州從事〔一〕，部分邊塞，職事修理。（汪）

——御覽卷二六五

〔一〕汪輯改「楊」作「陽」。按范書本傳不言球任幽州從事，袁紀亦不載，恐系别一人，暫列于此。

宦者傳

五六七　孫程十九人立順帝，〔帝賜程等車馬〕、金釧、指環〔一〕。（汪）

——廣韻卷四去聲三十三線　○一切經音義卷二〇

〔一〕據一切經音義卷二〇補。又此條宋本廣韻有之，元泰定本脱之。

五六八　程到宜城，怨恨恚懟，刻瓦爲印，封還印綬〔一〕。（姚·汪）

——范書本傳注

〔一〕程以爲虞詡訟罪免官徙封，遂有是舉。

五六九　騰父節〔一〕，字元偉，素以仁厚稱。鄰人有亡豕者，與節豕相類，詣門認之，節不與争。後所亡豕自還其家，豕主人大慙，送所認豕，并辭謝節，節笑而受之。由是鄉黨貴歎焉。長子伯興，次子仲興，次子叔興，騰字季興，少除黄門從官。永寧元年，鄧太后詔黄門令選中黄門從官年少温謹者配皇太子書，騰應其選。太子特親愛騰，飲食賞賜，與衆有異。順帝即位，爲小黄門，遷至中常侍大長秋。在省闥三十餘年，歷事四帝，未嘗有過。（姚・汪）

——魏志武帝紀注　○　類聚卷九四　御覽卷九〇三　文選卷四四陳琳爲袁紹檄豫州注

〔一〕類聚卷九四、御覽卷九〇三「節」均作「萌」。天游按：趙一清曰：「後漢書宦者傳，曹節字漢豐，南陽新野人，疑彼是别一曹節。此則宋書禮志所謂處士者也。」盧弼曰：「按通典卷七十二云：魏明帝太和三年六月詔曰：『自我魏室，上承天序，既發跡於高皇。高皇之父處士君，精神幽遠，號稱罔記。其令公卿會議號謚。』所云處士君，即節也。」又侯康曰：「後漢書皇后紀獻穆曹皇后諱節，魏公曹操之中女也。此書三少帝紀：景元元年六月，故漢獻帝夫人節薨。若騰父名節，操不應復以名其女。」梁章鉅據類聚卷九四，以爲節萌形近，或本作萌而誤作節。侯、梁二説甚是。今仍其舊而明其誤。

五七〇　好進達賢能，終無所毁傷。其所稱薦，若陳留虞放、邊韶，南陽延固、張溫，弘農張奂，潁川堂谿典等，皆致位公卿，而不伐其善。蜀郡太守因計吏修敬於騰，益州刺史种暠於函谷關搜得其牋，上太守，并奏騰内臣外交，所不當爲，請免官治罪。帝曰：「牋自外來，騰書不出，非其罪也。」乃寢暠奏。騰不以介意，常稱歎暠，以爲暠得事上之節。暠後爲司徒，語人曰：「今日爲公，乃曹常侍恩也。」騰之行事，皆此類也。桓帝即位，以騰先帝舊臣，忠孝彰著，封費亭侯，加位特進。太和三年，追尊騰曰高皇帝。（姚・汪）

五七一 嵩字巨高，質性敦慎，所在忠孝。爲司隸校尉。——魏志武帝紀注 ○ 文選卷四四陳琳爲袁紹檄豫州注 靈帝〔時賣官，嵩以貨得〕拜大司農〔一〕，入大鴻臚，代崔烈爲太尉。黄初元年，追尊嵩曰太皇帝。（姚·汪）——魏志武帝紀注 ○ 范書袁紹傳注 文選卷四四陳琳爲袁紹檄豫州注

〔一〕據范書袁紹傳注補。原誤出續漢志，「志」係「書」之誤。

五七二 單超，河南人。梁冀振動天下。延熹二年，皇后崩，帝呼單超等入，謀誅冀。及更召徐璜、具瑗等五人，遂定其議。帝嚙超臂出血以爲盟。冀及宗親黨與悉誅之。（汪）——御覽卷三六九 ○ 白帖卷三〇

五七三 桓帝因日蝕之變，乃拜故司徒韓寅爲司隸校尉〔一〕，以次誅鉏，京師整清。（汪）——汪輯

〔一〕汪文臺注：「范作『演』。」此引不詳所出。

五七四 侯覽兄參爲益州刺史，民有〔豐〕富者〔一〕，輒誣以大逆，皆誅滅之，没其財物以萬億計。太尉楊秉奏參，檻車徵，于道自殺。京兆尹袁逢於旅舍閲參輜重三萬餘兩，皆金銀珍玩，不可勝數。（汪）

〔一〕據書鈔卷四一及御覽卷二五八　卷四九二補。

——書鈔卷一三九　○　御覽卷四九二　又卷二五八　書鈔卷四一

五七五　吕强爲（中）〔小〕黄門〔一〕，靈帝例封宦者，以强爲都鄉侯。强辭讓懇惻，帝乃聽之。數上書諫静，爲中常侍趙忠等所譖死。（汪）

〔一〕據書鈔卷四八改。范書本傳曰：「爲小黄門，再遷中常侍。」

——御覽卷二〇一　○　書鈔卷四八

五七六　扶風孟他以蒲萄酒一斛遺張讓〔一〕，即以爲涼州刺史。

——御覽卷九七二　○　類聚卷八七

〔一〕類聚卷八七「斛」作「升」，且言此引亦見燉煌張氏家傳。又范書本傳注引三輔決録曰：「佗字伯郎。以蒲陶酒一斗遺讓，讓即拜佗爲涼州刺史。」文又略異。佗即他，古通用。

五七七　司馬直字叔異，潔白美鬚髯，容貌儼然，鄉閭奉之如神〔一〕。（汪）

——御覽卷三七四

〔一〕司馬直，河内人，鉅鹿太守。時張讓説帝令責修宫錢，直上書，即吞藥以死諫止之。

儒林傳

五七八 劉昆除江陵令。時縣連火災，昆輒向火叩頭，多能降雨止風。（姚・汪）

——類聚卷五〇

五七九 劉昆少學施氏易。明帝爲太子，以易入授。（姚・汪）

——初學記卷一〇

五八〇 楊政字子行，少好學，京師語曰：「説經鏗鏗楊子行。」（汪）

——御覽卷四九五

五八一 楊政從代郡范升學。升嘗爲出婦所告，坐繫獄。政乃肉袒〔一〕，以箭貫耳，抱升子，潛伏道傍，候車駕過，泣涕辭請，有感帝心。詔曰：「乞楊生師邪？」〔二〕爲放出升。（汪）

——御覽卷四〇四

〔一〕「袒」原誤作「祖」，逕改。

〔二〕「邪」原誤作「即」，逕正。

五八二　弇以尚書教授〔一〕，躬自耕種。常有黃雀飛來，隨弇翱翔。（姚・汪）

——范書歐陽歙傳注

〔一〕弇，陳弇也。字叔明，陳留人。

五八三　建武二年，尹敏上疏曰：「六沴作見，若是供御，帝用不差，神則大喜，五福乃降，用章於下。若不供御，六罰既侵，六極其下。明供御則天報之福，不供御則禍災至。欲尊六事之體，則貌、言、視、聽、思、心之用，合六事之揆以致乎太平，而消除轗軻孽害也。」（汪）

——續漢五行志注

五八四　尹敏爲鄢陵令〔一〕，以縣倉漏三所自免。（姚・汪）

——書鈔卷七八

〔一〕姚、汪二輯據陳、俞本作「長陵令」。按范書本傳，敏三遷始任長陵令，且坐與詔捕男子周慮相善而免官，與續書所載非一事，姚、汪二輯誤。

五八五　楊仁字文義，巴郡人。顯宗特詔補北宮衞士〔令〕。引見，上便宜十二事，皆當時急務〔一〕。及帝崩，時諸馬貴盛，各爭欲入宮。仁被甲持戟，嚴勒門衞，莫敢輕進者。肅宗既立，諸馬共譖仁，上知其忠，愈善之。（姚・汪）

——御覽卷三五二　○　書鈔卷一二四　初學記卷一七

〔一〕據書鈔卷一二四補。

五八六　楊仁字文義，閬中人〔一〕。後辟司徒桓虞府，掾有宋章者，貪而不法，仁終不與交言同席，時人畏其節。（汪）

——御覽卷四九二

〔一〕「楊」原誤作「陽」，「閬」誤作「關」，皆逕改。

五八七　周澤字稚都，爲太常，清潔循行，盡敬宗廟。嘗臥疾齋宮〔一〕。（姚・汪）

——書鈔卷九〇

〔一〕其妻哀其老病，闚問所苦。澤怒妻干犯齋禁，收送詔獄謝罪。當世疑其詭激。

五八八　何休，任城樊人。朴訥而精研六經，世儒無及者。（汪）

——御覽卷四六四

文苑傳

五八九　黃香拜尚書左丞，功滿當遷，和帝詔留增秩。後拜尚書，遷僕射。（姚・汪）

——初學記卷一一

五九〇　崔琦字子瑋，濟北相瑗之宗也。引古今成敗以戒梁冀，冀不能受。乃作外戚箴，又作鵠賦以爲諷。後除臨濟令，不敢之職，解印而去。冀令刺客求之，見琦耕於陌上，懷書一卷，息輒偃而詠之，刺客賢之，以實告琦，因得脱走。（汪）

——御覽卷六一一

五九一　邊韶字孝先，以文學知名，教授數百人。韶口辯，曾晝假臥，弟子嘲之曰：「邊孝先，腹便便。嬾讀書，但欲眠。」韶潛聞之，應時對曰：「邊爲姓，先爲字。腹便便，五經笥。但欲眠，思經事。寐與周公通夢，坐與孔子同意。師而可嘲，出何典記？」（姚·汪）

——類聚卷二五

五九二　張升字彦真，陳留尉氏人。祖富平侯〔一〕。（汪）

——汪輯

〔一〕富平侯，張放也，西漢張湯之六代孫。此引亦不詳所出。

五九三　趙壹閉關卻掃〔一〕，非德不交。（汪）

——文選卷一六江文通恨賦注　○　龍筋鳳髓判卷一

〔一〕龍筋鳳髓判卷一「關」作「門」，汪輯亦然。

獨行傳

五九四 譙玄字君黄，能説春秋，遷中散大夫。（汪）

——御覽卷二四三

五九五 李業字距游〔一〕，廣漢人。王莽居攝，太守劉咸聞業有德，辟業，業稱疾，咸怒，教曰：「賢者不避害，猶彀射市中，命薄者先死。」令業詣獄養病。客有説咸者，乃出業。（汪）

——御覽卷六四三

〔一〕范書本傳「距」作「巨」。

五九六 温序爲護軍校尉〔一〕，行部至隴西，爲隗囂將苟宇等所劫，欲生降序。序大怒，以節撾殺人，賊趍欲殺序，宇止之曰：「義士欲死節，賜劍令自裁。」序受劍，銜鬚著口中，歎曰：「無令鬚汙土。」遂伏劍。（姚·汪）

——類聚卷二〇

〔一〕范書本傳作「護羌校尉」。袁紀及東觀記亦然。通鑑考異曰：「檢西羌傳，九年方置此官，牛邯爲之。又云邯卒職省，則序無緣作『護羌』。」故通鑑但云校尉。今按恐當以類聚卷二〇作「護軍校尉」爲是。

五九七　周暢字伯持，性仁慈，爲河南尹。永初二年夏旱，久禱無應。暢因收葬洛城傍客死骸骨凡萬餘人，應時澍雨，歲乃豐稔，位至光禄勳。（汪）

——御覽卷五五三

五九八　李充爲太守魯平請署功曹，不就。平怒，乃投充以捐溝中，因謫署縣都亭長，不得已，起親職役。（汪）

——御覽卷二六四

五九九　范丹，桓帝時以丹爲萊蕪長，不到官。後辟太尉府。自以狷急，不能從俗，常佩韋於朝。徒行弊服，賣卜於市。遭黨人禁錮，遂推鹿車，載妻子，捃拾自資，或依宿樹蔭，如此十餘年，乃結草室内居焉。閭里歌曰：「甑中生塵范史雲，釜裏生魚范萊蕪。」（姚・汪）

——御覽卷四八四　○　初學記卷一八(2)　類聚卷三五

逸民傳

六〇〇　平原王君公以明道深曉陰陽，懷德滅行，和光同塵，不爲皎皎之操。王莽世退身，儈牛自

給〔一〕，有似蜀之嚴君平〔二〕。（汪）

——御覽卷八二八

〔一〕李賢曰：「儈謂平會兩家賣買之價。」

〔二〕華陽國志卷一二益梁寧三州先漢以來士女曰：「高尚逸民嚴遵字君平，成都人。」與范書逸民傳所言嚴光字子陵，一名遵，會稽餘姚人者非一人也。又御覽卷二五八引益部耆舊傳曰：「嚴遵字王思，爲揚州刺史。」則蜀人乃有二嚴遵也。

六〇一　高鳳字文通，南陽人。妻將之田，曝麥於庭，令鳳護雞。忽然天暴風大雨，鳳持竿誦經，不覺潦水流麥。妻還怪問，鳳方悟。（汪）

——御覽卷七六七

周乘傳

六〇二　周乘字子居〔一〕，拜侍御史、公車司馬令，不畏彊禦，以是見怨於幸臣〔二〕。（汪）

——御覽卷二三〇

〔一〕書鈔卷五五「子居」作「子車」。其引不詳所出，然與御覽多同，疑亦出自續漢書。又「乘」原誤作「垂」，逕正。

〔二〕書鈔卷五五末有「拜交趾刺史」五字。

羊茂傳

六〇三　羊茂字季寶，豫章人。爲東郡太守，冬坐白羊皮，夏處單版榻，常食乾飯，出界買鹽豉〔一〕，妻子不歷官舍。（汪）

——御覽卷二六〇

〔一〕「豉」原誤作「致」，逕改。

封觀傳

六〇四　封觀當舉孝廉〔一〕，以兄名不顯，恥受之，稱疾不赴。後數年，兄得舉，觀乃就録上郡。（姚·汪）

——書鈔卷七九

〔一〕「當舉」原誤倒，據汪輯逕正。

陳謙傳

六〇五　陳謙字伯讓，拜御史中丞，執憲奉法，多所糾正，爲百僚所敬〔一〕。（姚・汪）

——初學記卷一二

〔一〕書鈔卷六二引略同。孔本作謝承書，陳本作續漢書。今從孔本。

胡紹傳

六〇六　胡紹爲河内懷令，三日一視事，十日一詣倉〔受〕俸米〔一〕，於閣外炊作乾飯食之，不設釜竈。得一强盜，問其黨與，得數百人，皆誅之。政教清平，爲三河表。（姚・汪）

——類聚卷五〇　〇　御覽卷二六七

〔一〕據御覽卷二六七補。

王苑傳

六〇七　王苑字孫仲〔一〕，安貧〔賤〕〔二〕，茅屋蓬户，藜藿不饜。（姚・汪）

——類聚卷三五　〇　御覽卷四八四

〔一〕御覽卷四八四作「字仲安」。

〔二〕據御覽卷四八四補。

祝良傳

六〇八　祝良字劭卿，長沙臨湘人。（姚・汪）

——范書順帝紀注

應志傳

六〇九　志字仲節，汝南南頓人也。曾祖父順。（姚・汪）

——范書順帝紀注

蔣詡傳

六一〇　蔣詡字元卿，父喪，弔者盈門。後母疾之，不得止舊廬，自作山菴於側，往如舊〔一〕。（姚・汪）

——姚輯

〔一〕不詳所出，俟攷。

郗慮傳

六一一　慮字鴻豫，山陽高平人。少受業於鄭玄，建安初爲侍中。（姚・汪）

——魏志武帝紀注　○　范書獻帝紀注　又孔融傳注　文選卷三五潘勗册魏公九錫文注

劉備傳

六一二　劉備字玄德，涿郡人，漢景帝中山靖王勝之後〔一〕。（姚・汪）

——姚輯

〔一〕不詳所出，俟攷。

黄巾傳

六一三　鉅鹿張角，自稱天師，弟子數十萬人〔一〕。始起兵，皆著黄巾，以相識別，故世謂「黄巾賊」。（汪）

——御覽卷六八七　〇　范書靈帝紀注

〔一〕范書靈帝紀注作「三十六萬餘人」。

六一四　張角別黨馬元義，爲山陽所捕得，鎖送京師，車裂於市〔一〕。（汪）

——御覽卷六四五

〔一〕袁紀卷二四作「黄巾馬元義等於京師謀反，皆伏誅」。且系此事於起義之後之五月乙卯日。范書則言於起義之前，由賣而「車裂於洛陽」，三説有異，録以備攷。

西南夷傳

六一五　西南夷曰：滇池出孔雀。（姚·汪）

——類聚卷九一　○　御覽卷九二四

六一六　哀牢夷出光珠、琥珀、水精、火精、瑠璃。（汪）

——御覽卷八〇八(3)

西羌傳

六一七　西羌之本，出自三苗，姜姓之别也。其國近南岳。及舜流四凶，徙之三危，河關之西南羌地是也。（汪）

——范書本傳注

六一八　西羌自賜支以西，濱河首左右，居今河關西可（十）〔千〕餘里〔一〕，有河曲，羌謂之賜支。（汪）　——御覽卷一六五

〔一〕據范書西羌傳改。

六一九　遂亡入河、湟間〔一〕。（汪）　——范書本傳注

〔一〕羌無弋爰劍爲秦所執，以爲奴隸。爰劍亡歸，路遇劓女，遂成夫婦，亡入河、湟間。諸羌怪其死裏逃生，推以爲豪帥。

六二〇　種羌九千餘户，在瀧西臨洮谷。（汪）　——范書安帝紀注

六二一　武威鸇陰河〔一〕。　——范書本傳注

〔一〕趙沖追叛羌及于此。范書作「建威」。

西域傳

六二二　甘菟〔一〕。——范書本傳注

〔一〕范書本傳作「甘英」，袁紀亦然。乃班超所遣使大秦，至西海而還者。

六二三　西域條支國出孔雀。（姚・汪）——類聚卷九一　○　御覽卷九二四

六二四　大秦國，名犂鞬，在西海之西。——文選卷三張平子東京賦注

六二五　大秦國有夜光璧。（汪）——類聚卷八四

六二六　大秦國以金銀爲錢〔一〕，十銀錢當一金錢。（汪）——御覽卷八一二

〔一〕「金銀」原誤作「金錢」，逕改。

六二七　大秦國合諸香煎其汁，謂之蘇合。（汪）——御覽卷九八二

六二八　天竺國，一名身毒，在大月氏東南。修浮圖佛道以成俗，不殺伐。（汪）
——類聚卷七六

六二九　天竺國出石蜜、胡椒、黑鹽。（汪）
——御覽卷九五八　○　書鈔卷一四六　又卷一四七　御覽卷八五七　又卷八六五

六三〇　天竺國，一名身毒，出琉璃珠璣。（汪）
——御覽卷八〇二

六三一　寧彌國王本名拘彌。（汪）
——范書本傳注

六三二　西夜國生獨白草，煎以爲藥，傅箭，所射輒死〔一〕。（汪）
——御覽卷九九四　○　證類本草卷八

〔一〕證類本草卷八作「獨自草」，末句作「人中之輒死」。

烏桓傳

六三三　以父名爲姓。（汪）　——汪輯

六三四　戎末瘣〔一〕。（汪）　——汪輯

〔一〕此二引均不詳所出。按魏志烏丸傳注引魏書載有烏丸大人戎末廆爲都尉，順帝時從擊鮮卑有功。而范書本傳作「戎朱廆」。則汪引之「瘣」系「廆」之誤。

鮮卑傳

六三五　鮮卑（亦東胡之支也）〔一〕。禽獸異於中國者有野馬、原羊、角端牛。以角爲弓，世謂之角端弓也。（姚・汪）　——書鈔卷一二五　○　御覽卷三四七

〔一〕據御覽卷三四七補。

散句

六三六　負書來學，雲集京師。（汪）——文選卷五六陸佐公石闕銘注

六三七　周毖〔一〕。（汪）——范書獻帝紀注

〔一〕李賢曰：「東觀記曰：『周珌，豫州刺史慎之子也。』續漢書、魏志並作『毖』，音秘。」范書與東觀記同，珌音必。疑其系董卓傳之文。

六三八　黎民樂業。——書鈔卷一五

六三九　擧止自若。——書鈔卷一四

六四〇　好古博聞。——書鈔卷一二

六四一　昌邑王見狗冠方山冠，龔遂曰：「王之左右，皆狗而冠。」〔一〕（汪）

——御覽卷九〇四

〔一〕記纂淵海卷九八亦作續漢書之文。按龔遂乃西漢人，漢書五行志曰：「賀爲王時，又見大白狗冠方山冠而無尾，此服妖，亦犬旤也。賀以問郎中令龔遂，遂曰：『此天戒，言在仄者盡冠狗也。』」二載意雖相近而文異，疑御覽所引系某東漢人書疏策文之語，暫入散句以俟攷。汪輯入劉備傳，非。

六四二　梅福上書曰：「仲尼之廟，不出闕里。」〔一〕

——文選卷四二應休璉與廣川長岑文瑜書一首注

〔一〕梅福，字子真，九江壽春人。成帝時上書，以爲宜建三統，封孔子之世以爲殷後。其文曰：「今仲尼之廟不出闕里，孔氏子孫不免編户，以聖人而歆匹夫之祀，非皇天之意也。」疑文選注「漢書」上衍「續」字，或與上條類同，故亦暫入散句以俟攷。

序傳

六四三　朗祖父儁，字元異，博學好古，倜儻有大度。長八尺三寸，腰帶十圍，儀狀魁岸，與衆有異，鄉黨宗族咸景附焉。位至潁川太守。父防，字建公，性質直公方，雖閒居宴處，威儀不忒。雅好漢書名臣列傳，所諷誦者數十萬言。少仕州郡，歷官洛陽令、京兆尹。以年老轉拜騎都尉，養志閭巷，闔門自守。諸子雖冠成人，不命曰進不敢進，不命曰坐不敢坐，不指有所問不敢言，父子之間肅如也。年七十一，建安二十四年終。有子八人，朗最長，次即晉宣皇帝也。（姚・汪）

——魏志司馬朗傳注　○　御覽卷三七七

六四四　靈臺者，乃周家之所造臺也，圖書術籍，珍玩寶怪，皆所藏也。（汪）

——初學記卷二四

華嶠漢後書卷一

明帝紀

〇〇一　明帝至長安，迎取飛廉并銅馬，置上西門平樂觀。（汪・黄）

——文選卷三張平子東京賦注

〇〇二　館陶公主爲子求郎，不許，賜錢千萬。明帝謂羣臣曰：「郎官上應列宿，非其人則民受其殃。」〔一〕（姚・汪・黄）

——初學記卷一一　〇　御覽卷二一五

〔一〕黄輯又注出書鈔卷六〇。按其所據乃陳本，孔本作應劭漢官儀。今從孔本。

〇〇三　帝自制五行章句〔一〕。（汪・黄）

——范書桓郁傳注　〇　御覽卷五九一

〔一〕東觀記與此同，而范書作「五家章句」。李賢曰：「此言『五家』，即謂五行之家也。」

〇〇四　世祖既以吏事自嬰，帝尤任文法，總攬威柄，權不借下。值天下初定，四民樂業，户口衣食滋植，斷獄號居前世之十二。中興已來，追蹤宣帝。夫以鍾離意之廉法，諫諍懇切，以寬和爲首。以此推之，斯亦難以德言者也〔一〕。（汪・黄）

——御覽卷九一〇　類聚卷一二　書鈔卷一五

〔一〕天游按：范書鍾離意傳曰：「帝性褊察，好以耳目隱發爲明，故公卿大臣數被詆毁，近臣尚書以下至見提拽，常以事怒郎藥崧，以杖撞之。」又曰：「朝廷莫不悚慄，争爲嚴切，以避誅責，唯意獨敢諫争。會連有變異，意復上疏曰：『咎在羣臣不能宣化理職，而以苛刻爲俗。吏殺良人，繼踵不絶。百官無相親之心，吏人無雍雍之志。百姓可以德勝，難以力服。先王要道，民用和睦，故能致天下和平，災害不生，禍亂不作。願陛下垂聖德，揆萬機，詔有司，慎人命，緩刑罰，順時氣，以調陰陽，垂之無極。』」華嶠「難以德言者也」之斷語，當本於此。而范論作「豈弘人之度未優乎」，未免有避重就輕之嫌。

章帝紀

〇〇五　魏文帝稱「明帝察察，章帝長者」〔一〕。（姚・汪・黄）

——范書章帝紀注

〔一〕此引當系章帝紀華嶠論之語。

靈帝紀

○○六　（元和）〔光和〕元年〔一〕，置鴻都門學，〔畫孔子及七十二弟子像〕〔二〕。其諸生皆勑州郡、三公舉用辟召，或出爲刺史、太守，入爲尚書、侍中，乃有封侯賜爵者，士君子皆恥與爲列焉〔三〕。（汪・黄）

——文選卷三八任彥昇爲范史雲讓吏部封侯第一表注　○　御覽卷二〇一

〔一〕據汪輯改。

〔二〕據御覽卷二〇一補。

〔三〕袁宏紀卷二四曰：「本頗以經學相招。後諸能爲尺牘、詞賦及工書鳥篆者至數千人，或出典州郡，入爲尚書侍中，封賜侯爵。」

○○七　靈帝時，遂使鉤盾令宋典繕治南宮，〔修玉堂殿〕〔一〕。又使掖庭令畢嵐鑄銅人四，列於蒼龍、玄武闕外。又鑄四鍾，皆受二千斛，懸於〔玉〕堂及雲臺殿殿前〔二〕。又鑄天禄蝦蟆吐水，渴烏施於橋西，用灑南北郊路，以省百姓灑道之費〔三〕。〔又鑄四出文錢〕〔四〕。（姚・汪・黄）

——類聚卷八四　○　御覽卷八一三

〔一〕據御覽卷八一四補。

〔二〕據范書補。

〔三〕天游按：范書張讓傳「天禄蝦蟆」下作「吐水於平門外橋東，轉水入宫。又作翻作渴烏」云云。又御覽卷九四九引張璠紀作「吐水於平昌門外橋東約入宫，又作翻車渴烏」云云，疑華書「吐水」下脱「於平昌門外橋東，轉入宫。又作翻車」十四字。

〔四〕據御覽卷八一三補。

〇〇八　靈帝於平樂觀下起大壇，上建十二重五彩華蓋，高十丈。壇東北爲小壇，復建九重華蓋，高九丈，列奇兵騎士數萬人。天子住大蓋下。禮畢，天子躬擐甲，稱無上將軍，行陣三帀而還。設祕戲以示遠人。（汪·黄）

——水經注卷一六穀水注

獻帝紀

〇〇九　李傕等大戰弘農，百官士卒死者不可勝數。董承密招白波帥李樂等率衆來共擊傕等〔一〕，大破之，乘輿乃得進。承夜潛過曰：「先具舟船爲應。」帝步出營，臨河岸高不得下。時中官

伏德扶中宫，一手持十疋絹。乃取德絹，連續挽而下，餘人匍匐岸側，或自投死亡。（汪・黄）

——御覽卷八一七　○　文選卷一〇潘安仁西征賦注

〔一〕「傕」原作「傕」，逕正之。

皇后紀

〇一〇　孝獻伏后，興平二年立爲皇后。李傕、郭汜等敗乘輿於曹陽。帝乃潛夜渡河走，六宫皆步行出營。后手持縑數疋，董承使孫微以刃脅奪之〔一〕，殺傍侍者，血濺后衣〔二〕。（汪・黄）

——御覽卷八一八

〔一〕天游按：范書伏后紀作「符節令孫徽」，袁紀卷二八作「荷令孫儼」，疑華書「微」系「徽」之誤。「徽」、「儼」，黄奭曰「當作孫儼」。又按其官職恐當以「符節令」爲是。

〔二〕廿二史考異曰：「世譏范蔚宗創爲皇后紀，非也。晉書稱華嶠作漢後書九十七卷，有帝紀十二卷，皇后紀二卷。嶠以皇后配天作合，前史作外戚傳以繼末編，非其義也，故改皇后紀，次帝紀之下。然則皇后之紀，乃嶠自出新意，蔚宗特因之不改爾。」故今立皇后紀，而伏后紀必系其下卷無疑。

李通傳

〇一一 李通字次元〔一〕，以讖記説光武〔二〕，爲大司空。而有議，懼欲避世，數乞骸骨，乃許，以特進奉朝請。（姚・汪・黄・鈴木）

——書鈔卷五二 〇 初學記卷一一

〔一〕陳本作「文元」，初學記亦然。汪、姚、黄三輯皆從之。天游按：范書本傳作「文元」，然袁紀作「次元」，孔本仍宋本之舊，較陳本據范書妄改爲佳，今從孔本。

〔二〕李通父守説讖云：「劉氏復興，李氏爲輔。」

來歙傳 玄孫豔

〇一二 豔好學下士，開館養徒衆。少歷顯位，靈帝時位至司空。（姚・汪・黄）

——蜀志來敏傳注

鄧晨傳

〇一三　鄧晨字偉卿，拜光禄大夫。數讌見，説故舊平生爲歡。晨從容謂上曰：「僕竟辨之。」上大笑，使持節監諸將汝南，從幸度淮，因領九江兵。（鈴木）

——書鈔卷五六

鄧禹傳

〇一四　鄧禹字仲華，拜大司徒。年二十四，内文明，篤行淳備。（姚·汪·黄·鈴木）

——書鈔卷五二

〇一五　鄧禹十三男，各令習一藝。（姚·汪·黄·鈴木）

——御覽卷七四四

馮異傳

〇一六　馮異字公孫，代鄧禹討三輔，車駕送之，賜七尺劍，詔進征西大將軍。攻赤眉，大爲所敗，散步走歸營。收其散卒，與賊約期〔一〕。（鈴木）

——書鈔卷六四

〔一〕天游按：孔本標目作「收散卒，奮翼澠池」，則「與賊約期」下必有脱文。范書本傳其下有「追破於崤底，璽書勞曰『終能奮翼澠池』」數言，似能當之。又陳、俞本此引皆改注范書，非。

〇一七　三輔大亂，異討之。與賊赤眉會，大破於崤底，追擊之。又大破（之）〔行巡〕〔一〕，上書言狀，不敢自伐。諸將或欲分其功，詔云：「征西功，若丘山也。」（姚・汪・黄・鈴木）

——書鈔卷六四

〔一〕據俞本改。「又大破」以下系建武六年與隗囂相拒時事，或編者致誤，亦或傳刻致譌。

岑彭傳曾孫熙

○一八　岑彭字君然，説降朱鮪，遷征南將軍，治軍整齊，秋毫無犯。擊蜀，宿於彭亡之地，爲公孫述客所刺。（姚・汪・黄・鈴木）

——書鈔卷六四

○一九　岑熙爲東郡太守，好聘禮隱逸，顯之於朝，與參政事，視事三年，〔政化大行〕〔一〕。人歌之曰：「我有枳棘，岑君伐之〔二〕；我有蟊賊，岑君遏之〔三〕。狗吠不驚，足下生氂，含哺鼓腹，焉知凶災。我嘉我生，獨丁斯時。美矣岑君，於戲（如）〔休〕兹〔四〕。」（姚・汪・黄）

——御覽卷二六〇　○　書鈔卷三五(2)　又卷七六　晏公類要卷二〇

〔一〕據書鈔卷七六補。

〔二〕李賢曰：「枳棘多榛梗，以喻寇盜充斥也。」

〔三〕李賢曰：「蟊賊，食禾稼蟲名，以喻姦吏侵漁也。」

〔四〕據晏公類要卷二〇改。范書本傳亦作「休兹」。

賈復傳

○二〇　賈復爲執金吾。更始郾王尹尊及諸將反，上召諸將議，以檄叩地曰：「郾最强，宛次之，〔誰當擊之〕〔一〕？」復率爾對曰：「臣請擊郾。」上笑曰：「執金吾擊郾，吾復何憂邪？」（汪・黄・鈴木）

——御覽卷二三七

〔一〕據職官分紀卷三五補。

吴漢傳

○二一　吴漢在朝廷唯公。（姚・汪・黄・鈴木）

——書鈔卷五一

陳俊傳

○二二 拜爲彊弩偏將軍，賜絳衣九百領，以衣中堅同心士。（姚・汪・黄・鈴木）

——范書本傳注

○二三 賜俊璽書曰：「將軍元勳大著，威震青、徐，兩州有警，得專征之。」〔一〕（姚・汪・黄・鈴木）

——范書本傳注

〔一〕時張步復叛，俊追討斬之，故帝賜書褒獎。

臧宫傳

○二四 韓顔〔一〕。（姚・汪・黄）

——范書本傳注

〔一〕范書本傳曰：「宫與祭遵擊更始將左防、韋顔。」李賢曰：「華嶠書『韋』字作『韓』。」

〇二五　使張明〔一〕。（姚・汪・黄）

——范書本傳注

〔一〕范書本傳曰：「宮屢下郡邑，帝使太中大夫持節拜宮爲輔威將軍。」李賢曰：「華嶠書曰『使張明』也。」

〇二六　上璽書勞宮，賜吏士縑縑六千匹〔一〕。（姚・汪・黄・鈴木）

——范書本傳注

〔一〕時宮破延岑，悉降其衆。

耿弇傳弟子秉

〇二七　耿弇字伯昭，爲建武將軍〔一〕，北攻漁陽。弇以父況據上谷，又兄弟無在京師，自疑求還。詔報曰：「將軍舉宗爲國，所向陷敵。」（鈴木）

——書鈔卷六四

〔一〕范書本傳作「建威將軍」，是。

〇二八　耿秉字伯初〔一〕，爲征西將軍，出西域。秉鎮撫單于，匈奴與國懷其恩信〔二〕，南留單

于，以安天下。秉壯勇，與士簡易，軍行常自被甲。（姚・汪・黄）

——書鈔卷六四 (2)

〔一〕「秉」原誤作「康」，據汪輯逕改。

〔二〕疑「與」系「舉」之誤。

○二九　耿秉爲人威重有謀略，拜執金吾。每行幸，秉恒領宿衛。（汪・黄・鈴木）

——御覽卷二三七

王霸傳

○三〇　王霸字元伯，爲偏將軍。上以霸曉兵愛士，可以獨任者也。（鈴木）

——書鈔卷六四

祭遵傳

○三一　祭遵字弟孫。建武三年〔一〕，爲征虜將軍，南擊弘農賊。賊射遵洞肘，出血流袖〔二〕

衆見遵傷，稍退，遵叱之，士卒戰皆百倍。光武歎曰：「安得憂國奉公如祭征虜者乎！」（姚・汪・黄・鈴木）

——書鈔卷六四

〔一〕范書本傳作「二年」，是。

〔二〕氾書本傳作「弩中遵口，洞出流血」。

朱祐傳

〇三二　朱祐爲護軍，舍止親幸，莫與爲比。（鈴木）

——書鈔卷六四

王梁傳

〇三三　梁〔字君嚴〕〔一〕，爲野王令。赤伏符曰「王梁主衞作玄武」〔二〕。光武以野王本衞地，玄

武水神，司空水土之官，於是擢王梁拜大司空。（汪・黄・鈴木）

——書鈔卷五二　〇　初學記卷一一(2)

〔一〕據初學記卷一一補。

〔二〕「伏」原誤作「服」，逕改。

馬成傳

〇三四　馬成字君遷，拜驍騎將軍，北屯常山。積數年，上以其勤勞，徵歸京師。邊民多上書請之，〔上〕復以成鎮撫之〔一〕。（汪・黄・鈴木）

——書鈔卷六四　〇　御覽卷二三八

〔一〕據御覽卷二三八補。

傅俊傳子昌

〇三五　傅俊子昌，徙封蕪湖侯。建初中，遭母憂，（固）〔因〕上書以國貧不之封〔一〕，乞錢五萬爲

關内侯〔二〕。肅宗貶爲關内侯，竟不賜錢。（汪・黄・鈴木）

——御覽卷二〇一

〔一〕據汪輯改。

〔二〕范書作「五十萬」，此作「五萬」，誤。

〇三六　論曰：中興二十八將，前世以爲上應二十八宿，未之詳也。然咸能感會風雲，奮其智勇，稱爲佐命，亦各志能之士也〔一〕。（姚・汪・黄）

——范書朱景王杜馬劉傅堅馬傳論

〔一〕李賢注曰已上皆華嶠之辭，故依汪輯附傳俊傳後。

竇融傳玄孫章

〇三七　學者稱東觀爲老氏藏室，道家蓬萊山〔一〕。（姚・汪・黄・鈴木）

——書鈔卷一〇一　〇　初學記卷一二　文選卷四六王元長三月三日曲水詩序注　白帖卷七四　御覽卷二三三　龍筋鳳髓判卷三

〔一〕李賢曰：「老子爲守藏史，後爲柱下史，四方所記文書皆歸柱下，事見史記。言東觀經籍多也。蓬萊，海中仙山，爲仙府，函經秘録並皆在焉。」時太僕鄧康以賓章居貧孝養，仍講讀不輟，故薦章入東觀，爲校書郎。

馬援傳 子防

〇三八　馬援在河西，有穀數萬斛，乃歎曰：「凡殖財者，貴以施也，否則守錢虜耳。」（汪・黃・鈴木）
——御覽卷八三七

〇三九　援爲隴西太守，遇長吏如兄弟，〔委以任之〕〔一〕。（姚・汪・黃・鈴木）
——書鈔卷七四

〔一〕據陳、俞本補。

〇四〇　馬援字文淵，爲伏波將軍，振旅京師，厚加賜車一乘，朝見次九卿。（鈴木）
——書鈔卷六四

〇四一　馬防字孝孫，行車騎將軍，與長水校尉耿恭師征盧水羌還〔一〕，帝親駕幸其府。（姚・汪・黃・鈴木）
——書鈔卷六四

〔一〕盧水，即盧溪水。水經注卷一河水注曰：「湟水又東，盧溪水注之。水出西南盧川，東北流注于湟水。」此水在金城郡臨羌縣東。

〇四二　馬防行車騎將軍，位列九卿，班同三府。（姚・汪・黄）

——書鈔卷六四

〇四三　永平十五年，上始欲征匈奴，與竇固等議出兵調度，皆以爲塞外草美，可不須穀馬。案軍出塞，無穀馬故事。馬防言當與穀。上曰：「何以言之？」防對曰：「宣帝時五將出征，案其奏言，匈奴候騎得漢馬矢，見其中有粟，知漢兵出，以故引去。以是言之，馬當與穀。」上善其用意微緻，即下調馬穀，防遂見親也〔一〕。

——天中記卷四五

〔一〕此引與御覽卷八三七所引東觀記略同，疑天中記引書名有訛，故附傳末以俟攷。

華嶠漢後書卷二

魯恭傳

〇四四　魯恭字仲康，拜司徒，數有忠言，陳正得失。恭在位，選辟皆妙，至列卿〔郡守〕數十人〔一〕。（姚・汪・黄・鈴木）

——書鈔卷五二

〔一〕據汪輯補。

劉寬傳

〇四五　寬爲南陽太守，遇民如子，不曾出詈言也。（姚・汪・黄・鈴木）

——書鈔卷七四

〇四六　劉寬爲南陽太守，吏有罪，蒲鞭示恥〔一〕。（鈴木）
——書鈔卷七四

〔一〕古者以生皮爲鞭，寬仁恕，代之以蒲草，僅示恥耳。

〇四七　劉寬爲南陽太守，平心舉善，每自克責，吏民愛敬，不敢欺也〔一〕。（姚・汪・黄・鈴木）
——書鈔卷七五

〔一〕姚、汪、黄三輯依陳、俞本作倪寬傳，誤。今從孔本。

〇四八　劉寬爲南陽太守，常好與諸生講論經義，政化流傳，不嚴而治。（姚・汪・黄・鈴木）
——書鈔卷七五

韋彪傳

〇四九　韋彪上疏曰：「欲急民所務，當先除其惡〔一〕。其原在尚書典樞機，天下事一決之，不可不察故也。」（姚・汪・黄）
——書鈔卷五九(2)　〇　類聚卷四八

〔一〕類聚卷四八「惡」作「患」，與范書同。

〇五〇　韋彪上疏曰：「有楚獄事繁〔一〕，故置尚書令史以助郎。郎主文案，與令史不殊。」（汪・黄）

——御覽卷二一三　〇　大唐六典卷一

〔一〕永平中，楚王英謀反，事洩自殺，楚獄遂興，累年相陷坐死徙者以千數。

范遷傳

〇五一　范遷爲司徒，在公輔，有宅數畝，田不過一頃，推與兄子。（汪・黄）

——御覽卷八二一

桓譚傳

〇五二　桓譚上疏言事，出爲六安郡丞，意忽忽不樂而卒。

——職官分紀卷四一

馮衍傳 子豹

〇五三 衍祖父立，生滿，年十七喪父，早卒，滿生衍〔一〕。（姚・汪・黄・鈴木）

——范書本傳注

〔一〕惠棟曰：「前書曰『立字聖卿』，奉世子也。」又李賢注引東觀記曰：「野王生座，襲父爵爲關内侯，座生衍。」與此大異。范書從東觀記。李賢注又曰：「衍之祖馮參忠正。」惠棟以爲「參爲衍從祖也」。

〇五四 丹死〔一〕，衍西歸。吏以亡軍，下司命乘傳逐捕，故亡命〔二〕。（姚・汪・黄・鈴木）

——范書本傳注

〔一〕丹，廉丹，王莽時拜平均公、更始將軍，於無鹽爲赤眉所殺。此前衍兩次勸丹背莽，丹不從。

〔二〕亡命河東也。

〇五五 馮豹字仲文，爲尚書郎，勤力不懈。每奏事不報，常伏省閤下，或從昏至明。帝聞而嘉之，乃加賞賜〔一〕。（姚・汪・黄・鈴木）

——書鈔卷三六 〇 又卷六〇

〔一〕職官分紀卷八末句作「章帝嘉之，數加賞賜。豹眠熟，上令引被覆之」。

○五六　論曰：　夫貴者負勢而驕人，才士負能而遺行，其大略然也。二子不其然乎〔一〕！馮衍之引挑妻之譬，得矣。夫納妻皆知取詈己者，而取士則不能。何也？豈非反妒情易，而恕義情難。光武雖得之於鮑永，猶失之於馮衍〔二〕。（姚・汪・黄）

——范書馮衍傳論

〔一〕李賢引史記曰：「魏太子擊逢文侯之師田子方，引車下道。子方不爲禮。太子擊曰：『富貴者驕人乎？貧賤者驕人乎？』子方曰：『貧賤者驕人耳。夫諸侯驕人則失其國，大夫驕人則失其家。貧賤者行不合，言不用，則去之楚、越，若脱躧然，柰何同之哉？』」

〔二〕李賢曰「自此已上皆華嶠之詞」。

申屠剛傳

○五七　申屠剛爲尚書令。時内外羣臣，多帝自選舉，加以法理嚴察，職事過苦，尚書近臣，乃至捶撲，牽曳於前，羣臣莫敢言，唯剛每極諫。（汪・黄・鈴木）

——御覽卷二一〇

鮑永傳孫德

〇五八　鮑德爲南陽太守，民號爲「神父」。（姚・汪・黄）

——書鈔卷七五

郅惲傳

〇五九　惲拜長沙太守，崇教化，表異行。（姚・汪・黄・鈴木）

——書鈔卷七四

郎顗傳

〇六〇　華嶠曰：漢之十葉，王莽篡位。聞道術之士西門君惠、李守等多稱讖云：「劉秀爲天子。」〔一〕自光武爲布衣時，數言此，及後終爲天子，故甚信其書。鄭興以忤意見疎，桓譚以遠斥憂死。及明、章二帝，祖述其意，故後世争爲圖緯之學，以矯世取資。是以通儒賈逵、馬融、張衡、朱穆、崔寔、荀爽之徒，忿其若此，奏皆以爲虚妄不經，宜悉收藏之。惟斯事深奥，善言古者，必有驗於今；善言天者，必有驗於人，而托云天之曆數、陰陽、占候，今所宜急也。占候、術數能仰瞻俯察，參諸人事，禍福吉凶既應，引之教義，亦有著明。此蓋道術之有益於後世，爲後人所尚也〔一〕。（黄）

——袁宏紀卷一八順帝紀

〔一〕黄奭以爲系郎顗傳論，今從之。

郭伋傳

〇六一　伋徵拜潁川太守，帝勞之曰：「郡得賢能太守，去帝城不遠，河潤九里，冀京師并蒙其福。（姚・汪・黄・鈴木）

——書鈔卷七四

孔奮傳

〇六二　孔奮字君魚，守姑臧長，治有異政，以仁義折强扶弱，好惡分明，匈奴不敢犯塞。

——職官分紀卷四二

〇六三　奮爲武都太守，有美行，愛之如骨肉；無義，憎之如仇讐。（姚・汪・黄・鈴木）

——書鈔卷七四

張堪傳

〇六四　張堪拜漁陽太守，治稻田八千餘頃，百姓殷富，童謡歌曰：「桑無附枝，麥秀兩歧。張君爲政，樂不可支。」童謡如此〔一〕（鈴木）

——書鈔卷七六

〔一〕陳本改注范書，非。

〇六五　上問掾樊顯曰〔一〕：「太守在蜀，誰最能者？」顯曰：「漁陽太守張堪昔在蜀最能。堪仁足以惠下，威足以齊姦，清廉無以爲比。」上曰：「何以爲效？」顯曰：「當破蜀時，公孫述珍寶山積，卷握之物，足當十世。而堪不以介意，去蜀之日，乘朽轅車，白布破囊而已〔二〕。」（姚・汪・黄）

——書鈔卷七五

〔一〕顯，蜀郡計吏。時光武召見諸郡計吏，問其風土及前後守令能否。

〔二〕此引陳本多妄改，姚輯從之。而汪輯不詳所出，照録姚輯，妄注出類聚。黄輯亦依陳補。皆非。

廉范傳 慶鴻

〇六六　廉范爲武原太守，下車申明賞罰，誅鋤姦滑，表用良吏。（姚・汪・黄・鈴木）

——書鈔卷七五

〇六七　廉范遷蜀郡太守，生子皆以廉爲名者千數。（姚・汪・黄・鈴木）

——書鈔卷七五

〇六八　廉范百姓歌之〔一〕。（鈴木）

——書鈔卷七六

〔一〕時范任蜀郡太守，許民夜作，但嚴使儲水以防火，百姓稱便，乃歌曰：「廉叔度，來何暮？不禁火，民安作。平生無襦今五絝。」

事見范書本傳。此引當有脱文。

〇六九　洛陽慶鴻慷慨好義，廉范與爲刎頸之友。時人稱曰：「前有管鮑〔一〕，後有慶廉。」

——御覽卷四〇七

（汪・黄）

〔一〕史記管晏列傳曰：「管仲曰：『吾始困時，嘗與鮑叔賈，分財多自與，鮑叔不以我爲貪，知我貧也。吾嘗爲鮑叔謀事而更窮困，鮑叔不以我爲愚，知時有利不利也。吾嘗三仕三見逐於君，鮑叔不以我爲不肖，知我不遭時也。吾嘗三戰三走，鮑叔不以我爲怯，知我有老母也。公子糾敗，召忽死之，吾幽囚受辱，鮑叔不以我爲無恥，知我不羞小節，而恥功名不顯于天下也。生我者父母，知我者鮑子也。』」

羊續傳

〇七〇　羊續字興祖，爲南陽太守，以清率下，唯臥一幅布綯，裯綯敗，糊紙補之。

——天中記卷四八

樊宏傳

〇七一　樊宏字靡卿，爲光禄大夫，位特進。宏爲人性謙卑畏慎，不求苟得。（姚·汪·黄·鈴木）

——書鈔卷五六

梁統傳玄孫冀

〇七二　梁冀妻孫壽色美，〔而善爲妖態〕〔一〕，能作愁眉、啼妝、墮馬髻、折腰步、齲齒笑，以爲媚惑〔二〕。（姚·汪·黄·鈴木）

——類聚卷一八　〇　御覽卷三八〇

〔一〕據御覽卷三八〇補。

〔二〕風俗通義曰：「愁眉者，細而曲折。啼粧者，薄拭目下若啼處。墮馬髻者，側在一邊。折腰步者，足不任體。齲齒笑者，若齒痛不忻忻。始自冀家所爲，京師翕然皆放效之。」

〇七三　梁冀愛監奴秦宮，官至太倉令，得入妻壽所。壽見宮，屏御者以言事，因通焉。宮威權大震，二千石皆拜謁之。（姚・汪・黄・鈴木）

——類聚卷三五

張純傳子奮

〇七四　張奮字雅通，拜大司馬，在位名爲清白。（姚・汪・黄・鈴木）

——書鈔卷五一

鄭興傳子衆

〇七五　鄭興，更始立，拜諫議大夫，使安集關西。（姚・汪・黄・鈴木）

——書鈔卷五六

〇七六　鄭衆使匈奴，欲令衆拜，不爲屈。朝議復欲遣衆，衆曰：「今往匈奴，必恐取勝於臣，臣不

忍持大漢節，對氈裘跪拜。」明帝收繫廷尉獄。（汪・黄・鈴木）

——御覽卷五四二

〇七七　鄭衆字仲師，爲左馮翊，徵爲大司農。是時朝議欲改弊〔一〕，衆諫以爲不可。詔切責，至被奏劾，執之不移。（姚・汪・黄・鈴木）

——書鈔卷五四

〔一〕時章帝議復鹽鐵官也。

〇七八　鄭衆字仲師，爲大司農，在位以清正稱。（姚・汪・黄・鈴木）

——書鈔卷五四

陳元傳

〇七九　初欲立左氏傳博士，范升〔奏〕以爲左氏淺末〔一〕，不宜立。陳元聞之，乃詣闕上疏爭之，更相辯對凡十餘上。帝卒立左氏學〔二〕。〔立博士四人，元爲第一〕〔三〕。（姚・汪・黄・鈴木）

——御覽卷二三六　〇　書鈔卷六七

〔一〕據書鈔卷六七補。又「升」誤「叔」，據書鈔逕改。

〔二〕此光武建武初之事。

〔三〕據書鈔卷六七補。

○八○　元字長孫〔一〕，以才高著名，辟司空掾。宋弘受罪，上書訟之，言甚切直，又敷陳當世便〔宜〕事〔二〕。（姚・汪・黄・鈴木）

——書鈔卷六八

〔一〕書鈔卷六七作「字襄孫」，誤。范書亦作「長孫」。

〔二〕據汪輯補。

賈逵傳

○八一　賈逵字景伯，有贍才，能通古今學。神爵集宮殿，上召見，敕蘭臺給筆，作神爵頌。除蘭臺令史〔一〕。（汪・黄・鈴木）

——書鈔卷六二

〔一〕書鈔引書名誤「華嶠漢書」爲「華譚漢書」。

張霸傳孫楷

〇八二　張楷字公超，家貧無以爲業，常乘驢車至縣賣藥。（汪・黄・鈴木）

——御覽卷九八四

桓榮傳子郁　孫焉　玄孫典　玄孫彬

〇八三　桓榮爲博士。會庭中詔賜奇果，受賜者懷之，榮獨舉手奉以拜。光武笑指之曰：「此真儒生也。」（汪・黄・鈴木）

——御覽卷九六四　〇　書鈔卷一九

〇八四　建武二十八年，桓榮爲太子少傅，賜以輜車乘馬。榮大會諸生，陳其車馬印綬曰：「今日所蒙，稽古之力也，可不勉乎？」（鈴木）

——書鈔卷一三九　〇　又卷六五

〇八五　榮爲少傅，以太子經學成畢，上疏謝歸道。太子以書謝。（姚・汪・黃・鈴木）

——書鈔卷六五

〇八六　桓榮字春卿，遷太常。明帝〔即位〕〔一〕，尊以師禮，甚見親重〔二〕。乘輿幸太常府，榮東面坐，設几杖，〔會百官〕〔三〕，天子親自執經。既罷，悉以太官供具賜太常家，其恩禮若此。（姚・汪・黃・鈴木）

——書鈔卷五三　〇　初學記卷一二

〔一〕據初學記卷一二補。

〔二〕初學記卷一二下尚有「拜之」二字，疑系「拜二子爲郎」之誤，故暫不補入。

〔三〕據初學記卷一二補。

〇八七　桓榮遷諫議大夫〔一〕，每大射養老禮畢，帝輒引榮及弟子升堂，執經自爲辨説。

——職官分紀卷六

〔一〕東觀記及范書均作「拜榮爲五更」。此作「遷諫議大夫」，誤。

〇八八　榮長子雍早卒，少子郁嗣。（姚・汪・黃・鈴木）

——范書本傳注

〇八九　桓郁字仲思〔一〕。敦厚篤學，傳父業，以尚書教授，門徒常數百人。選侍中。帝以郁先師子，有禮讓，甚親厚焉。常居中論經書，問以政事，反復乃行，受章録事，不離左右。明帝自制五行章句〔二〕，令郁校定於宣明殿中。（姚・汪・黄・鈴木）

——書鈔卷五八　○范書本傳注　御覽卷五九一

〔一〕范書本傳作「仲恩」。

〔二〕「五行」原誤作「五經」，據范書本傳注逕改。

〇九〇　郁上書乞身〔一〕，天子憂之，有詔公卿議。議者皆以郁身爲名儒，學者之宗，可許之。於是詔郁以侍中行服。（姚・汪・黄・鈴木）

——范書本傳注

〔一〕以母憂故也。

〇九一　郁六子，普、延、焉、俊、酆、良。普嗣侯，傳國至曾孫絶。酆、良子孫皆博學有才能。（姚・汪・黄・鈴木）

——范書本傳注

〇九二　桓焉明經篤行，有名稱，以尚書入授安帝，拜太傅，録尚書事。復入授順帝於禁中，因晏見建言宜引三公、尚書入省事，天子從之。（姚・汪・黄・鈴木）

——書鈔卷五九

○九三　焉長子衡，早卒。中子順，順子典。典十二喪父母，事叔母如事親。立廉操，不取於人，門生故吏問遺，一無所受。（姚・汪・黄・鈴木）

——范書本傳注

○九四　十年不調〔一〕。（姚・汪・黄・鈴木）

——范書本傳注

〔一〕此言桓典任侍御史之長。范書作「七年」。

○九五　遷平津都尉、鉤盾令、羽林中郎將〔一〕。（姚・汪・黄・鈴木）

——范書本傳注

〔一〕此亦桓典事跡。

○九六　酇生麟。（汪・黄）

——范書本傳注

丁鴻傳

○九七　滎弟子丁鴻學最高。（汪・黃）

——范書桓榮傳注

○九八　華嶠曰：論語稱夫子温良恭儉讓，以得之行首乎〔一〕？故嘗請論之：孔子曰：「太伯其可謂至德也已矣，三以天下讓，民無（德）〔得〕而稱焉〔二〕。」孟子曰：「聞伯夷之風者，貪夫廉，懦夫有立志。」〔三〕然則太伯出於不苟得，未始有於讓也。是以太伯稱〔至德，伯夷稱〕賢人〔四〕，後之人慕而徇之。夫有徇則激詭生，而取與妄矣。故夫鄧彪、劉愷讓其弟以取義，使弟非服而已享其名，其於義不亦薄乎？又況乎干有國之紀，而使將來者妄舉措哉！古之君子，立言非〔苟顯其理〕〔五〕，將以啓天下之方悟者；立行非獨善其身，將以訓〔天下之方動者〕。言行之所開塞，可無慎哉〔六〕！原丁鴻之心，其本主於忠愛乎〔七〕？何其終悟而從義也？以此殆知其徇尚異於數世也〔八〕。（汪・黃）

——袁宏紀卷一二　○　范書丁鴻傳論

〔一〕語出論語學而篇。疏曰：「敦柔潤澤謂之温，行不犯物謂之良，和從不逆謂之恭，去奢從約謂之儉，先人後己謂之讓，言孔子行五德而得與聞國政。」

〔二〕據論語泰伯篇改。

〔三〕語出孟子盡心下。

〔四〕據范書丁鴻傳論補。惠棟曰范此論皆華嶠之辭。

〔五〕同右。

〔六〕據范書丁鴻傳論補。

〔七〕「乎」字原誤置上文「哉」字之上，據范書逕改。

〔八〕范書丁鴻傳論末句作「異夫數子類乎徇名者焉」。

孝子傳

〇九九　孔子曰：「夫孝莫大於嚴父，嚴父莫大於配天，則周公其人也。」〔一〕子路曰：「傷哉貧也！生無以養，死無以葬。」子曰：「啜菽飲水，孝也。」〔二〕夫鍾鼓非樂云之本，而器不可去〔三〕；三牲非致孝之主，而養不可廢〔四〕。存器而忘本，樂之遁也〔五〕；調器以和聲，樂之成也。崇養以傷行，孝之累也；脩己以致禄，養之大也。故言能大養，則周公之祀，致四海之祭。言以義養，則仲由之菽，甘於東鄰之牲〔六〕。夫患水菽之薄，干禄以求養者，是以恥禄親也。存誠以盡行，孝積而禄厚者，此能以義養也。

〔一〕見孝經聖治章。李賢曰：「配天，謂宗祀文王於明堂，以配上帝。」

〔二〕語出禮記檀弓下，文稍略耳。

〔三〕論語陽貨篇曰：「樂云樂云，鍾鼓云乎哉？」馬融曰：「樂之所貴者，移風易俗，非謂鍾鼓而已。」

〔四〕孝經孝行章曰：「事親者，居上不驕，爲下不亂，在醜不爭。居上而驕則亡，爲下而亂則刑，在醜而爭則兵。三者不除，雖日用三牲之養，猶爲不孝也。」故華嶠作如是語。

〔五〕「遁」，袁紀卷一一引作「過」，皆訓作失。

〔六〕易既濟曰：「東鄰殺牛，不如西鄰之禴祭。」其意以「黍稷非馨，明德惟馨」，脩德者雖不殺牛而行薄祭，以其有德而實受其福。

孔子稱「孝哉閔子騫，人不間於其父母兄弟之言」〔一〕，言其孝皆合於道，莫可復間也。先代石氏父子稱孝，子慶相齊，人慕其孝而治〔二〕，此殆所謂孝乎？惟孝，友于兄弟，施於有政，是亦爲政也〔三〕。

〔一〕語出論語先進篇。陳羣曰：「言子騫上事父母，下順兄弟，動静盡善，故人不得有非間之言。」疏曰：「間，謂非毁間側。」

〔二〕漢書石奮傳載：奮恭謹，舉莫與比。其長子建，次甲，次乙，次慶，皆以馴行孝謹，官至二千石，故號奮爲萬石君。慶爲齊相，齊國慕其家行，不治而齊國大治，爲立不相祠。

〔三〕語見論語爲政篇，乃孔子之言。又尚書君陳曰：「惟孝，友于兄弟，克施有政。」又按此段范書失載，據袁宏紀卷一一補入。黄輯脱，汪輯轉引於惠氏補注，而不詳其所出。

中興，廬江毛義少節，家貧，以孝行稱。南陽人張奉慕其名，往候之。坐定而府檄適至，以義守令，義奉檄而入，喜動顔色。奉者，志尚士也，心賤之，自恨來，固辭而去。及義母死，去官行服。數辟公府，爲縣令，進退必以禮。後舉賢良，公車徵，遂不至。張奉歎曰：「賢者固不可測。往日之喜，乃爲親屈也。斯蓋所謂『家貧親老，不擇官而仕』者也〔一〕。」建初中，章帝下詔褒寵義，賜穀千斛，常以八月長吏問起居，加賜羊酒。壽終于家。

〔一〕乃韓詩外傳第一章曾子之語。

安帝時，汝南薛包孟嘗，好學篤行，喪母，以至孝聞。及父娶後妻而憎包，分出之，包日夜號泣，不能去，至被毆杖。不得已，廬於舍外，旦入而洒掃，父怒，又逐之。乃廬於里門，昏晨不廢。積歲餘，父母慙而還之。後行六年服，喪過乎哀。既而弟子求分財異居，包不能止，乃中分其財。奴婢引其老者，曰：「與我共事久，若不能使也。」田廬取其荒頓者，曰：「吾少時所理，意所戀也。」器物取朽敗者，曰：「我素所服食，身口所安也。」弟子數破其産，輒復賑給。建光中，公車特徵，至，拜侍中。包性恬虚，稱疾不起，以死自乞。有詔賜告歸，加禮如毛義。年八十餘，以壽終。

若二子者，推至誠以爲行，行信於心而感於人，以成名受禄致禮，斯可謂能以孝養也。若夫江革、劉般數公者之義行，猶斯志也。撰其行事著于篇〔一〕。（汪・黄）

——范書劉趙淳于江劉周趙傳序　○　袁宏紀卷一一　御覽卷一八一　又卷五一二

〔一〕史通序例篇曰：「逌華嶠後漢，多同班氏。如劉平、江革等傳，其序先言孝道，次述毛義養親。此則前漢王貢傳體，其篇以四皓爲始也。」又列傳篇曰：「亦有事迹雖寡，名行可崇，寄在他篇，爲其標冠。若商山四皓，事列王陽之首；廬江毛義，名在劉平之上。」據此則諸孝子合爲一傳，始自華嶠書也。范曄因而不改，自沈約以下，遂相沿成習。今從黃輯，標目孝子傳。

一〇〇　劉平爲全椒（令）〔長〕〔一〕，掾吏五日一朝，罷門闌卒署，各遣就農，人感懷，至或增貲就賦，或減年從役。刺史行部，獄無囚徒，民各自以爲職，不知所問，唯班詔書而去。先是縣多虎爲害，平到修政，選進儒良，黜貪殘，視事三月，虎皆渡江而去。（姚・汪・黃・鈴木）

——御覽卷二六七　〇　書鈔卷七八

〔一〕據書鈔卷七八改。

一〇一　孝報云：「三日至矣。」〔一〕（汪・黃・鈴木）

——范書本傳注

〔一〕王莽時，以父普爲田禾將軍任爲郎。嘗告歸，過郵亭，不自名。亭長聞孝當過，洒掃以待，不肯內，且問孝當何時至，孝遂作如右答。范書本傳作「尋到矣」。

一〇二　趙孝字（常）〔長平〕〔一〕，拜長樂衛尉，弟禮爲御史中丞。上嘉孝兄弟治行，欲寵異之，常使禮十日一至衛尉府，太官送供具，令相對盡歡。禮終，孝以衛尉官屬送喪歸葬，天下榮之。（姚・汪・黃・鈴木）

——書鈔卷五三

〔一〕據東觀記、袁紀、范書改。

一〇三　語以避兵道〔一〕。（汪・黃・鈴木）

——范書本傳注

〔一〕時江革負母逃難，或語以避兵道，遂免於難。范書作「或乃指避兵之方」。

一〇四　臨淄令楊音高之，設特席，顯異巨孝於稠人廣衆中，親奉錢以助供養。（姚・汪・黃・鈴木）

——范書本傳注

一〇五　終不報書，一無所受〔一〕。（姚・汪・黃・鈴木）

——范書本傳注

〔一〕時帝寵遇江革，京師貴戚馬廖、竇憲等各奉書致禮於革。

一〇六　致羊一頭，酒二斛〔一〕。（汪・黃・鈴木）

——范書本傳注

〔一〕元和中，革謝病歸，帝詔縣常以八月長吏存問，且致羊酒。

一〇七　與脱田同罪〔一〕。（汪・黃）

——范書本傳注

〔一〕范書作「奪田」。時郡國牛疫，遂令行區種法以增耕。而吏舉度田，欲令多前，至于不種之處，亦通爲租。故劉般上疏建言，若吏度田不實，使與脱田同罪。

一〇八　劉愷字相豫，爲太常，論議□□，常引正大義，諸儒爲之語曰：「難經伉伉劉太常。」

——書鈔卷五三　○　類聚卷四九　御覽卷二二八

（姚・汪・黄・鈴木）

班彪傳子固

一〇九　班彪字叔皮，辟司徒掾〔一〕。彪既才高，而專心述作在史籍之間。（鈴木）

——書鈔卷六八

〔一〕司徒者，王況也。王音肅。

一一〇　班固拜爲郎中，使終成前所著書，學者莫不諷誦〔一〕。自爲郎中，遂見親近，讀書禁中，或連日繼夜。每行巡狩，輒獻上賦頌。朝廷有大議，使難問，賞賜恩寵甚渥，然二世位不過郎中。

——書鈔卷六三

（姚・汪・黄・鈴木）

〔一〕「颯」原誤作「莊」，逕改。

一一一　大將軍竇憲拜班固爲中護軍，與參謀議。（鈴木）

——書鈔卷六四

一一二　論曰：司馬遷、班固父子，其言史官載籍之作，大義粲然著矣。議者咸稱二子有良史之才。遷文直而事覈，固文贍而事詳。若固之序事，不激詭，不抑抗，贍而不穢，詳而有體，使讀之者亹亹而不厭，信哉其能成名也。彪、固譏遷，以爲是非頗謬於聖人。然其論議常排死節，否正直，而不敍殺身成仁之爲美，則輕仁義、賤守節愈矣。固傷遷博物洽聞，不能以智免極刑，然亦身陷大戮。（汪・黄）

——范書班固傳論

第五倫傳 曾孫種　衞羽

一一三　蓋延代鮮于襃爲馮翊，多非法。倫數切諫，延恨之，故滯不得舉〔一〕。（姚・汪・黄・鈴木）

——范書本傳注

〔一〕書鈔卷七四引華書曰：「孟延爲左馮翊，視事四歲，民敬其威。」天游按：東觀諸書無孟延其人。范書蓋延傳注引續漢書曰：「視事四年，人敬其威信。」兩載文同，則「孟」系「蓋」之誤無疑。華書既言延「多非法」，不當復言「民敬其威」，書鈔引書誤書續書爲華書矣。

一一四　上復曰：「聞卿爲市掾，人有遺母一笥餅者。卿從外來見之，奪母笥，探口中餅，信乎？」倫對曰：「實無此。衆人以臣愚蔽，故爲生是語也。」（姚・汪・黄・鈴木）

——范書本傳注

一一五　章帝初，第五倫擢自遠郡，徵代牟融爲司空。第五倫奉公守法，每上事草，（不亦）掾吏臣奏記輒封上之〔一〕，曰：「臣任憂深，責者多無私心。」自陳老病，以〔二〕千石俸終身〔二〕。（鈴木）

——書鈔卷五二

〔一〕「不亦」語不辭，恐有脱誤，或系衍文，故删而存疑。

〔二〕據范書補。

一一六　第五倫雖峭直，然常以中興已來，二主好（更）〔吏〕化〔一〕，俗尚苛刻。政化之本，宜先以寬和。及爲三公，值章帝長者多恕，屢有善政，倫上疏褒稱盛美，因以勸成德風也。（汪・黄・鈴木）

——初學記卷一一　○　御覽卷二〇八

〔一〕據御覽卷二〇八改。

一一七　第五種字興先〔一〕，少厲志議，通經學。以司徒掾詔使冀州，廉實災害，舉奏刺史、二千石以下，所刑免甚多，棄官奔者數十人。還以奉使稱旨，擢拜高密侯相〔二〕。（鈴木）

——職官分紀卷五　○　書鈔卷六八

〔一〕書鈔卷六八作「仲興」，恐誤。下僅有「以司徒掾舉奏刺史二千石」一句，鈴木輯稿從之。

〔二〕「擢」原誤「權」，「侯」原誤「使」，皆據范書逕改。

一一八　衛羽爲〔兗〕州從事〔一〕。時中常侍單超兄子匡爲濟陰太守，負其勢，大爲貪放。刺史第五種欲取之，聞羽素抗厲，乃召羽謂曰：「聞公不畏彊禦，今欲相委以重事，若何？」對曰：「願庶幾於一割。」羽出，遂馳至定陶，閉城門，收匡賓客親吏四十餘人〔二〕，七日中，起發其臧五六千萬。種即舉奏，一州震慄。（姚・汪・黄・鈴木）

——御覽卷二六五　○　書鈔卷七三（2）

〔一〕據書鈔卷七三補。

〔二〕書鈔卷七三作「三十人」。

鍾離意傳 欒崧

一一九　意字子阿，辟大司徒侯霸掾。詔送徒詣河內。時冬寒，病徒不能行，意輒移屬縣便作徒衣，縣不得已與之。（鈴木）

——書鈔卷六八

一二〇　鍾離意除堂邑令。民起市肆，起工興役。意祝曰：「興工，令也，百姓無罪。如有禍，令自當之。」吏民皆感之也。（鈴木）

——書鈔卷七八

一二一　明帝性褊察，嘗以事怒郎欒崧，以杖撞崧。崧走入牀下，上怒甚，疾言曰：「郎出！郎出！」崧曰：「天子穆穆，諸侯皇皇，未聞人君，自起撞郎。」上乃赦之。（汪・黃）

——御覽卷九一　○　書鈔卷六〇　御覽卷二一五

一二二　欒崧爲人樸素，家貧爲郎。嘗獨直宿臺上，無被枕，食乃糟糠。明帝〔每〕入臺〔一〕，輒見崧，問〔其故〕而嘉之〔二〕。〔帝推被與之〕〔三〕。〔自此詔給帷被皁袍〕〔四〕，〔給太官食〕〔五〕。（姚・汪・黃）

——書鈔卷六〇　○　又卷三八　御覽卷七〇七　又卷六九三　又卷八五四

〔一〕據書鈔卷三八補。

〔二〕同右。

〔三〕據御覽卷七〇七補。

〔四〕據御覽卷六九三補。

〔五〕據御覽卷八五四補。以上三條黄輯均作注，汪輯逕入正文。

宋均傳

一二三　宋均字叔庠，爲郎中。時年十五，好經書，常以休〔沐〕日受業博士〔一〕，通詩書，善論難。（姚・汪・黄・鈴木）

——書鈔卷六三

〔一〕據汪輯補。

一二四　宋均遷九江太守，五日一聽事。先是九江多虎，數傷民。均曰：「咎在貪殘，均今退貪殘。」虎遠渡江，不爲民害〔一〕。（姚・汪・黄・鈴木）

——書鈔卷七五（2）

〔一〕姚輯據范書多有增益。汪、黄二輯不詳所出，俱本姚輯。汪輯又妄注出類聚，失之尤甚。今從孔本。

一二五　永平七年，宋均字叔庠，爲尚書令，忠正直言，數納策謀，每會議，未嘗不合上意。常剪起〔一〕，上未喻其意，以爲奸，大怒，縛即着格之〔二〕。尚書郎皆叩頭，服有奸。均顧叱之曰：「夫惟忠臣執義，守正畏威，人臣以二事主，國主當誰據？均惟據約，雖死不易志。」小黄門在旁，具以聞〔三〕，上善之，即遣歸臺，悉責諸尚書郎。（汪・黄・鈴木）

——書鈔卷五九

〔一〕范書作「嘗刪翦疑事」，則此「翦起」當作「翦疑」。

〔二〕「縛」原作「傅」，「格之」漫脱，皆據范書改補。

〔三〕「具」原誤「其」，逕改。

光武十王傳

一二六　琅邪王京都莒，好宫室，殿館壁帶皆飾以金銀。（汪）

——初學記卷二四

朱暉傳

一二七　暉年五十，失妻，昆弟欲爲繼室，暉歎曰：「時俗希不以後妻敗家者！」遂不復娶。

——范書本傳注

（姚・汪・黄・鈴木）

樂恢傳杜安

一二八　安擢爲宛令，以病去。韋帝行過潁川，安上書，召拜御史。遷至巴郡太守。而恢在家，安與恢書通問，恢告吏口謝，且讓之曰：「爲宛令不合志，病去可也。干人主以闚覦，非也。違平生操，故不報。」安亦節士也，年十三入太學，號「奇童」。洛陽令周紆自往候安，安謝不見。京師貴戚慕其行，或遺之書，安不發，悉壁藏之。及後捕案貴戚賓客，安開壁出書，印封如故。（姚・汪・黄）

——范書樂恢傳注

何敞傳

一二九　何敞爲汝南太守〔一〕，修治鮦陽之舊陂，溉田萬頃，墾田三萬餘，咸賴其利，吏民刻石，頌敞功德。（姚・汪・黄）

——書鈔卷七六

〔一〕「何敞」原誤作「張敞」，逕改。

一三〇　敞爲汝南太守，在在表孝悌，折貪殘者也。

——書鈔卷七四

鄧彪傳

一三一　鄧彪字智伯，爲太傅，賜爵關内侯，百官總己以聽於彪，恩寵之異，莫與爲比焉。（汪・黄）

——御覽卷二〇六

一三二　鄧彪遭後母憂，毀瘠過禮，因疾乞身，以光祿大夫行服。（汪・黄）

——御覽卷二四三

徐防傳

一三三　安帝即位，太尉徐防以災異、寇賊策免就國。三公以災免，自徐防始也。（姚・汪・黄）

——書鈔卷五一　○　類聚卷四六　御覽卷二〇七

胡廣傳

一三四　胡伯始爲太傅，時年八十，而心力〔就免〕〔克〕壯〔一〕。繼母在〔堂，瞻〕省傍無〔凡〕〔几杖〕〔二〕，言不稱老。伯始練達事體，〔朗〕〔明〕解朝章〔三〕，雖無蹇直之風，屢有補闕之益。故京師爲之語曰：「萬事不理問伯始，天下中庸有胡公。」（黄）

——書鈔卷五二

〔一〕據范書本傳改。

〔二〕同右。

〔三〕同右。

袁安傳 重孫逢　玄孫忠

一三五　袁良明經〔一〕，爲太子舍人。（姚・汪・黄）

——書鈔卷六六

〔一〕良，袁安之祖父。

一三六　安字邵公，好學有威重。明帝時爲楚郡太守，治楚王獄，所申理者四百餘家，皆蒙全濟，安遂爲名臣。章帝時至司徒。生蜀郡太守京。京弟敞爲司空。京子（陽）〔湯〕太尉〔一〕。湯四子：長子平，平弟成，左中郎將，並早卒。成弟逢，逢弟隗，皆爲公。（姚・汪・黄）

——魏志袁紹傳注

〔一〕黄奭曰：「按陽子逢字周陽，逢弟隗字次陽。若父名陽，何得其子並以陽爲字？當從范書作『湯』。袁宏紀亦云『京子湯，湯字仲和』可據。」黄説甚是，據改。下逕改。按今點校本范書亦作「湯」。

一三七　熙平中〔一〕，天子引袁逢爲三老，賜玉杖。（姚・汪・黃）

——御覽卷五三五　○　又卷七一〇　又卷八〇四　事類賦注卷一四

〔一〕他三引俱作「嘉平」，與袁紀同。唯職官分紀卷二作「熙平」。然諸引皆誤，當以「熹平」爲是。

一三八　論曰：陳平多陰謀，而知其後必廢〔一〕。邴吉有陰德，夏侯勝識其當封及子孫〔二〕。終陳掌不侯，而邴昌紹國，雖有不類，未可致詰，其大致歸然矣。袁公、竇氏之間，乃情帝室，引義雅正，可謂王臣之烈。及其理楚獄，未嘗鞫人於臧罪，其仁心足以覃乎後昆〔三〕，子孫之盛，不亦宜乎？（姚・汪・黃）

——范書本傳論

〔一〕史記陳丞相世家曰：「始陳平曰：『我多陰謀，是道家之所禁。吾世即廢，亦已矣，終不能復起，以吾多陰禍也。』然其後曾孫陳掌以衛氏親貴戚，願得續封陳氏，然終不得。」徐廣曰：「陳掌者，衛青之子壻。」

〔二〕漢書丙吉傳曰：吉奉武帝旨治巫蠱事，救宣帝免於一死。宣帝即位，吉臨當封，疾病。宣帝憂其不起，太子太傅夏侯勝曰：「此未死也。臣聞有陰德者，必饗其樂以及子孫。」後子顯以臧罪奪爵，至成帝時，復以吉孫昌襲侯，至王莽時乃絕。

〔三〕李賢引爾雅曰：「覃，延也。」按覃音談。

一三九　袁忠字正甫，初平間爲沛相，乘華車到官〔一〕，以清亮稱。

——書鈔卷一三九

〔一〕范書袁安傳作「葦車」。

張酺傳曾孫濟

一四〇　蕃生磐〔一〕，磐生濟。濟字元江，靈帝初，楊賜薦濟明習典訓，爲侍講。（姚・汪・黄）

——范書本傳注

〔一〕蕃，張酺之子。

韓棱傳孫演

一四一　梁皇后崩，梁貴人大幸〔一〕，將立。大將軍冀欲分其寵，謀冒姓爲貴人父，演陰許諾。及冀誅事發，演坐抵罪。（姚・汪・黄）

——范書本傳注

〔一〕黄奭曰：「此桓帝鄧皇后，鄧香之女也，改嫁梁氏，冒姓梁氏。兄鄧演爲南頓侯。冀既伏誅，封演子康北陽侯，賞賜巨萬，封平梁冀之功。見袁宏紀。則梁冀欲謀爲貴人父，當與貴人兄鄧演合計，何以與韓演謀，而演陰許諾乎？范書明云梁冀被誅，韓演坐阿黨抵罪，以減死論，亦不云有陰許諾事。今以演字相同，張冠李戴，華書所云，顯有不實。按鄧演與誅梁冀，亦斷無陰許諾事。」按黄説是。汪輯改「梁貴人」爲「韓貴人」，大可不必。

郭躬傳 弟子鎮　吴雄

一四二　郭躬字仲孫，爲廷尉正，遷廷尉。家代掌法律，〔寬平，決獄務在哀矜，罪疑從輕，條奏諸應致法及可從輕者四十一事〕〔一〕。鎮自廷尉左監遷廷尉。凡郭氏爲廷尉者七人。（姚・汪・黄）

——初學記卷一二　○　書鈔卷五三（2）　類聚卷四九

〔一〕據書鈔卷五三補。黄輯注出卷五二，誤。

一四三　河南吴雄字季高〔一〕，以明法律，〔斷獄平〕〔二〕。桓帝時自廷尉致位司徒。雄少時家貧，母死，葬人所不封之地。喪事趨辦，不卜時日。巫皆言其族滅，而雄子訢〔三〕、孫恭三世〔相承〕爲廷尉〔四〕，以法爲名家。（姚・汪・黄）

——初學記卷一二　○　書鈔卷五三（2）　類聚卷四九　御覽卷二一

〔一〕類聚卷四九引作「河間」，汪輯從之，誤。
〔二〕據書鈔卷五三及御覽卷二三一補。
〔三〕「訢」，書鈔卷五三作「許」，初學記卷一二作「祈」，皆誤。今據類聚卷四九、御覽卷二三一逕改。
〔四〕據書鈔卷五三補。

陳寵傳

一四四　陳寵（字昭公，辟司徒鮑昱府）〔一〕。以時俗三府掾屬不肯親事，但出入養虛，故寵獨勤心於事〔二〕。又以法令繁冗，（□）〔不良〕吏得生因緣〔三〕，以至輕重，乃置撰科牒辭訟比例〔四〕，使事類相從，以塞姦源。其後公府奉以爲法。（汪）

——御覽卷二四九　○　書鈔卷六八

〔一〕據書鈔卷六八補。「昱」原誤作「顯」，逕改。
〔二〕書鈔卷六八作「是時三府掾屬以不肯親事爲高，專務於交遊，寵常非之」。與御覽引異。
〔三〕據范書本傳補。
〔四〕范書本傳作「辭訟比七卷」。

一四五　陳寵字昭公，以德行明敏，入爲尚書。寵性周密，常稱「人臣之義，苦不畏慎」。自在樞密，謝門人，不復教，拒知友。時賜寵劍，得鍛成劍，以其敦樸。（姚・汪・黄）——初學記卷二二

一四六　陳寵字昭公，爲司空，通客以明無所不受〔一〕，論者大之。寵奏議温粹有智，號爲明相。（姚・汪・黄）——書鈔卷五二

〔一〕時府故事督屬籍不通賓客，以防交關。寵反其道而行之。「客」原誤作「容」，據黄奭校而改。

班超傳孫始

一四七　班超投筆歎曰：「大丈夫安能久事筆耕乎？」（姚・汪・黄）——類聚卷五八　○范書本傳注書敘指南卷五

一四八　騩馬〔一〕。（汪・黄）——范書本傳注

〔一〕范書作「騧馬」。華書與續書同，可參見續書班超傳注。

一四九　還據損中〔一〕。（汪・黃）

——范書本傳注

〔一〕東觀記作「頓中」。

一五〇　班始尚陰城公主。公主，順帝之姑，貴驕淫亂，與所嬖居帷中，而始入，使伏牀下。（汪・黃）

——御覽卷七〇〇

何熙傳

一五一　熙字孟孫，少有大志，不拘小節。身長八尺五寸，體貌魁梧，〔丘虛瓌偉，與人絕異〕〔一〕，善爲容儀〔二〕。舉孝廉。爲謁者，贊拜殿中，音動左右，和帝偉之。歷位司隸校尉、大司農。永初三年，南單于與烏丸俱反，以熙行車騎將軍征之，累有功。烏丸請降，單于復稱臣如舊。會熙暴疾，卒。（姚・汪・黃）

——魏志何夔傳注　○　書鈔卷六二　御覽卷三八八

〔一〕據書鈔卷六二補。

〔二〕書鈔卷六二作「善爲威容」。

應奉傳 子劭

一五二 〔應順字〕華仲〔一〕，少給事郡縣，爲吏清公，不發私書。舉孝廉，尚書郎轉右丞，遷冀州刺史，廉直無私。遷東平相，賞罰必信，吏不敢犯。有梓樹生於廳事室上，事後母至孝，衆以爲孝感之應。時竇憲出屯河西，刺史、二千石皆遣子弟奉賂遺憲。憲敗後，咸被繩黜，順獨不在其中，由是顯名。爲將作大匠，〔發摘衆姦，皆極其刑，豪猾之吏累跡〕〔二〕，視事五年，省費億萬〔三〕。（姚・汪・黃）

——范書應奉傳注　○　書鈔卷五四　(2)　龍筋鳳髓判卷二　御覽卷二三六

〔一〕應順，奉之曾祖父。三字據書鈔卷五四補。

〔二〕據書鈔卷五四、御覽卷二三六補。

〔三〕四庫珍本初編本職官分紀卷二一引作續漢書，非。北圖藏清鈔本仍作華書。

一五三 奉字世叔，才敏善諷誦，故世稱「應世叔讀書，五行俱下」。著後序十餘篇，爲世儒者。延

熹中，至司隸校尉。子劭字仲遠，亦博學多識，尤好事。諸所撰述風俗通等凡百餘篇，辭雖不典，世服其博聞。（姚·汪·黄）

——魏志王粲傳注

一五四　劭弟珣，字季瑜，司空掾。珣生瑒。（汪）

——范書應奉傳注

孝明八王傳 陳敬王羨曾孫愍王寵

一五五　〔陳愍王寵善弩射〕〔一〕，其秘法以天覆地載，參連爲奇。又有三微、三小。三微爲經，三小爲緯，經緯相將，萬勝之方。然要在機牙，〔其射至十發十中，皆同孔也〕〔二〕。（姚·汪·黄）

——范書明八王傳注　○　書鈔卷一二五 ⑵ 御覽卷三四八

〔一〕據書鈔卷一二五補。其中「愍」誤作「敬」，據御覽卷三四八逕改。范書注僅作「寵射」二字。

〔二〕「其射至」三字據御覽卷三四八補，餘據書鈔卷一二五補。

一五六　王甫〔一〕。

——范書明八王傳注

〔一〕甫，范書作「黼」，中常侍，受命考陳國相魏愔與寵共祭天神，希幸非冀者。李賢曰：「華嶠書及宦者傳諸本並作『甫』，此云『黼』，未詳孰是也。」

崔駰傳 子瑗　孫寔　寔從兄子鈞

一五七　駰譏楊雄〔一〕，以爲范、蔡、鄒衍之徒〔二〕，乘釁相傾，誑曜諸侯者也，而云「彼我異時」。又曰：竊貲卓氏，割炙細君，斯蓋士之贅行，而云「不能與此數公者同」，以爲失類而改之也。（姚・汪・黃）

——范書本傳注

〔一〕時崔駰擬揚雄解嘲而作達旨以譏焉。

〔二〕范，范睢；蔡，蔡澤，先後以辯才出任秦國之相。

一五八　高樹不庇〔一〕。（汪・黃）

——范書本傳注

〔一〕出達旨之文。范書本傳作「高樹靡陰」。

一五九　攝纓整襟〔一〕。——范書本傳注

〔一〕亦出於達旨。范書本傳作「躡纓整襟」。

一六〇　回以干禄〔一〕。（汪・黄）——范書本傳注

〔一〕范書引達旨作「因以干禄」。

一六一　崔駰字亭伯，辟大將軍竇憲府掾。憲新輔政，貴重，掾三十人，皆故刺史、二千石，惟駰以處士年少，擢在其間。憲擅權驕恣，駰數諫之。出爲長岑長，不得意，不之官而歸。（汪・黄）——御覽卷二三八　○　書鈔卷六九

一六二　瑗愛士，好賓客，盛脩肴膳。或言其太奢。瑗聞之怒，勑妻子曰：「吾并日而食，以供賓客，而反以獲譏，士大夫不足養如此。後勿過菜具，無爲諸子所蚩也。」終不能改，奉禄盡於賓饗。（姚・汪・黄）——范書崔駰傳注　○　書敍指南卷七　又卷八(2)

一六三　崔寔爲五原太守，地宜麻枲，而民不知種植，又不能緝績，率無衣被。冬月止種細草，臥

其中，〔見〕吏以草衣其身〔一〕，乃得出。寔至，教之績織。（汪·黄）

——御覽卷九九五

〔一〕據范書本傳補。

一六四　崔鈞爲西河太守，與袁紹起兵。董卓收鈞父烈，下之郿獄鋃鐺〔一〕。卓誅，烈得歸長安也。（汪·黄）

——御覽卷六四四

〔一〕李賢曰：「説文曰『琅瑺，鎖也』。前書曰『人犯鑄錢，以鐵鎖琅瑺其頸』。」「琅」原誤作「鋃」，逕改。

周燮傳

一六五　周燮專精禮易，不讀非聖之書，不修賀問之好。有先人草廬，結于岡畔，下有陂田，常肆勤以自給，非身所耕漁〔則〕不食〔一〕。（姚·汪·黄）

——類聚卷六五　○御覽卷八二一

〔一〕據御覽卷八二一補。

華嶠漢後書卷三

楊震傳孫賜　曾孫彪

一六六　楊震字伯起，年五十，始應州郡之辟，衆人謂之「晚暮」。後有鸛雀銜三鱣魚飛集講堂前，都講取魚，進曰：「蛇魚者，卿大夫之服象也。數三者，法三台也。先生自此升矣。」（汪・黄）

——御覽卷九二五

一六七　楊震爲太尉，中常侍樊豐等驕恣，震常切諫，由是共譖震，罷遣歸本郡，遂仰鴆薨。葬日，有大鳥來止亭樹上，須臾下地行，徐步到柩前，止立，低頭淚出。〔旁人〕更共抱持〔一〕，終不驚駭。〔鳥蒼色，頸去地五六尺，舒翅廣一丈三尺，莫有能名者。葬畢，飛去〕〔二〕。（汪）

——初學記卷一四　○　御覽卷五五四

〔一〕據御覽卷五五四補。

〔二〕同右。

一六八　當時人立石鳥象於震前。（黄）

——類聚卷九〇

一六九　帝徙南宫，閲録故事，得所上張角奏及前侍講注籍，乃感悟，詔封臨晉侯〔一〕。

——書鈔卷四八

〔一〕封震孫賜也。按范書本傳，建寧初，靈帝當受學，三公遂舉賜侍講華光殿中。又光和四年，賜任司徒。時張角組織民衆，謀起事。賜上書，請詔敕州郡簡别流人，各護歸本郡，以孤弱黄巾，待機誅除張角等。適逢賜以病免官，事留中，不果行。

一七〇　與馬日磾、盧植、蔡邕等著作東觀〔一〕。（姚・汪・黄）

——范書楊震傳注

〔一〕史通古今正史篇曰：「會董卓作亂，大駕西遷，史臣廢棄，舊文散佚。及在許都，楊彪頗存注記。至於名賢君子，自永初已下闕續。」

一七一　甫使門生王翹辜榷〔一〕。（姚・汪・黄）

——范書楊震傳注

〔一〕范書曰：「光和中，黄門令王甫令門生於郡界辜榷官財物七千餘萬，彪發其姦。」其不詳門生爲何人，故李賢引華書以注明之。

一七二　東京楊氏、袁氏，累世宰相，爲漢名族。然袁氏車馬衣服極爲奢僭；能守家風，爲世所

貴，不及楊氏也。（姚・汪・黄）

——范書楊震傳注

朱寵傳

一七三　京兆朱寵字仲威，爲太尉，家貧臥布被，朝廷賜錦被，臥兼布被。

——天中記卷四八

馬融傳

一七四　馬融字季長，爲大將軍鄧騭舍人。（汪・黄）

——御覽卷二三八

蔡邕傳

一七五　初，蔡邕在陳留，〔其〕鄰人有以酒食召邕者，比往而酒以酣〔焉〕。客有彈琴於屏，邕至門，潛聽之，曰：「〔嘻〕〔一〕！以樂召我，而有殺心，何也？」遂反。將命者告主人〔曰：「蔡君向來，至門而去。」〕〔二〕邕素爲邦鄉所宗，主人遂自追問其故，邕具以告〔三〕，莫不憮然。彈琴者曰：「我向〔鼓弦〕〔四〕，見螳螂方向鳴蟬，蟬將去而未飛，螳螂爲一前一卻，吾心聳然，惟恐螳螂之失蟬也。此豈爲殺心而形於聲者乎？」邕笑曰：「此足以當之矣。」（姚・汪・黄）

——類聚卷四四　○　又卷九七　書鈔卷一○九　御覽卷九四六

〔一〕以上所補三字皆出類聚卷九七。

〔二〕據御覽卷九四六補。

〔三〕「具」原誤作「且」，據書鈔卷一○九、類聚卷九七逕改。

〔四〕據類聚卷九七補。書鈔卷一○九作「鼓琴」。

黃瓊傳

一七六　黃瓊字世英，爲僕射。順帝久廢藉田，瓊曰：「上古聖帝，莫不欽恭神明，躬郊廟之禮，親藉田之勤。」書奏，上從之，次日還，遷令也〔一〕。（姚·汪·黃）——書鈔卷五九

〔一〕遷尚書令也。

一七七　黃瓊字世英，遷尚書令，〔習〕朝廷事〔一〕，號爲「補職」。（姚·汪·黃）——書鈔卷五九

〔一〕據汪輯補。

陳寔傳

一七八　陳寔在鄉閭，平心率物。有盜夜入其家，止於梁上。寔陰見之，乃自整拂，命子孫，正色訓之曰：「夫人不可不自勉，不善之人，未必本惡，習與性成耳，如梁上君子者是矣。」盜大驚，自投于

地。寔徐譬之曰：「視君狀貌，不似惡人，〔宜深克己反善〕〔一〕。然當由貧困，今遺絹二疋。」自是一縣無復盜竊。（姚・汪・黄）

——類聚卷八五　〇御覽卷八一七

〔一〕據御覽卷八一七補。

一七九　何進、袁隗欲特表陳寔以不次之位，寔謝曰：「久絶人事，飾巾待終而已。」

——書鈔卷一二七

趙岐傳

一八〇　先爲壽藏，圖季札、子産、晏嬰、叔向四像居賓位，自畫其像居主位。（黄）

——書鈔卷九四

張奂傳

一八一　張奂遷武威太守〔一〕，平均徭賦，勸以農桑〔二〕。（姚・汪・黄）

——書鈔卷七四

〔一〕「奂」原誤作「英」，逕改。

〔二〕汪、黄二輯依姚輯又引曰：「張奂遷武威太守，遇長吏如兄弟，委以任之。」天游按：書鈔卷七四作馬援傳，姚輯誤引，汪、黄不加考索，以訛傳訛。今删。

王允傳

一八二　華嶠曰：夫士以正立，以謀濟，以義成。若王允之推董卓而分其權，伺其間而弊其罪。當此之時，天下難解矣，本之皆主於忠義也。故推卓不爲失正，分權不爲不義，伺間不爲狙詐，是以謀濟義成，而歸於正也。（姚・汪・黄）

——魏志董卓傳注

李膺傳

一八三　李膺字元禮，遷僕射，與太傅陳蕃戮力悉心，彌縫遺闕。（姚・汪・黄）

——書鈔卷五九

范滂傳

一八四　范滂以黨事下黄門北寺，滂以同囚多嬰病，乃請先就格，遂與同郡袁忠等争受楚毒。（姚・汪・黄）

——初學記卷二〇

蔡衍傳

一八五　蔡孟喜，汝南（頓）〔項〕人〔一〕。以禮化鄉里，鄉里有諍訟者，輒詣喜決之，其所平處，皆

曰無怨。(汪・黄)

——御覽卷四二九

〔一〕據范書黨錮傳改。

符融傳

一八六　符融字偉明，師事少府李膺。每嘗見融，絶他賓，聽其言論。融幅巾奮袂，談辭如雲，膺捧手歎息。

——書鈔卷九八

孔融傳

一八七　何進辟孔融，舉高第，爲侍御史，與中丞趨舍不同〔一〕，託疾歸家。

——職官分紀卷一四

〔一〕范書孔融傳「趨舍」作「趙舍」。

一八八　孔融爲北海相，彭殊爲方正〔一〕，邴原爲有道，王循、李廉造高縣，爲鄭玄立鄉曰鄭公鄉。（鈴木）

〔一〕范書孔融傳作「彭璆」。——書鈔卷七四

一八九　文舉爲北海相，崇學校，設庠序，舉貢士，表顯儒。——書鈔卷七四

皇甫嵩傳

一九〇　皇甫嵩字義真，拜車騎將軍，領冀州牧。嵩温卹士卒，甚得衆情。每軍行頓止。須營幔修立，然後就舍帳，軍士皆食爾，乃嘗飯。嵩既破黄巾，威震天下。（姚・汪・黄）——書鈔卷六四

一九一　華嶠曰：　臣父（袁）〔表〕〔一〕，每言臣祖歆云「當時人以皇甫嵩爲不伐，故汝豫之戰，歸功於朱儁，張角之捷，本之於盧植，〔收名斂策，而己不有焉〕〔二〕。蓋功名者，士之所宜重。誠能不争，

天下莫之與争〔三〕，則怨禍不深矣」。（姚・汪・黄）

——袁宏紀卷二七 ○ 范書皇甫嵩朱儁傳論

〔一〕據范書皇甫嵩朱儁傳論改。

〔二〕據右論補。

〔三〕范傳論此上作「蓋功名者，世之所甚重也。誠能不争天下之所甚重」。

董卓傳

一九二 卓欲遷都長安，召公卿以下大議。司徒楊彪曰：「昔盤庚五遷，殷民胥怨，故作三篇，以曉天下之民〔一〕。（而）〔今〕海内安穩〔二〕，無故移都，恐百姓驚動，糜沸蟻聚爲亂。」卓曰：「關中肥饒，故秦得并吞六國。今徙西京，設令關東豪彊敢有動者，以我彊兵蹴之，可使詣滄海。」彪曰：「海内動之甚易，安之甚難。又長安宫室壞敗，不可卒復。」卓曰：「武帝時居杜陵南山下，有成瓦窑數千處，引涼州材木東下，以作宫室，爲功不難。」卓意不得，便作色曰：「公欲沮我計耶？邊章、韓約有書來，欲令朝廷必徙都。若大兵（來）〔東〕下〔三〕，我不能復相救，公便可與袁氏西行。」彪曰：「西方自彪道徑

也，顧未知天下何如耳！」議罷，卓敕司隸校尉宣璠以災異劾奏，因策免彪〔四〕。（姚・汪・黄）

——魏志董卓傳注

〔一〕尚書盤庚曰：「盤庚五遷，將治亳，殷民胥怨，作盤庚三篇。」李賢曰：「湯遷亳，仲丁遷囂，河亶甲居相，祖乙居耿，并盤庚五遷也。」

〔二〕據三國志點校本校勘記改。

〔三〕同右。

〔四〕黄輯入楊彪傳。

一九三　王允與呂布及士孫瑞謀誅董卓。有人書「呂」字於布上，負而〔行〕於市〔一〕，歌曰：「布乎！布乎！」有告，卓不悟。三年四月〔二〕，帝疾愈，卓入（市）〔朝〕〔三〕，布持矛刺卓，兵士趣斬之。（姚・汪・黄）

——類聚卷八五　○　御覽卷八二〇

〔一〕據御覽卷八二〇補。

〔二〕乃建安三年。

〔三〕「市」乃涉前文「市」而誤，據汪輯改。

一九四　汜饗公卿，議欲攻傕，楊彪曰：「羣臣共鬭，一人劫天子，一人質公卿，此可行乎？」汜怒，

欲手刃之。中郎將楊密及左右多諫，汜乃歸之〔一〕。（姚・汪・黄）

——魏志董卓傳注

〔一〕黄輯入楊彪傳。

丁原傳

一九五　丁原爲武猛校尉〔一〕。（汪・黄）

——文選卷四六王元長三月三日曲水詩序注

〔一〕「原」原誤作「白」，據汪輯逕改。

周規傳

一九六　周規除臨湘令〔一〕。長沙太守程徐二月行縣，勑諸縣治道。規以方春向農，民多劇務，不欲奪人良時。徐出督郵，規即委官而去。徐憮然有媿色，遣功曹賫印綬檄書謝，請還，規謂功曹曰：「程府君愛馬蹄〔二〕，不重民力。」徑逝不顧。（汪・黄）

——御覽卷二六六

〔一〕規，會稽人。曾辟公府，事見范書朱儁傳。程徐之事未見他書。

〔二〕「程」原作「穆」，據汪輯逕改。

衛颯傳

一九七　颯遷桂陽太守〔一〕，下車修庠序之教。（姚・汪・黄）

——書鈔卷七四

〔一〕「颯」原誤「諷」，據汪輯逕改。

茨充傳

一九八　茨充爲南陽太守，教民種柘，養蠶織履，民之利也。

——書鈔卷七四

任延傳

一九九　任延（壽）拜九真太守〔一〕，民俗不好田作，不知其耕。延使郡内人鑄田器，教民以牛耕，置吏循行。（姚・汪・黄）

——書鈔卷七四

〔一〕據東觀記、范書及本傳下引删。下逕改。

二〇〇　任延拜九真太守，民俗嫁娶無媒。延至移書長吏已下，各有俸禄，爲酒肉，時定婚者二千餘人，號曰「任君」〔一〕，名子曰「任」。

——書鈔卷七五

〔一〕范書本傳作「其産子者，始知種姓。咸曰：『助我有是子者，任君也。』多名子爲『任』」。疑此引有脱誤。

二〇一　任延拜武威太守〔一〕，道不拾遺。（姚・汪・黄）

——書鈔卷七五

〔一〕三輯均作任浦傳，且「威」作「都」，皆誤。今從孔本。

劉寵傳

二〇二　劉寵字祖榮，拜會稽太守，（政不）〔省除〕煩苛〔一〕，徵爲將作大匠。山陰有五六老叟，人齎百錢送寵，曰：「鄙生未嘗識郡朝，自明府以來，狗不夜吠，人不見吏。今聞當見棄去，故自扶奉送。」寵爲人選一大錢受之〔二〕。（姚・汪・黄）

——初學記卷二七　〇　書鈔卷三九　類聚卷四九

〔一〕據書鈔卷三九改。類聚卷四九作「除省煩苛」。

〔二〕黄奭曰：「見明刊六臣文選齊竟陵文宣王行狀注。」

陽球傳

二〇三　陽球字方正，補尚書郎，閑達故事，其所奏議，常爲臺閣〔所〕崇信〔一〕。（姚・汪・黄）

——書鈔卷六〇

〔一〕據汪輯補。

王吉傳

二〇四　王吉爲沛相，曉達政事，令曰：「若生子不養，斬其父母，合土棘埋之。」

——職官分紀卷三二

曹嵩傳

二〇五　曹嵩，靈帝時賂中官，及輸西園錢一億萬，故位至太尉。（汪・黄）

——御覽卷六四一

竇攸傳

二〇六　竇攸篤學退居，舉孝廉爲郎。世祖會百寮於靈臺，得鼠如豹文，問羣臣。攸曰：「鼮鼠。」詔曰：「何以知？」曰：「見爾雅。」詔書如攸言，賜帛三百，更勑諸王子從攸受爾雅〔一〕。（汪）

——御覽卷二一一五

〔一〕見爾雅卷一〇釋獸，文作「豹文鼮鼠」。郭璞注：「鼠文彩如豹者。漢武帝時得此鼠，孝廉郎終軍知之，得絹百匹。」天游按：史、漢二書均不載此事。又水經注卷一六穀水注亦言光武得鼮鼠於靈臺，不及終軍事。若終軍早已言之，且爲佳談，於光武時不當羣臣皆不曉，而惟攸言之。疑郭注誤。

宋登傳

二〇七　宋登爲汝陰令，爲政明能，號稱「神父」。出爲潁川太守，市無二價，道不拾遺。（姚・汪・黄）

——類聚卷六五

伏恭傳

二〇八　伏恭爲太僕，帝臨辟雍，於行禮中，拜恭爲司空，儒者以爲榮。（姚・汪・黄）

——類聚卷四七　〇　書鈔卷五二　御覽卷二〇八

崔琦傳

二〇九　梁冀聞崔琦才，請與交。冀行多不軌，琦數諫之，不能受。琦以言不從，失意，爲白鵠賦以諷冀〔一〕。冀知興己，大怒，幽之室谷，數月得出〔二〕，後竟殺之。（姚・汪・黄）

——御覽卷六四七　○　類聚卷九〇

〔一〕據類聚卷九〇補。又「鵠」作「鶴」。

〔二〕時冀面責琦，琦對曰：「昔管仲相齊，樂聞機諫之言；蕭何佐漢，乃設書過之吏。今將軍累世台輔，任齊伊、公，而德政未聞，黎元塗炭，不能結納貞良，以救禍敗，反復欲鉗塞士口，杜蔽主聽，將使玄黄改色，馬鹿易形乎？」冀無以對，因遣琦歸。

趙壹傳

二一〇　趙壹字元淑〔一〕，漢陽人。體貌魁梧，身長八尺〔二〕，美鬚眉，望之甚偉。〔恃才倨傲，爲鄉里所擯〕〔三〕。（姚・汪・黄・侯）

——御覽卷三七七　○　又卷四九八

〔一〕范書本傳作「元叔」，是。

〔二〕范書本傳作「九尺」。

〔三〕據御覽卷四九八補。姚輯下有「後屢抵罪，幾至死，友人救得免，乃作刺世疾邪賦，以舒其怨憤」數句，且并引其賦之辭。汪輯因之，而以「已見范書」爲由，略其賦。天游按：姚之駰未曾見御覽，當别有所據。王仁俊所輯與姚引多同，且引賦中之秦客詩及魯生歌，言出自古謠諺卷八八引何氏語林寵禮篇注。或姚輯亦出于此，且據范書復有增飾耳。

二一一　趙壹造河南尹羊陟，不得見。臺以公卿中非陟無足與託名，日往其門尋陟，自强通。陟臥未起，壹徑上堂臨之，曰：「竊伏西州，抱高風舊矣，乃今方遇，而便忽然〔一〕，奈何命也！」因舉聲哭，堂下大驚。陟延與語，大奇之。明往詣臺，柴車草屏，露宿其傍，左右皆驚愕。（汪・黄）

——御覽卷四八七

〔一〕忽然，李賢曰：「謂死也。」

范式傳

二一二　范式爲荊州刺史，友人南陽孔嵩家貧親老，乃變名姓，傭爲新野阿里街卒〔一〕。式行部到新野，而縣選嵩爲導騶迎式。式見而識之，呼嵩把臂，曰：「子非孔仲山耶？」對之歎息，語及平生，曰：「昔與子俱曳長裾，遊集帝學。吾蒙國恩，致位牧伯，而子懷道隱身，處於卒伍，不亦惜乎？」嵩曰：「昔侯嬴長守於賤業，晨（埽）門肆志於抱關〔二〕。子居九夷，不患其陋〔三〕。貧者士之宜，豈爲鄙哉！」式勑縣代嵩，嵩以爲先傭未竟，不肯去〔四〕。（汪・黄）

——御覽卷四八四　○　又卷八二九

〔一〕原誤作「河里」，逕改。

〔二〕史記魏公子列傳曰：「魏有隱士曰侯嬴，年七十，家貧，爲大梁夷門監者。公子聞之，往請，欲厚遺之。不肯受，曰：『臣脩身絜行數十年，終不以監門困故而受公子財。』」晨門者，主守門，晨開夜閉。此指侯嬴。抱關，亦守關門之意。據御覽卷八二九删「埽」字。

〔三〕論語子罕篇曰：「子欲居九夷。或曰：『陋，如之何？』子曰：『君子居之，何陋之有！』」

〔四〕天中記卷三九曰：「孔嵩字仲山，宛人，與山陽范式有斷金契。貧無養親，賃爲阿街卒。遣迎式，式下車，把臂曰：『子懷道卒伍，不亦痛乎！』嵩曰：『侯嬴賤役，晨門埽肆。卑下之位，古人所不恥，何痛之有！』故其讚曰：『中山通達，卷舒無方，居身廝役，挺秀含芳。』」與御覽異。又注曰：「又出水經。」今按：其所指是水經注卷三十一，淯水注，然未言出華嶠書。

范丹傳

二一三　丹字史雲〔一〕，辟太尉掾。自以狷急，不能從俗，常佩韋也。

——書鈔卷六八

〔一〕范書作「范冉」。

二一四　范丹爲萊蕪長，去官無被，空囊自隨。

——天中記卷四八

劉永國傳

二一五　劉永國字叔儒，爲東城令。民聞其名，枉者更直，濁者强清，肅然無事，唯以著作爲務。

——御覽卷二六七

（汪・黄）

西南夷傳

二一六　哀牢夷知染綵紬布，織成文章，如綾絹。有梧〔桐〕木華[一]，績以爲布，幅廣五尺，潔白不受垢汙，先以覆亡人，然後服之。（汪·黄）

——御覽卷八二〇

〔一〕據汪輯補。天中記卷五〇「華」作「葉」。

南匈奴傳

二一七　南單于遣使詣闕，奉藩稱臣，入居於雲中。遣使上書，獻駱駝二頭，文馬十匹。（姚·汪·黄）

——類聚卷九四　○　御覽卷九〇一

散句

二一八　執金吾，行幸掌從領宿衛〔一〕。（姚・汪・黄）

——書鈔卷五四

〔一〕孔本原引首有「謀略拜」三字，陳俞本删之，諸輯皆然，今亦從之。出於何傳已不可攷，故入散句以俟攷。

序傳

二一九　歆少以高行顯名，〔爲下邽令〕〔一〕。避西京之亂，與同志鄭泰等六七人，間步出武關。道遇一丈夫，獨行，願得俱，皆哀欲許之。歆獨曰：「不可。今已在危險之中，禍福患害，義猶一也。無故受人，不知其義。既以受之，若有進退，可中棄乎？」衆不忍，卒與俱行。此丈夫中道墮井，皆欲棄之。歆曰：「已與俱矣，棄之不義。」相率共還出之，而後别去。衆乃大義之。（姚・汪・黄）

——魏志華歆傳注　○　世説新語德行注

〔一〕據世説新語德行注補。

二二〇　孫策略有揚州，盛兵徇豫章，一郡大恐。官屬請出郊迎，教曰：「無然。」策稍進，復白發兵，又不聽。及策至，一府皆造閤，請出避之。乃笑曰：「今將自來，何遽避之。」有頃，門下白曰：「孫將軍至。」請見，乃前與歆共坐，談議良久，夜乃別去。義士聞之，皆長歎息而心自服也。策遂親執弟子之禮〔一〕。禮爲上賓。是時四方賢士大夫避地江南者甚衆，皆出其下，人人望風。每策大會，坐上莫敢先發言，歆時起更衣，則論議讙譁。歆能劇飲，至石餘不亂。衆人微察，常以其整衣冠爲異，江南號之曰「華獨坐」。（姚・汪・黄）

——魏志華歆傳注

〔一〕「弟子」原誤作「子弟」，據汪輯逕改。

二二一　文帝受禪，朝臣三公已下並受爵位。歆以形色忤時，徙爲司徒〔一〕，而不進爵。魏文帝久不懌，以問尚書令陳羣曰：「我應天受禪，百辟羣后，莫不人人悦喜，形于聲色，而相國及公獨有不怡者，何也？」羣起離席長跪曰：「臣與相國曾臣漢朝，心雖悦喜，義形其色，亦懼陛下實應且憎。」帝大悦，〔歎息良久〕〔二〕，遂重異之。（姚・汪・黄）

——魏志華歆傳注　○　世説新語方正注　蒙求集注卷上

〔一〕世説新語方正注作「司空」，誤。

〔二〕據世説新語方正注補。

二二二 歆淡於財欲，前後寵賜，諸公莫及，然終不殖產業。陳羣常歎曰：「若華公，可謂通而不泰，清而不介者矣！」（姚・汪・黄）

——魏志華歆傳注

二二三 歆有三子。表字偉容，年二十餘，爲散騎侍郎。時同僚諸郎共平尚書事，年少，並兼厲鋒氣，要（君）〔召〕名譽[一]，尚書事至，或有不便，故遺漏不視，及傳書者去，即入深文論駮。惟表不然，事來有不便，輒與尚書共論盡其意。主者固執，不得已，然後共奏議。司空陳（泰）〔羣〕等以此稱之[二]。仕晉，歷太子少傅、太常。稱疾致仕，拜光禄大夫。性清淡，常慮天下退理。司徒李胤、司隷（王密）〔王弘〕等常稱曰[三]：「若此人者，不可得而貴，不可得而賤，〔不可得而親〕，不可得而疎。」[四] 中子博，歷三縣内史，治有名跡。少子周，黄門侍郎，常山太守，博學有文思。中年遇疾，終于家。表有三子，長子廙，字長駿。（姚・汪・黄）

——魏志華歆傳注 ○ 范書皇甫嵩朱儁傳注

〔一〕據點校本三國志校勘記改。

〔二〕同右。

〔三〕同右。

〔四〕據點校本三國志校勘記補。

謝沈後漢書

光武帝紀

〇〇一　光武攻淯陽不下，引兵欲攻宛，至小長安，與甄阜戰，敗。（汪・黄）

——水經注卷三一淯水注

〇〇二　甄阜等敗光武于小長安東，乘勝南渡黄淳水，前營背阻兩川，謂臨比水，絶後橋，示無還心。漢兵擊之，三軍潰，溺死黄淳水者二萬人。（汪・黄）

——水經注卷三一淯水注

安帝紀

〇〇三　永初六年，正月甲寅，謁宗廟。（汪・黄）

——范書安帝紀注

禮儀志

〇〇四　太傅胡廣博綜舊儀，立漢制度，蔡邕依以爲志，譙周後改定以爲禮儀志。（姚・汪・黄）

——續漢禮儀志注

祭祀志

〇〇五　蔡邕引中興以來所修者爲祭祀志〔一〕。（姚・汪・黄）

——續漢祭祀志注

〔一〕蔡元培以爲「志」乃「意」之譌。甚是。邕避桓帝諱，改「志」爲「意」，然後人多因舊例，稱其爲志，故未改。

〇〇六　上以公卿所奏明德皇后在世祖廟坐位駁議示蒼〔一〕，上言：「文武宣元祖祫食高廟，皆以配，先帝所制，典法設張。大雅曰：『昭哉來御，慎其祖武。』〔二〕又曰：『不愆不忘，帥由舊章。』〔三〕明德皇后宜配孝明皇帝於世祖廟，同席而供饌。」（姚・汪・黄）

——續漢祭祀志注

〔一〕蒼，即東平王蒼。

〔二〕詩大雅下武作「昭兹來許，繩其祖武」。

〔三〕見詩大雅假樂。

天文志

〇〇七　蔡邕撰建武已後，星驗著明，以續前志。譙周接繼其下者。（姚・汪・黄）

——續漢天文志注

五行志

〇〇八　死者以千數〔一〕。（姚・汪・黄）

——續漢五行志注

〔一〕此言安帝永初元年，郡國大水，漂没民人之慘狀。

〇〇九　九年〔一〕，揚州六郡連水、旱、蝗害。（姚・汪・黄）

——續漢五行志注

〔一〕乃延熹九年。

郡國志

○一〇　牛蘭山〔一〕。（姚・汪・黄）

——續漢郡國志注

〔一〕此山在南陽郡魯陽縣，續漢志作「牛蘭累亭」。

○一一　屬國降羌胡數千，居山田畜〔一〕。（姚・汪・黄）

——續漢郡國志注

〔一〕故安定郡所屬之參䜌有青山，乃降羌胡所居之地。

劉盆子傳 劉恭

○一二　赤眉攻雍鄉〔一〕。（姚・汪・黄）

——續漢郡國志注

〔一〕雍鄉在東郡燕縣。

〇一三　赤眉入長安時，式侯恭以弟盆子爲赤眉所尊，故自繫。赤眉至，更始奔走，式侯從獄中參械出街中。——御覽卷六四四

岑彭傳

〇一四　光武攻洛陽，朱鮪守之。上令岑彭説鮪曰：「赤眉已得長安，更始爲胡殷所反害，今公誰爲守乎？」鮪曰：「大司徒公被害，鮪與其謀，誠知罪深，不敢降耳。」彭還白上，上謂彭復往明曉之：「夫建大事，不忌小怨。今降，官爵可保，況誅罰乎！」〔一〕（黃・鈴木）——黃輯

〔一〕黃輯曰輯自文選卷四三邱遲與陳伯之書注，鈴木輯稿亦然。胡刻本作謝承書，汪輯從之。

鄭敬傳

〇一五　〔鄭敬字次卿，汝南人〕〔一〕。閑居不修人倫。新遷都尉逼爲功曹〔二〕。廳事前樹時有清汁，以爲甘露。敬曰：「明府政未能致甘露，此清木汁耳。」辭病去，隱處精學蛾陂中。陰就、虞延並辟，不行。同郡鄧敬因折芰爲坐，以荷薦肉，瓠瓢盈酒，言談彌日，蓬廬蓽門，琴書自娱。光武公車徵，不行。（姚・汪・黄）

——范書郅惲傳注　〇　御覽卷五〇二

〔一〕據御覽卷五〇二補。

〔二〕新遷本名新蔡，屬汝南郡，王莽所改。

楊厚傳

〇一六　楊厚字仲桓，廣漢人。潛身藪澤，耦耕誦經。司徒楊震表薦其高操，公車特徵，不就。益州刺史焦參，行部致謁。厚惡其苛暴，時耕於大澤，即委鉏疾逝。參志恚之，收其妻子録繫，欲以致

厚。遂不知厚所在，乃出其妻子〔一〕。（汪・黄）

——御覽卷五〇二

〔一〕汪輯不注所出，且多脱文。黄輯轉録自惠棟後漢書補注卷八，又於謝承書中重出。皆非。

鍾離意傳

〇一七　鍾離意譏起北宫，表云：「未數年，豫章遭蝗，穀不收，民饑死，縣數千百人。」（汪・黄）

——續漢五行志注

竇武傳

〇一八　三君者，一時之所貴也〔一〕。竇武、劉淑、陳蕃少有高操，海内尊而稱之，故得因以爲目。（汪・黄）

——世説新語品藻注

〔一〕范書黨錮傳「貴」作「宗」。

李膺傳

〇一九　俊者，卓出之名也〔一〕。（汪・黄）

——世説新語品藻注　〇　史略卷二

〔一〕范書黨錮傳作「言人之英也」。

符融傳

〇二〇　符融字偉明，少爲都官郎〔一〕，恥之，委去。私事少府李膺，膺常貴融。融幅巾褐衣，振袖清談，膺捧手高聽，歎息不暇。郭林宗始入京師，詣融。融一見與定至交，海内服融高識。公府連徵不就〔二〕。（汪）

——御覽卷五〇二

〔一〕范書本傳作「都官吏」。李賢注引續漢志曰：「都官從事，主察舉百官犯法者。」又曰：「融恥爲其吏而去。」按都官從事乃司隸校尉屬官，其下設有書佐，則融所任乃書佐之職，非郎也，作「吏」是。

〔二〕汪輯入謝承書，非。

龍丘萇傳

〇二一　龍丘萇，吳郡人。篤志好學，王莽簒位，隱居太（山）〔末〕〔一〕，以耕稼爲業。公車徵，不應。更始時，任延年十九，爲郡東部尉，折節下士。鍾離意爲主簿，自請萇爲門下祭酒。延教曰：「龍丘先生，清過夷齊，志慕原憲〔二〕，都尉洒埽其門，猶懼辱之，何召之有！」〔三〕（汪・黃）

——御覽卷五〇二

〔一〕據范書本傳改。參見謝承書龍丘萇傳注。

〔二〕原憲，參見謝承書龍丘萇傳注。

〔三〕汪輯全文入謝承書，截取部份作此傳。黃輯分入兩書，俱轉鈔於惠氏後漢書補注卷一七。皆不妥。今依宋本御覽入謝沈書。

張奉傳

〇二二　張奉字公先，弟表字公儀，河内人。兄弟少有高節，立精舍教授，惡衣麄食。太傅袁隗以女妻奉，送女奢麗，奴婢百人，皆被羅縠，輜軿光路。婦入門數年，奉往精舍，有如路人。其妻待奉入朝，乃徑前跪曰：「家公年老，不以妾頑陋，使侍君巾櫛，自知不副雅操。君如欲執梁鴻之高節，妾欲懷孟光之徵志。」奉無以答。妻悉徹玩飾被服。奴婢着縵帛，執紡績具，奉然後納之。諸公連徵不就，謂之「張氏兩賢」〔一〕。（汪・黄）

——御覽卷五〇二

〔一〕汪、黄二輯作謝承書，非。

閔貢傳

〇二三　閔貢字仲叔〔一〕。（姚・汪・黄）

——范書周黄徐姜申屠傳注

〔一〕汲本、殿本范書注曰出謝承書，宋紹興本及汪文盛本作謝沈書，點校本從後者，今亦從之。

樊英傳

〇二四　樊英字季齊，順帝備禮徵拜五官中郎將。數月，以病遜位歸。

——御覽卷二四一

張瑩後漢南記

和帝紀

〇〇一 孝和皇帝諱肇〔一〕，章帝中子也。兄慶爲皇太子，其母被讒死，慶爲清河王〔二〕。帝年四歲，代爲太子，而特親慶，入則共室，出則同車。章帝以此更哀憐慶，衣服飲食與帝同也。

——初學記卷一七

〔一〕說文及范書均作「肈」。按肈係肇之本字，音趙。說見說文通訓定聲。

〔二〕馬太后死，竇皇后寵盛，内惡慶母宋貴人，誣以蠱道祝詛。貴人姊妹俱飲藥自殺，慶亦廢爲清河王。

安帝紀

〇〇二 安帝見銅人，以問侍中張陵，對曰：「昔秦始皇時，有大人十二，身長五丈，履六尺，皆夷狄之服，見於臨洮。此天將亡秦之證，而始皇誤喜以爲瑞，乃鑄銅人以爲像。」上曰：「何以知之？」對曰：「臣見傳載，亦其人胸上有銘。」

——御覽卷八一三

齊武王縯傳 子北海靖王興

〇〇三　北海靖王興，性敦篤仁厚，長有明略。兄弟少爲光武所撫育，恩愛如子。

——御覽卷五一二

馬援傳

〇〇四　馬援奏曰：「武帝時，善相馬者鑄作銅馬法獻之〔一〕，有詔立馬於魯班門外，則更名曰金馬門。」

——初學記卷二四　〇　類林雜説卷一五

〔一〕類林雜説卷一五所引，「鑄」上有「以馬骨相」四字。

郭丹傳

〇〇五　郭丹絶跡棄軍，纏節裹傳，從武關出謁更始〔一〕。——初學記卷七

〔一〕范書本傳曰：「更始敗，諸將悉歸光武，并獲封爵；丹獨保平氏不下，爲更始發喪，衰絰盡哀。建武二年，遂潛逃去，敝衣間行，涉歷險阻，求謁更始妻子，奉還節傳，因歸鄉里。」據此則初學記所引「更始」下脱「妻子」二字。

樊重傳

〇〇六　樊重家素富，田至三百頃，竹木成林，六畜放牧，梓漆魚池，閉門成市。——御覽卷五七

陰慶傳

〇〇七　陰慶爲鮦陽侯，其弟員及丹皆爲郎。慶以明尚書脩儒術，推居第、園田、奴婢、錢，悉分與員、丹，慶但佩印綬而已，當代稱之。

——初學記卷一七　〇　御覽卷四一六　白帖卷一九

荀淑傳子諝

〇〇八　諝文章典籍無不涉〔一〕，時人諺曰：「荀氏八龍，慈明無雙。」潛處篤志，徵聘無所就。

——世説新語言語注

〔一〕諝，一名爽，字慈明，漢末官至司空。

陳蕃傳

〇〇九　陳蕃等欲除諸黄門，謀泄，閹寺之黨於宫中詐稱驚云外有反者。蕃奔入宫，小黄門朱寓逆以戟刺蕃。

——御覽卷三五二

魏應傳

〇一〇　魏應字尹伯，任城人。明魯詩，章帝重之，數進見論難於前，特受賞賜劍玦衣服也。

——初學記卷二一　〇　御覽卷三四三

服虔傳

〇一一　服虔字子慎，河南滎陽人。少行清苦，爲諸生，尤明春秋左氏傳，爲作訓解。舉孝廉，爲尚書郎，九江太守。

——世説新語文學注

散句

〇一二　蜀有陽平〔關〕〔一〕、江關、白水關，此爲三關。——文選卷四九晉紀總論注

〔一〕據天中記卷一六引補。

〇一三　句亶，今江陵也。——史記楚世家集解　〇續漢郡國志注

〇一四　赤精漸微〔一〕。——書鈔卷四二

〔一〕書鈔引書名作「漢南紀序」。

〇一五　居危御重。——書鈔卷二三

〇一六　石隆世業。——書鈔卷一七

〇一七　閨房之禮，任天下之重〔一〕。

——書鈔卷一二三

〔一〕又章宗源隋書經籍志攷證引太平御覽卷二六四陳寵任功曹王涣事，言出漢南記，誤，實出張璠漢紀也。今删，附注于此。

袁山松後漢書卷一

光武帝紀

〇〇一　光武封泰山，雲氣成宮闕。（姚·汪·黄）

——初學記卷五　〇　白帖卷五　御覽卷三九　事類賦注卷七

〇〇二　前漢自成哀已下，天地縱横，巨猾竊命，劉氏舊澤猶存，而瞻烏之望殆絶〔一〕。世祖以眇眇之胤，起白水之濱，身屈無妄之力，位（舉）〔與〕羣（賢）〔豎〕並列〔二〕。于時懷璽者十餘，建旗者數百，高才者居南面，疾足者爲王公〔三〕。茫茫九州，瓜分臠切，滑滑蒼生，塵消鼎沸。我扇之以仁風，驅之以大威，雪霜被而茨棘枯，横網振而逆鱗掃，羣材畢凑，人鬼與能，數年之間，廓清四海。雖曰中興，與夫始創業者庸有異乎！誠哉，馬生之言固已〔四〕！寥廓大度，同符高祖，又等太宗之仁〔五〕，兼孝宣之明，一人之體，其殆于周，故能享有神器，據乎萬乘之上矣。（姚·汪·黄）

——類聚卷一二　〇　御覽卷九〇　書鈔卷四一

〔一〕詩小雅正月曰：「哀我人斯，于何從禄？瞻烏爰止，于誰之屋？」瞻烏，于此喻指亂世中動蕩不定、未知所從之百姓。

〔二〕均據御覽卷九〇引文改。

〔三〕范書光武帝紀曰：「是時長安政亂，四方背叛。梁王劉永擅命睢陽，公孫述稱王巴蜀，李憲自立爲淮南王，秦豐自號楚黎王，張步起琅邪，董憲起東海，延岑起漢中，田戎起夷陵，並置將帥，侵略郡縣。又別號諸賊銅馬、大彤、高湖、重連、鐵脛、大槍、尤來、上江、青犢、五校、檀鄉、五幡、五樓、富平、獲索等，各領部曲，衆合數百萬人，所在寇掠。」又史記淮陰侯列傳曰：「秦失其鹿，天下共逐之，于是高材疾足者先得焉。」

〔四〕袁紀卷四曰：「援對曰：『天下傾覆，盜賊自立名姓者不可勝數。今得見陛下，寥廓大度，同符高祖，乃知帝王自有真也。』」又卷五曰：「援答曰：『前到京師，凡數十見，每侍對，夜至天明，援事主未常見也。材德驚人，勇略非人敵。開心見誠，好醜無所隱，圖畫天下事良備。量敵決勝，闊達多大略，與高帝等。經學博覽，政事文辯，未覩其比也。』」

〔五〕太宗，漢文帝之廟號。

明帝紀

〇〇三　皇帝諱陽，一名莊，字子麗〔一〕。（姚・汪・黄）

——類聚卷一二

〔一〕明帝之字，僅見此紀。

章帝紀

〇〇四　孝章皇帝弘裕有餘，明斷不足，閨房讒惑，外戚擅寵〔一〕。惜乎！若明章二主，損有餘而補不足，則古之賢君矣。（汪·黄）——御覽卷九一　〇　書鈔卷九

〔一〕范書竇憲傳曰：「憲少孤。建初二年，女弟立爲皇后，拜憲爲郎，稍遷侍中、虎賁中郎將；弟篤，爲黄門侍郎。兄弟親幸，並侍宮省，賞賜累積，寵貴日盛，自王、主及陰、馬諸家，莫不畏憚。憲恃宮掖聲勢，遂以賤直請奪沁水公主園田，主逼畏，不敢計。」

安帝紀

〇〇五　六年〔一〕，正月甲寅，謁宗廟〔二〕。（汪·黄）——范書安帝紀注

〔一〕此乃永初六年。

〔二〕范書安帝紀系此事於永初七年春正月庚戌。李賢案：「東觀、續漢、袁山松、謝沈書、古今注皆云『六年正月甲寅，謁宗廟』，此云『七年庚戌』，疑紀誤也。」李説是。

桓帝紀

〇〇六　建和二年，河東木連理。（姚・汪・黄）

——類聚卷九八

〇〇七　建和二年，河東瓜兩體共蔕〔一〕。（汪・黄）

——御覽卷九七八

〔一〕汪輯「蔕」作「蒂」。按説文卷一下曰：「蔕，瓜當也，從艸，帶聲。」蔕、蒂古今字。

〇〇八　是時連月有火災，諸宮寺或一日再三發〔一〕。又夜有訛言，擊鼓相驚。陳蕃、劉（智）〔矩、劉〕茂上疏諫曰〔二〕：「古之火，皆君弱臣强，極陰之變也。前始春而獄刑慘，故火不炎上。前入春節，連寒木冰，暴風折樹。又八九州郡並言隕霜殺菽。春秋晉執季孫行父，木爲之冰〔三〕。夫氣弘則景星見，化錯則五星開，日月蝕。災爲已然，異爲方來，恐卒有變，必于三朝，惟善政可以已之。

願察臣前言，不棄愚忠，則元元幸甚。」書奏不省。（姚・汪・黃）

——續漢五行志注　○　范書桓帝紀注

〔一〕是時，延熹八年也。

〔二〕據點校本續漢志校勘記改。

〔三〕天游按：春秋經成公十六年曰：「十有六年春王正月，雨，木冰。」楊伯峻左傳注曰：「木冰即氣象學之霧凇，於有霧寒冷天氣下凝聚於樹木枝葉白色鬆散而似雪者。俗稱樹挂。漢人謂之『木介』。」又穀梁傳疏曰：「劉向云：冰者陰之盛，木者少陽，卿大夫之象。此是人將有害，則陰氣脅木，木先寒，得雨而冰也。是時叔孫僑如出奔，公子偃誅死。一曰時晉執季孫行父，執公，此執辱之異也。」

靈帝紀 廢帝弘農王

〇〇九　建寧二年，爵乳母趙嬈爲平氏君〔一〕。（汪・黃）

——御覽卷一九八

〔一〕汪輯此引又別作趙堯傳，非。

〇一〇　光和四年，又於西園弄狗以配人。（姚・汪・黄）

——續漢五行志注

〇一一　中平四年，雲氣如足，相次重疊彌天。（汪・黄）

——御覽卷八七七

〇一二　董卓使弘農郎中令李（孝）儒進鴆於弘農王〔一〕，曰：「服此辟惡。」王曰：「此必是毒也。」弗肯。强之，於是王與唐姬及宫人共飲酒，王自歌曰：「天道易兮我何艱，棄萬乘兮退守藩。逆臣見迫兮命不延，逝將棄爾兮適幽玄。」唐姬起舞歌曰：「皇天崩兮后土頹，身爲帝王兮命夭摧。死生路異兮從此乖，悼我煢獨兮中心哀。」因泣下，坐者嘘欷不自勝。王謂唐姬曰：「卿故王者妃，勢不復爲吏民妻也。行矣自愛，從此長辭。」遂鴆死。（汪）

——御覽卷九三

〔一〕「孝」系衍文，據袁紀、范書删。

獻帝紀

〇一三　天子自雒陽還都長安。初長安遭赤眉亂，宫室焚盡，唯有高廟，遂居之〔一〕。（汪・黄）

——御覽卷五三一

〔一〕汪、黄兩輯均列此條入光武帝紀，甚謬。此言董卓逼獻帝西遷至長安時事，閱袁紀卷二六可知。二載文多同，唯袁紀末句作「唯有高廟，京兆府舍，遂就都焉」。疑御覽引文有脱字。

〇一四　獻帝崎嶇危亂之間，飄薄萬里之衢，萍流蓬轉，險阻備經，自古帝王未之有也。觀其天性慈愛，弱而神惠，若輔之以德，真守文令主也。曹氏始於勤王，終至滔天，遂力制羣雄，負鼎而趨。然因其利器，假而不反，迴山倒海，遂移天日。昔田常假湯武而殺君，操因堯舜而竊國，所乘不同濟，其盜賊之身一也。善乎！莊生之言「竊鈎者誅，竊國者爲諸侯。〔諸侯〕之門，仁義在焉」，信矣〔一〕！（汪・黄）

——御覽卷九二　〇　書鈔卷一四　又卷二一　又卷二二

〔一〕語出莊子胠篋篇。「諸侯」二字據此篇補。又盜跖篇曰：「小盜者拘，大盜者爲諸侯，諸侯之門，義士存焉。」其義一也。

袁山松後漢書卷二

律曆志

○一五　劉洪字元卓，泰山蒙陰人也〔一〕。魯王之宗室也〔二〕。延熹中，以校尉應太史徵，拜郎中。遷常山長史，以父憂去官。後爲上計掾，拜郎中，檢東觀著作律曆記。遷謁者，穀城門候，會稽東部都尉。徵還，未至，領山陽太守，卒官。洪善算，當世無偶，作七曜術〔三〕。及在東觀，與蔡邕共述律曆記，考驗天官。及造乾象術〔四〕，十餘年，考驗日月，與象相應，皆傳于世。（姚・汪・黄）

——續漢律曆志注

〔一〕劉昭注引博物記曰：「洪篤信好學，觀乎六藝羣書意，以爲天文數術，探賾索隱，鉤深致遠，遂專心鋭思。爲曲城侯相，政教清均，吏民畏而愛之，爲州郡之所禮異。」又此條姚、黄兩輯均作劉洪傳，失當。今依汪輯入律曆志。

〔二〕魯王，劉績子劉興也。建武二年封，嗣光武兄仲。

〔三〕按續漢律曆志，自本初元年始，宗紺之曆法失驗，至熹平三年，二十九年中先曆食者十六事。故洪上所作七曜術，時任常山長史。

〔四〕按隋書經籍志曰：「乾象曆三卷，吴太子太傅闞澤撰。梁有乾象曆五卷，漢會稽都尉劉洪等注，又有闞澤注五卷。」而徐幹中論曆數篇曰：「至孝章皇帝年曆疎闊，不及天時，及更用四分曆舊法，元起庚辰。至靈帝，四分曆猶復後天半日。於是會稽都尉劉洪更造乾象曆，以追日月星辰之行，考之天文，於今爲密。會宫車宴駕，京師大亂，事不施行，惜哉！」又晉書律曆志曰：「漢靈帝時，會稽東部尉劉洪，考史官自古迄今曆注，原其進退之行，察其出入之驗，視其往來，度其終始，始悟四分於天疏闊，皆斗分太多故也。更以五百八十九爲紀法，百四十五爲斗分，作乾象法，冬至日日在斗二十二度，以術追日、月、五星之行，推而上則合於古，引而下則應於今。其爲之也，依易立數，循行相號，潛處相求，名爲乾象曆。又創制日行遲速，兼考月行，陰陽交錯於黄道表裏，日行黄道，於赤道宿度復有進退。方於前法，轉爲精密矣。獻帝建安元年，鄭玄受其法，以爲窮幽極微，又加注釋焉。」又曰：「吴中書令闞澤受劉洪乾象法於東萊徐岳，又加解注。中常侍王蕃以洪術精妙，用推渾天之理，以制儀象及論，故孫氏用乾象曆，至吴亡。」則乾象曆本五卷，漢劉洪所撰，而吴闞澤則師受其術，復爲之解注，隋志所言有誤。而新唐志作「劉洪乾象曆術三卷，闞澤注」，是。時已脱二卷，今全佚矣。

禮儀志

〇一六　天子皮弁素積，親射大侯〔一〕。（汪・黄）

——續漢禮儀志注

〔一〕明帝永平二年三月，始帥羣臣躬養三老、五更于辟雍，行大射之禮。

祭祀志

〇一七　行夏之時，殷祭之日，犧牲尚黑耳〔一〕。（汪・黄）

——續漢祭祀志注

〔一〕北郊之禮也。

〇一八　邕議曰：「漢承亡秦滅學之後，宗廟之制不用周禮。每帝即世，輒立一廟，不止於七，不列昭穆，不定迭毁。孝元皇帝時，丞相匡衡、御史大夫貢禹始建大議，請依典禮。孝文、孝武、孝宣皆以功德茂盛，爲宗不毁。孝宣尊崇孝武，廟稱世宗。中正大臣夏侯勝等猶執異議，不應爲宗。至孝成皇帝，議猶不定。太僕王舜、中壘校尉劉歆據不可毁，上從其議。古人據正重順，不敢私其君父，若此其至也〔一〕。後遭王莽之亂，光武皇帝受命中興，廟稱世祖。孝明皇帝聖德聰明，政參文宣，廟稱顯宗。孝章皇帝至孝烝烝，仁恩博大，廟稱肅宗，比方前世，得禮之宜。自此以下，政事多釁，權移臣下，嗣帝殷勤，各欲褒崇至親而已。臣下懦弱，莫能執夏侯之直。今聖朝尊古復禮，以求厥中，誠合事宜。元帝世在第八，光武世在第九，故以元帝爲考廟，尊而奉之。孝明遵述，亦不敢毁。孝和以下，穆宗、〔恭宗、敬宗〕、威宗之號，皆宜省去〔二〕。五年而再殷，合食于太祖，以遵先典。」議遂施行。（姚・汪・黄）

——續漢祭祀志注

〔一〕廟議之争，詳載漢書韋玄成傳。

〔二〕穆宗、恭宗、敬宗、威宗分别是和帝、安帝、順帝、桓帝之廟號。「恭宗、敬宗」四字，據續漢志校勘記補。其他個别改動，逕據以正，不再一一注明。

天文志

〇一九　怪星晝行，名曰營頭，行振大誅也。（姚・汪・黄）

——續漢天文志注

五行志

〇二〇　禪位于魏〔一〕。（汪）

〔一〕續志曰：「獻帝建安中，男子之衣，好爲長躬而下甚短，女子好爲長裙而上甚短。時益州從事莫嗣以爲服妖，是陽無下而陰無上也，天下未欲平也。後還，遂大亂。」袁山松以爲此事預示魏將代漢。

——續漢五行志注

〇二一　李傕等攻破長安城，害允等〔一〕。（汪・黄）

——續漢五行志注

〔一〕續志以爲獻帝初平二年三月，長安宣平城門外屋無故自壞，是後王允、吕布誅滅董卓及其三族之預兆。袁山松以爲預示允等死于李傕等之手。

〇二二　光和三年正月，虎見平樂觀，又見憲陵上，齧衛士。蔡邕封事曰：「政有苛暴，則虎狼食人。」（姚・汪・黄）

——續漢五行志注

○二三　柳分，權豪之黨，爲范滂所奏者〔一〕。（汪・黃）

——續漢五行志注

〔一〕續志載京都童謠曰：「茅田一頃中有井，四方纖纖不可整。嚼復嚼，今年尚可後年鐃。」時中常侍管霸、蘇康憎疾陳蕃、李膺等人，與長樂少府劉囂、太常許詠、尚書柳分、尋穆、甘佟、司隸唐珍等，代作脣齒。先唆使河内牢川上書誣告，以至膺等傳考黃門北寺。後年，陳蕃、竇武被誅。續志以爲事與童謠所喻皆符。袁書當亦有相似記述，而注文所引恐已經改竄。黃輯作柳分傳，非。

○二四　是時宦豎專朝，鉤黨事起，上尋無嗣，陳蕃、竇武爲曹節等所害，天下無復紀綱〔一〕。（姚・汪・黃）

——續漢五行志注

〔一〕此引原作續志「延熹九年三月癸巳，京都夜有火光轉行，民相驚譟」注。黃輯入桓帝紀。

○二五　六州河、濟、渭、雒、洧水盛長，泛濫傷秋稼〔一〕。（姚・汪・黃）

——續漢五行志注

〔一〕殤帝延平元年事。黃輯入殤帝紀。

○二六　禱于龍堁〔一〕。（姚・汪・黃）

——續漢五行志注

〔一〕事因靈帝建寧四年二月河水清而發。黄輯入靈帝紀。

〇二七　河東水暴出〔一〕。（姚・汪・黄）

——續漢五行志注

〔一〕亦建寧四年事，五月水大出，漂壞廬舍五百餘家。黄輯入靈帝紀。

〇二八　山陽、梁、沛、彭城、下邳、東海、琅邪〔水大出〕〔一〕。（姚・汪・黄）

——續漢五行志注

〔一〕中平五年事。「水大出」三字據續志補。又續志作「郡國六」，與此作七郡異。黄輯亦入靈帝紀。

〇二九　曹操專政。十七年七月〔一〕，大水，淯水溢。（姚・汪・黄）

——續漢五行志注

〔一〕指建安十七年。黄輯入獻帝紀。

〇三〇　明年，禪位于魏也〔一〕。（姚・汪・黄）

——續漢五行志注

〔一〕建安二十四年八月，漢水溢，流害民人。袁山松以爲禪位于魏之預兆。黄輯亦入獻帝紀。

〇三一　是時羣賊起，天下始亂。讖曰：「寒者，小人暴虐，專權居位，無道有位，適罰無法，又殺無

罪，其寒必暴殺。」〔一〕（姚・汪・黃）

——續漢五行志注

〔一〕靈帝光和六年冬，大寒，北海、東萊、琅邪井中冰厚尺餘。故袁山松作如是語。汪輯脱「讖曰」以下，黃輯入靈帝紀。

○三二　時帝流遷失政〔一〕。（姚・汪・黃）

——續漢五行志注

〔一〕獻帝初平四年六月，寒風如冬時。故袁山松作如是語。汪輯下又引曰：養奮對策曰：「當温而寒，刑罰慘也。」天游按：養奮，和帝時人，不當于此時有對策。續志「安帝元初四年秋，郡國十淫雨傷稼」下，劉昭注引方儲對策曰：「雨不時節，妄賞賜也。」又「世祖建武五年夏，旱。京房傳曰」注、「是時帝幼，梁太后專政」注均引方儲對策。此乃劉昭注之一文例，專引名臣對策以釋志文。如五行志二注引魏朗對策以釋五色大鳥，五行志三注引養奮對策以釋「延熹元年五月京都蝗」，俱是明證。汪輯引對策入袁書，誤。黃輯此條入獻帝紀。

○三三　雹殺人〔一〕。前後雨雹，此最爲大。時天下潰亂。（姚・汪・黃）

——續漢五行志注

〔一〕續志曰：「獻帝初平四年六月，右扶風雹如斗。」黃輯亦入獻帝紀。

○三四　〔龍死〕長可百餘丈〔一〕。（姚・汪・黃）

——續漢五行志注

〔一〕據續志補。其志文作「桓帝延熹七年六月壬子，河内野王山上有龍死，可數十丈」。黄輯入桓帝紀。

○三五　案張角一時狡亂，不足致此大妖，斯乃曹氏滅漢之徵也〔一〕。（汪・黄）

——續漢五行志注

〔一〕續志載光和元年五月壬午，一白衣人欲入德陽門，自稱「我梁伯夏，教我上殿爲天子」。欲收之，須臾還走，求索不得。司馬彪以爲「將有狂狡之人，欲爲王氏之謀，其事不成。其後張角稱黄天作亂，竟破壞」。與袁書異。黄輯入靈帝紀。

○三六　是年七月〔一〕，虹晝見御坐玉堂後殿前庭中，色青赤也。（姚・汪・黄）

——續漢五行志注

〔一〕是年，光和元年也。黄輯注作「光和四年」，誤。

○三七　三年十月丁卯，日有重兩倍〔一〕。（姚・汪・黄）

——續漢五行志注

〔一〕乃獻帝初平三年時事。黄輯入獻帝紀。

○三八　興平二年十二月，月在太微端門中重暈二珥，兩白氣廣八九寸，貫月東西南北〔一〕。（姚・汪・黄）

——續漢五行志注

〔一〕黄輯入獻帝紀。

郡國志

〔河南尹〕

○三九　甘城〔一〕。——水經注卷一五洛水注

〔一〕王謨漢唐地理書鈔之袁山松郡國志按語曰：「隋唐志及御覽書目，俱不著録袁山松郡國志，而水經注引之，則從山松所撰後漢書采録也。攷隋志，後漢書凡十數家，皆不立地理志，惟司馬彪及山松二家書有郡國志。故水經注得采其説，仍分注某氏郡國志。其泛舉郡國志不言某氏者，則以二家書同，故通言之也。兹凡鈔出劉昭後漢書注四條，水經注四十條。若自江水下所引袁山松説應入宜都山川記，非郡國志也，故不録。」王説是。今依其例，復檢出十六條以補其缺，此條即其一。

○四○　滎陽有鴻溝水。（王）——水經注卷七濟水注

○四一　滎陽縣有廣武城。（王）——水經注卷七濟水注

〇四二　長城自卷逕陽武到密〔一〕。（王）

——水經注卷七濟水注

〔一〕魏長城。水經注曰：「按竹書紀年梁惠成王十二年，龍賈率師築長城於西邊。」

〇四三　卷縣有垣雝城。（王）

——水經注卷二三陰溝水注

〔河内郡〕

〇四四　河陽縣有湛城〔一〕。（王）

——水經注卷六湛水注

〔一〕水經注卷五曰：「服虔、賈逵曰：河陽，温也。」又曰：「漢書地理志、司馬彪、袁山松郡國志、晉太康地道記、十三州志：河陽別縣，非温邑也。漢高帝六年，封陳涓爲侯國，王莽之河亭也。」據此則袁志除河陽外，當記有温縣。今列於下，不復出注。

〇四五　温。

——水經注卷五河水注

〇四六　共縣有凡亭，周凡伯國〔一〕。（王・汪・黄）

——水經注卷九清水注

〔一〕水經注曰：「春秋隱公七年經書『王使凡伯來聘』是也。杜預曰：『汲郡共縣東南有凡城。』」楊伯峻曰：「凡，本國名，周公之後。僖二十四年『凡、蔣、邢、茅、胙、祭，周公之胤』是也。凡伯蓋世爲周王室卿士而食邑于凡。」王謨注引路史國名紀云：「共縣西南有凡城。」

○四七　朝歌縣南有牧野。（王）

——水經注卷九清水注

〔弘農郡〕

○四八　弘農湖縣有閿鄉。（王）

——水經注卷四河水注

〔京兆尹〕

○四九　長門亭〔一〕。

——水經注卷一九渭水注

〔一〕屬霸陵縣。

〇五〇　新豐縣東有鴻門亭。（王）

——水經注卷一九渭水注

〔右扶風〕

〇五一　鄗縣有郃亭〔一〕。（王）

——水經注卷一八渭水注

〔一〕「郃」水經注原作「召」；王輯「郃亭」作「郃城」，皆誤。今據續漢郡國志逕正。

右司隸校尉部

〔潁川郡〕

〇五二　昆陽〔一〕。

——水經注卷二一汝水注

〔一〕水經注曰：「昆水屈逕其城南，蓋藉水以氏縣也。」

〔汝南郡〕

〇五三　朔山〔一〕。（王・汪・黄）　——續漢郡國志注

〔一〕在陽安縣境内。

〇五四　山桑縣有下城父聚。（王）　——水經注卷二三陰溝水注

〇五五　山桑縣有垂惠聚。（王・汪・黄）　——水經注卷二三陰溝水注

〔陳國〕

〇五六　長平故屬汝南郡〔一〕，有赭丘城。（王）　——水經注卷二二潩水注

〔一〕「郡」原誤作「縣」，逕改。

右豫州刺史部

〔魏郡〕

〇五七　内黄縣有并陽聚〔一〕。——水經注卷九淇水注

〔一〕續漢志作「𦰡陽聚」，是。

〇五八　〔内黄〕縣有黄澤。——水經注卷九淇水注

〇五九　五鹿〔墟〕〔一〕，故沙鹿，有沙亭。（王）——水經注卷五河水注

〔一〕據續漢志補。

〔中山國〕

〇六〇　蒲陰縣有陽城。（王）——水經注卷一〇滱水注

〔河間國〕

〇六一　高陽有葛城。〔王〕

——水經注卷一〇滱水注

〔趙國〕

〇六二　邯鄲有叢臺。

——水經注卷一〇濁漳水注

〔勃海郡〕

〇六三　〔脩縣〕故屬信都。

——水經注卷九淇水注

右冀州刺史部

〔東郡〕

〇六四　陽平縣有岡成亭〔一〕。（王）——水經注卷五河水注

〔一〕續漢志作「岡成城」。

〇六五　衞本觀故國，姚姓。有河牧城。（王）——水經注卷五河水注

〇六六　衞縣有竿城。（王）——水經注卷五河水注

〔東平國〕

〇六七　東平陸有闞亭。——水經注卷八濟水注

〇六八　須昌縣有致密城，古中都也。（王）——水經注卷二四汶水注

〔泰山郡〕

〇六九　梁父有菟裘聚。（王）

——水經注卷二四汶水注

〇七〇　南武陽縣有顓臾城。（王）

——水經注卷二五沂水注

〔山陽郡〕

〇七一　山陽有金鄉縣。（王）

——水經注卷八濟水注

〔濟陰郡〕

〇七二　冤朐縣有煮棗城。（王）

——水經注卷八濟水注

〇七三　乘氏有泗水。（王）

——水經注卷八濟水注

〇七四　濟陰乘氏縣有鹿城鄉。（王）

——水經注卷八濟水注

〇七五　〔離狐縣〕故屬東郡。

——水經注卷八濟水注

〇七六　成武縣有楚丘亭〔一〕。（王）

——水經注卷八濟水注

〔一〕續漢志脱「楚丘亭」三字。劉昭注曰：「左傳隱七年『戎執凡伯於楚丘』，杜預曰在縣西南。」此「楚丘」即袁志所言之「楚丘亭」也。

右兗州刺史部

〔琅邪郡〕

〇七七　東莞有鄆亭。（王）

——水經注卷二五沂水注

○七八　琅邪有臨沂縣，故屬東海郡。（王）

——水經注卷二五沂水注

○七九　〔即丘縣〕自東海分屬琅邪。（王）

——水經注卷二六沭水注

〔彭城國〕

○八○　偪陽有柤水〔一〕。（王）

——水經注卷二六沭水注

〔一〕劉昭注曰：「左傳襄十年滅偪陽，杜預曰即此縣也。」續漢志作「傅陽」，恐非。

右徐州刺史部

〔樂安國〕

○八一　博昌縣有薄姑城。（王）

——水經注卷八濟水注

〔北海國〕

〇八二　平壽有斟城，有寒亭。（王）

——水經注卷二六巨洋水注

〇八三　淳于縣有密鄉。（王）

——水經注卷二六濰水注

〇八四　〔昌安縣〕漢安帝延光元年復也〔一〕。

——水經注卷二六濰水注

〔一〕昌安，明帝永平中封鄧襲爲侯國。

〔東萊郡〕

〇八五　黔陬縣有介亭〔一〕。（王）

——水經注卷二六膠水注

〔一〕續漢志作「黔陬侯國」，是。

右青州刺史部

〔南陽郡〕

○八六　南陽宛縣有南就聚。

——水經注卷三一淯水注

○八七　宛有瓜里津、夕陽聚。（王）

——水經注卷三一淯水注

○八八　葉縣有長山，曰方城。（王）

——水經注卷三一潕水注〔二〕

○八九　葉縣有卷城。（王）

——水經注卷三一潕水注

○九○　新野之東鄉，故新都。（王）

——水經注卷二九比水注

○九一　筑陽縣有涉都鄉。（王）

——水經注卷二八沔水注

〇九二　武當縣之和成聚。

——水經注卷二八沔水注

〇九三　〔襄鄉縣〕南陽之屬縣。

——水經注卷二八沔水注

右荆州刺史部

〔九江郡〕

〇九四　平阿縣有塗山。（王）

——水經注卷三〇淮水注

〔會稽郡〕

〇九五　烏傷。

——水經注卷四〇漸江水注

〔豫章郡〕

○九六　贛有豫章水。

——水經注卷三九贛水注

右揚州刺史部

〔漢中郡〕

○九七　建安二十年，復置漢寧郡。〔分〕漢中之安陽、〔西城爲〕西城郡〔一〕，〔置太守〕〔二〕。分錫、上庸爲上庸郡，置都尉。（王・汪・黄）

——續漢郡國志注　○　范書劉焉傳注

〔一〕據魏志武帝紀補。又二十五史補編第二册周明泰後漢縣邑省併表曰：時新置魏陽、平陽兩縣，屬西城郡。

〔二〕據魏志武帝紀補。

右益州刺史部

〔漢陽郡〕

○九八　漢有二源，東出氐道，西出西縣之嶓冢山〔一〕。（王・汪・黄）

——水經注卷二〇漾水注

〔一〕漢指漢水。西漢時氐道、西縣均屬隴西郡。東漢氐道屬隴西郡，而西縣屬漢陽郡。

〔安定郡〕

〇九九　興平元年，分安定鶉觚，右扶風之漆置新平郡。（王・汪・黄）

——續漢郡國志注

右涼州刺史部

〔上黨郡〕

一〇〇　涅縣有鬬與聚。（王・汪・黄）

——水經注卷一〇清漳水注

〔太原郡〕

一〇一　界休縣有介山，緜上聚，子推廟〔一〕。（王・汪・黄）

——水經注卷六汾水注

〔一〕重耳入晉爲文公，賞從亡者而不及隱者介子推。子推遂入緜上山中，至死不復見。文公聞之，於是環緜上山而封之，以爲介推田，號曰介山，且曰：「以記吾過，且旌善人。」事見史記晉世家。又地理志、郡國志「介山」均作「界山」。介、界古今字。

〔雲中郡〕

一〇二　成樂，故屬定襄。

——水經注卷三河水注

右并州刺史部

〔涿郡〕

一〇三　〔方城〕縣有督亢亭。（王）

——水經注卷一二巨馬水注

〔玄菟郡〕

一〇四　〔遼陽〕縣故屬遼東，後入玄菟。（王）

——水經注卷一四小遼水注

右幽州刺史部

百官志

一〇五　郊祀之事，太尉掌亞獻，光禄掌三獻，太常每祭祀，先奏其禮儀及行事，掌贊天子。（汪）

——宋書卷一六禮志

藝文志（已闕）〔一〕

〔一〕鄭樵通志校讎略曰：「阮孝緒作七録已，亦條劉氏七略及班固漢志、袁山松後漢志、魏中經、晉四部所亡之書爲一録。」又廣弘明集引七録序亦言袁書有藝文志。惜久已散佚，無從輯録，僅存其目。

袁山松後漢書卷三

劉盆子傳

一〇六　天鳳五年，樊崇起兵於莒，號曰赤眉。圍莒數月，或説樊崇曰：「豈有父母之國而攻之乎？」莒中人出縑數千疋以自贖，乃引去。（汪・黄）

——御覽卷八一八

一〇七　劉盆子拜竟，復從劉仲卿居〔一〕，仲卿爲盆子制絳單衣。（汪・黄・鈴木）

——御覽卷八一四

〔一〕范書本傳「仲卿」作「俠卿」。

一〇八　劉盆子居長樂宮，赤眉諸將曰會論功名，自言欲爲某王，欲得某官，爭言號呼，拔劍相擊。（汪・黄・鈴木）

——御覽卷四九六

一〇九　赤眉復入長安，止桂宫。逄安將千餘人攻延岑於杜陽〔一〕。鄧禹以赤眉精兵出在外，唯盆子羸弱在長安，攻之，與謝禄夜戰稾街中，鄧禹敗走。逄安西與延（牙）〔岑〕〔二〕、蘇茂、李寶戰於杜陽，大破之，寶、茂降。岑收散卒，還戰，寶、茂從内拔赤眉旗，自立其幟。赤眉還，驚亂走，自投川死者十餘萬人。（汪・黄）

——御覽卷三四一

〔一〕范書劉盆子傳「千餘人」作「十餘萬人」，「杜陽」作「杜陵」。天游按：據本文末句，作「十餘萬人」是。又按盆子傳，延岑自散關入關中，自當先據杜陽，以拊長安之背，故袁書云逄安西與延岑戰。然范書馮異傳曰「延岑據藍田」，似又當以「杜陵」爲是，俟攷。

〔二〕據范書及本引下文改。

一一〇　赤眉入長安，掖庭中有數百千人。自更始敗，閉殿門不出，掘庭中蘆菔根，捕池中魚食之，死因埋宫中。有故祠甘泉樂人，尚共擊鼓歌儛，衣服鮮明。見盆子叩頭言飢。盆子使中黄門稟之粟數升〔一〕。後盆子去，皆餓死。（汪・黄・鈴木）

——御覽卷四八六

〔一〕范書劉盆子傳作「稟之米，人數斗」。

一一一　世祖憐盆子，賞甚厚，以爲趙王郎中。後疾失明，賜滎陽均輸官地，以爲列肆，使食税終

其身。（汪·黄·铃木）
——御覽卷八二八

馮異傳

一一二　先時諸將同營，吏卒多犯法。（汪·黄）
——范書馮異傳注

賈復傳

一一三　賈復從擊鄧奉，追至夕陽聚。（姚·王·汪·黄）
——續漢郡國志注

耿弇傳

一一四　弇少學詩禮，明鋭有權謀。（姚・汪・黃・鈴木）

——范書耿弇傳注

一一五　使光禄大夫樊宏詔況曰〔一〕：「惟況功大，不宜監察從事。邊郡寒苦，不足久居。其詣行在所。」（姚・汪・黃・鈴木）

——范書耿弇傳注

〔一〕耿況，弇之父。時以大將軍、隃麋侯屯上谷，助平彭寵、張豐。

一一六　弇上書曰：「臣據臨淄，深塹高壘。張步從劇縣來攻，疲勞飢渴。欲進，誘而攻之；欲去，隨而擊之。臣依營而戰，精鋭百倍，以逸待勞，以實擊虚，旬日之間，步首可獲。」上是其計〔一〕。（姚・汪・黃・鈴木）

——范書耿弇傳注

〔一〕范書脱此書，而袁紀載之，文稍略。

任光傳子隗

一一七　任隗爲司空，以玄默守真，不求名譽，然内修義行，人以此服之。（姚・汪・黄）

——書鈔卷五二

竇融傳曾孫憲

一一八　河南尹王調、漢陽太守朱敞、南陽太守滿殷、高丹等皆其賓客〔一〕。（姚・汪・黄）

——范書袁安傳注

〔一〕竇憲恃功臣之後及外戚勢，驕縱放恣，盡樹其私人于名都大邑，王調等皆其私黨。

伏湛傳

一一九　伏湛字惠公，建武二年拜尚書，典定舊制。（姚・汪・黄・鈴木）

——書鈔卷六〇

侯霸傳

一二〇 侯霸字君房，拜大司徒，矜嚴有威容，奉公無私。（姚・汪・黄・鈴木）

——書鈔卷五二

宋弘傳

一二一 宋弘字子仲，爲司空，秉政恭約，輕財重義，有公儀子之風〔一〕，不與民争利。（姚・汪・黄・鈴木）

——書鈔卷五二

〔一〕公儀子即公儀休，魯博士，後爲魯相。公儀休食其家茹而美，即拔園葵而棄之；見其家織布好，而疾出其家婦，燔其機，且言「欲令農士工女安所讎其貨乎」。事見史記循吏傳。

楊厚傳

一二二　統在縣〔一〕，休徵時序，風雨得節，嘉禾生于寺舍，人庶稱神。（汪・黃・鈴木）

——范書楊厚傳注

〔一〕楊統，楊厚之父，建初中爲彭城令。

一二三　鄧太后問厚曰：「大將軍鄧騭應輔臣星不？」對曰：「不應。」以此不合其旨。（汪・黃・鈴木）

——范書楊厚傳注

蘇謙傳 子不韋

一二四　蘇謙字仲讓，爲郡督郵。李暠爲美陽令，貪暴，謙案得其贓。謙遷金城太守，治有異迹。延熹九年至京師，暠時爲司隸，收謙，誣陷之，死獄中。謙子不韋字公先，變名姓，以家財求劍客，邀暠不得。暠（之）〔遷〕大司農〔一〕，乃於司農府旁買舍，夜爲地突，入暠室中。暠適出，不值，破其臥

具。暠大怖，棘屋上，以板棧地而臥，一宿數徙。不韋乃至魏郡，掘暠父冢，斬級以祭父墓。（汪・黃）

——御覽卷四八一

〔一〕據汪輯改。

羊續傳

一二五　靈帝欲〔以〕羊續爲太尉〔一〕。時拜三公者，〔皆〕輸東園禮錢千萬〔二〕，令中使督之。續乃坐使者于單席，舉緼袍以示之，〔曰〕：「臣之所資，惟斯而已。」故不登公位〔三〕。（姚・汪・黃・鈴木）

——類聚卷六七　〇　御覽卷六九三　書鈔卷一二九　類聚卷四六
御覽卷二〇七

〔一〕據書鈔卷一二九、御覽卷六九三補。
〔二〕同右。
〔三〕據類聚卷四六、御覽卷二〇七、職官分紀卷二所引補，又末句均作「遂不代虞」，非。天游按：虞，劉虞也，中平六年代馬日磾爲太尉。不久靈帝死，董卓擅政，遷劉虞爲大司馬。而羊續亦中平六年被靈帝内定爲太尉，事不果，是年卒。故續所不代者非虞乃日磾也。

桓榮傳曾孫鸞

一二六　桓鸞字始春，焉弟〔子〕也〔一〕。少立志行，緼袍糟食，不求盈餘，以濁世恥不肯仕。

——天中記卷四八

〔一〕東觀記曰：「鸞父良，龍舒侯相。」「子」字據范書本傳補。

朱暉傳孫穆

一二七　朱穆上疏曰：「養魚沸鼎之中，棲鳥烈火之上，用之不時，必也燋爛。」〔一〕（汪·黄·鈴木）

——文選卷四三邱遲與陳伯之書注　○　又卷四九范蔚宗皇后紀論注

〔一〕皇后紀論注末句作「必見燋爛」。

一二八　穆著論甚美，蔡邕嘗至其家，自寫之〔一〕。（姚・汪・黃・鈴木）

——范書朱穆傳注

〔一〕鈴木輯稿據世説新語補卷四文學注所引袁書曰：「穆著論甚美，蔡邕自至其家。尚敦篤，乃作崇厚論。」又引曰：「朱穆字公叔，南陽宛人。父暉，尚書令。穆五歲好學。」天游按：世説新語補，明王世貞編撰。其治學不謹，疏謬頗甚，其所引多非唐宋類書所有，當系王世貞所妄補，不足爲據，僅録此以備攷。又汪輯復録崇厚論全文，皆取自范書，大可不必，今删去之。

一二九　桓帝時，南陽語曰：「朱公叔肅肅如松栢下風。」（汪・黃）

——御覽卷四九五

一三〇　蔡邕議曰：「魯季文子，君子以爲忠，而謚曰文子〔一〕。又傳曰：『忠，文之實也。』忠以爲實，文以彰之。」遂共謚穆〔二〕。荀爽聞而非之〔三〕。（姚・汪・黃・鈴木）

——范書朱穆傳注

〔一〕季文子，即季孫行父，爲魯相，歷宣、成、襄三公達三十三年之久。襄公五年卒，左傳曰：「辛庀家器爲葬備，無衣帛之妾，無食粟之馬，無藏金玉，無重器備，君子是以知季文子之忠於公室也：『相三君矣，而無私積，可不謂忠乎？』」

〔二〕謚曰文忠先生。

〔三〕范書點校本以此引下「故張璠論曰」云云，俱作袁書之文，非。

楊終傳

一三一 時蜀郡有雷震決曹，終上白記，以爲斷獄煩苛所致。太守乃令終賦雷電之意，而奇之也。——范書楊終傳注（姚・汪・黄）

一三二 侍中賈逵薦終博達忠直，徵拜郎中。及卒，賜錢二十萬。——范書楊終傳注（姚・汪・黄）

應奉傳

一三三 奉又删史記、漢書及漢記三百六十餘年，自漢興至其時，凡十七卷，名曰漢事。——范書應奉傳注（姚・汪・黄）

徐璆傳

一三四　璆少履清高，立朝正色，稱揚後進，惟恐不及。（姚・汪・黄）

——范書徐璆傳注

王充傳

一三五　充幼聰明，詣太學，觀天子臨辟雍，作六儒論。（姚・汪・黄）

——范書王充傳注

一三六　充所作論衡，中土未有傳者，蔡邕入吴始得之，恒秘玩以爲談助〔一〕。其後王朗爲會稽太守，又得其書，及還許下，時人稱其才進。或曰：「不見異人，當得異書。」問之，果以論衡之益，由是遂見傳焉。（姚・汪・黄）

——范書王充傳注　○　子略卷四

〔一〕子略曰：「談助之言，可以了此書矣。其論可云允愜，此所以攻之者衆，而好之者終不絶歟。」

楊震傳

一三七　楊震好學講書，有鸛雀啣三鱣魚飛集講堂前，都講進曰〔一〕：「蛇鱣者，大夫之象也。數有三者，法三台也。先生自此升矣。」（姚・汪・黄）

——初學記卷二四

〔一〕都講之解，見謝承書楊震傳注。

劉陶傳

一三八　劉陶字子奇，拜爲諫議大夫。靈帝（世）〔時〕〔一〕，陶上疏言亂皆由於宦官。詔收繫黄門北寺獄。〔陶知必死，乃曰：「臣深恨不列稷、契、伊、周之徒，而與比干、龍逄爲儔，事敗乃悔時何及！」〕〔二〕閉氣而死。（姚・汪・黄）

——書鈔卷五六

〔一〕據職官分紀卷六改。

〔二〕自「陶知必死」以下，皆據職官分紀增入。天游按：此條姚輯作「劉陶字子奇，拜諫議大夫。是時天下日危，寇賊方熾，陶憂致崩亂，疏陳八事，大較言天下大亂，皆由宦官。詔收陶，繫黄門北寺獄。陶對使者曰：『恨不與伊吕同儔，而以三仁爲輩。』遂閉氣而死」。汪輯文同姚輯，出處誤注書鈔卷六二。按姚輯引自陳本書鈔，文多改竄，且已改注書名爲范書，故黄輯不詳所出，注出姚本。三輯皆誤從陳本，以訛傳訛。今從孔本，以仍其舊。

荀淑傳

一三九　荀淑與陳寔神交，及其棄朗陵而歸也，數命駕詣之。淑御，慈明從，叔慈抱孫文若而行〔一〕。寔亦令元方侍側，季方作食，抱孫長文而坐〔二〕，相對怡然。嘗一朝求食，〔食遲〕〔三〕，季方尚少，跪曰：「高聞大人〔與〕荀君言甚善〔四〕，竊聽之，甑壞飯成糜。」寔曰：「汝聽談解乎？」諶曰：「唯。」因令與二慈説之，不失一辭，二公大悦。（汪・黄）

——御覽卷四三二　〇　又卷七五七

〔一〕慈明，荀爽字。叔慈，荀靖字。文若，荀彧字，乃淑第二子荀緄之子。

〔二〕陳紀字元方，陳諶字季方，陳羣字長文。陳寔與紀、諶父子三人，並著高名，號爲「三君」。又世説新語品藻篇曰：「正始中人士比論，以荀淑方陳寔，荀靖方陳諶，荀爽方陳紀，荀彧方陳羣。」

〔三〕據御覽卷七五七補。

〔四〕同右。

杜喬傳

一四〇　匡，一名章，字叔康〔一〕。（姚・汪・黄）
——范書杜喬傳注

〔一〕匡，楊匡，喬之故吏。喬被誅，匡星夜入洛陽，守護尸喪。復詣闕乞收葬李固、杜喬骸骨。姚、黄兩輯作楊匡傳，非。

吴祐傳

一四一　吴祐舉孝廉，將行，郡中爲祖道〔一〕。祐越壇，共小吏雍丘黄真歡語而别。（姚・汪・黄）
——書鈔卷七七

〔一〕李賢曰：「祖道之禮，封土爲較壇也。五經要義曰：『祖道者，行祭爲道路祈也。』同禮太馭注曰：『以車轢軷而去。喻無險難。』」

一四二　吴祐放猪於長垣澤中〔一〕，誦經而行。遇父故人，謂之曰：「子二千石子，掉鞭而誦經，行吟於澤畔，縱子無恥，柰君父何？」祐守志如初。與北海公沙穆遊太學，資乏，變服爲傭，祐賃使舂，遂爲死交於杵臼之間。（汪・黄）

——御覽卷九〇三　○　又卷四〇七

〔一〕長垣縣舊稱長羅縣，故長垣澤亦稱長羅澤。漢書地理志曰：「長垣有長羅澤，即吴季英牧猪處也。」袁宏紀亦作「長羅澤」。

延篤傳

一四三　延篤字叔堅，南陽人也。爲京兆尹，正身率下，民不忍欺。（汪・黄）

——御覽卷二五二

袁山松後漢書卷四

盧植傳

一四四　尚書盧植將終，敕其子彊以禪，葬以土穴，其子從之。（姚·汪·黄）

——書鈔卷一五八

陳蕃傳

一四五　陳蕃遷豫章〔太守〕〔一〕，在郡下接賓客，獨坐一室。唯徐孺子來，爲置對榻，去則懸之，及徵爲尚書令，送之者亦不出郭門。（汪·黄·俊）

——御覽卷四〇五　〇　書鈔卷七四

〔一〕據書鈔卷七四補。

一四六　桓帝時，京師稱曰：「李元禮巖巖如玉山，陳仲舉軒軒如千里驥。」（汪・黃・俊）

——御覽卷四九五

周璆傳

一四七　周璆字孟玉，爲樂城令〔一〕，消遥無事，縣中大治。去官，徵聘不至。陳蕃爲太守，璆來置榻，去懸之。（汪・黃）

——御覽卷四七四　○　書鈔卷三六

〔一〕書鈔卷三六作「高唐令」。

王允傳

一四八　王允字子師，〔太原人〕〔一〕，世仕州郡爲冠蓋。同郡郭林宗見而奇之，曰：「王生一日千里，王佐才也。」遂與之友善。允仕至司徒。（姚・汪・黃）

——類聚卷二二　○　白帖卷四三　御覽卷四四五

〔一〕據御覽卷四四五補。

一四九 允謂傕等曰：「臣無作威作福，將軍乃放縱，欲何爲乎？」傕等不應。自拜署傕爲揚武將軍，汜爲揚烈將軍，樊稠等皆爲中郎將。（姚・汪・黄）

——范書董卓傳注

李膺傳

一五〇 桓帝時朝廷日亂，李膺風格秀整，高自標尚，後進之士升其堂者，以爲登龍門。太學生三萬餘人，牓天下士，上稱「三君」，次「八俊」，次「八顧」，次「八及」，次「八廚」〔一〕，猶古之「八元」、「八凱」也〔二〕。因爲七言謠曰：「不畏强禦陳仲舉，九卿直言有陳蕃。天下模楷李元禮，天下好交荀伯條〔三〕，天下英秀王叔茂，天下冰楞王秀陵，天下忠平魏少英，天下稽古劉伯祖，天下良輔杜周甫，天下才英趙仲經。」（汪・黄・俊）

——御覽卷四六五

〔一〕范書黨錮傳曰：「竇武、劉淑、陳蕃爲『三君』。君者，言一世之所宗也。李膺、荀翌、杜密、王暢、劉祐、魏朗、趙典、朱寓爲『八俊』。俊者，言人之英也。郭林宗、宗慈、巴肅、夏馥、范滂、尹勳、蔡衍、羊陟爲『八顧』。顧者，言能以德行引人者也。張儉、岑晊、劉表、陳翔、孔昱、苑康、檀敷、翟超爲『八及』。及者，言其能導人追宗者也。度尚、張邈、王考、劉儒、胡母班、秦周、蕃嚮、王章爲『八廚』。廚者，言能以財救人者也。」

〔二〕文公十八年左傳曰：「昔高陽氏有才子八人，蒼舒、隤敳、檮戭、大臨、尨降、庭堅、仲容、叔達，齊、聖、廣、淵、明、允、篤、誠，天下之民謂之八愷。高辛氏有才子八人，伯奮、仲堪、叔獻、季仲、伯虎、仲熊、叔豹、季貍，忠、肅、共、懿、宣、慈、惠、和，天下之民謂之八元。此十六族也，世濟其美，不隕其名。」

〔三〕汪、黃二輯均作「伯修」。惠棟後漢書補注卷一五曰：「條，荀氏家傳作『修』，謝承書又作『儵』。案三君八俊録曰『天下好交荀伯條』。條與交韻，當從本傳也。」

一五一　李膺風格儀刑，皆可師範。（汪）

——文選卷六〇任彦昇齊竟陵王行狀注

一五二　李膺子瓚〔一〕，位至東平相。初曹操微時，瓚異其才，將没，謂子宣等曰：「世將亂矣，天下英雄無過曹操。張孟卓與吾善，袁本初汝外親，雖爾勿依，必歸曹氏。」諸子從之，並免亂世矣。（汪・黃）

——御覽卷四四二

〔一〕東觀諸史，唯謝承書「瓚」作「珪」。

范滂傳

一五三　李膺等下獄，獄吏曰：「諸入獄，當祭皋繇以祈福。」范滂曰：「皋繇古之賢君，知滂無罪，將理之於天。如其有罪，祭之何益？」及訊獄，王甫以次詰之。滂年少在後，越次而前。甫曰：「夫合黨連羣，必有盟誓，其所謀圖，皆何等耶？」滂曰：「竊聞仲尼之言，見善如不及，見惡如探湯〔一〕。欲使善善齊其情，惡惡同其行，謂王政之所思，不悟反以爲黨。」乃仰天歎曰：「古之修善，自求多福。今之修善，乃陷大戮。死之日，願賜一幡，埋於首陽山側，上不負皇天，下不愧夷齊。」尚書霍諝以黨事無驗，表陳赦之。（汪・黄）

——御覽卷四二七

〔一〕見論語季氏篇，「惡」作「不善」。探湯者，喻去疾也。

岑晊傳

一五四　岑晊字公孝，高才絶人，五經六藝，無不洞貫。太守成瑨請爲功曹，時謡曰：「南陽太守岑

公孝，弘農成瑨但坐嘯。」〔一〕（汪・黄）

——御覽卷二六四　○　書鈔卷七七 ⑵

〔一〕姚、汪、黄三輯別引一條曰：「岑晊有高才，郭林宗、朱公叔等皆爲友，李膺、王暢稱其有幹國器，雖在閭里，慨然有董天下之志。太守弘農成瑨下車，欲振威嚴，聞晊高名，請爲功曹。」汪、黄皆言出書鈔卷七七，乃陳本也。孔本有二引，與御覽引多同，故不另列。陳本多妄增，已非袁書之舊，録注中以備考。

賈彪傳

一五五　賈彪字偉節，遊京師，與郭林宗、〔李元禮〕等爲談論之首〔一〕，一言一行，天下以爲準的。黨〔錮〕事起〔二〕，彪謂同志曰：「吾不西行，大難不解。」即入關，設方略，天子爲之大赦。

——類聚卷五二　○　初學記卷二〇

（姚・汪・黄）

〔一〕據初學記卷二〇補。

〔二〕據初學記卷二〇補。

何顒傳

一五六　南陽何顒初見曹操，歎曰：「漢將亡，安天下者，必此人也。」操以是嘉之。（汪・黄）

——御覽卷四四二

郭泰傳

一五七　郭林宗與陳留盛仲明書曰：「足下諸人，爲時棟梁。」

——文選卷四七袁彦伯三國名臣序贊注

韓卓傳

一五八　韓卓字子助，陳留人。臘日〔一〕，奴竊食祭其先人，卓義其心，即日免之〔二〕。（姚・

汪・黄）

——類聚卷五 ○ 范書符融傳注 白帖卷四 御覽卷三三 又卷五二六

〔一〕說文卷四曰：「臘，冬至後三戌，臘祭百神。」漢代以十二月冬至後第三個戌日祭神祭祖，稱其爲臘日。臘亦作「臈」。

〔二〕汪文臺曰：「免，從良也。」即釋奴爲平民。

皇甫嵩傳

一五九　皇甫嵩字義〔真〕〔一〕，安定朝那人〔二〕。善用兵，飲食舍止，必先將士，然後乃安。兵曹有受賂者，嵩曰：「公素廉清，必資用乏。」乃出錢賜之。吏羞慚而自殺。由是衆皆樂爲致死。（汪・黄）

——御覽卷四九一 ○ 又卷六四一

〔一〕據御覽卷六四一補。

〔二〕「那」二引皆誤作「郍」，逕正。

朱儁傳

一六〇　朱儁擊黄巾賊趙弘於南陽，斬之。賊復以韓忠爲帥。儁兵力少，不能急攻，乃先起土山以臨之，因僞修攻具，曜兵於西南。儁身自披甲，將精卒乘其東北，遂得入城，忠乞降。（汪·黄）

——御覽卷三三六

董卓傳

一六一　儁年二十五〔一〕，其督戰訾寶負其屍而瘞之。（姚·汪·黄）

——范書董卓傳注

〔一〕儁，沮儁，射聲校尉。時護送獻帝東歸洛陽，於弘農東澗，爲李傕所殺。

劉虞傳

一六二　太尉劉虞讓位于羊續〔一〕。（姚・汪・黄）

——類聚卷四六　〇　御覽卷二〇七

〔一〕此條僅引類聚之首句，餘文與羊續傳略同。詳見續傳及注。

袁紹傳

一六三　紹，司空逢之孽子，出後伯父成〔一〕。（姚・汪・黄）

——范書袁紹傳注

〔一〕范書本傳曰：「父成，五官中郎將。」三國志本傳裴注曰：「英雄記曰：紹生而父死，二公愛之。幼使爲郎，弱冠除濮陽長，有清名。遭母喪，服竟，又追行父服，凡在家廬六年。臣松之案：魏書云『紹，逢之庶子，出後伯父成』。如此記所言，則似實成所生。夫人追服所生，禮無其文，況於所後而可以行之！二書未詳孰是。」洪亮吉曰：「案魏書並云術異母弟。觀術與公孫瓚書，言紹非袁氏子，則孽子之言或信然。案英雄記，紹生而父死，後追行父服。范史亦載幼孤追服之事。今考逢以靈帝光和二年罷司空，復爲執金吾而卒。紹中平三年，已爲佐軍校尉，相距不過九年。且前又歷官郎令，復遭母憂與追服父服六年，後更歷侍御史、虎賁中郎將而爲校尉，則逢卒時，紹久已逾成人，安得云幼孤與生而父死之説乎？紹斷非逢子可知。魏書『爲術異母兄弟』，亦無所徵，當以陳、范兩書爲是。裴松之注陳志，於紹爲逢子，猶置疑詞，蓋亦不深考也。」洪説是。

陳弇傳

一六四　陳弇字叔明，陳留人。學尚書，躬自耕種，常有黄雀飛來，隨弇翱翔。（汪·黄）

——御覽卷九二二　○　類聚卷九二　龍筋鳳髓判卷四

范丹傳

一六五　范丹字史雲，外黄人，爲縣吏。年十八，棄衣物道邊，家以爲死，遂西入關學。爲萊蕪長，去官，於市賣卜，妻紡績以自給。辟公府，步行無〔車〕〔一〕，被囊自隨。常使兒捃麥，得五斛。鄉人〔尹臺〕遺之一斛〔二〕，囑兒曰：「莫令尊君知。」兒歸，不敢不道。丹即令并送六斛，言麥已雜，遂不取〔三〕。丹弟子愷見丹藩不完，載柴將藩之。時丹適行，還怒，敕子拔柴載還之。閭里歌之曰：「甑

中生塵范史雲，釜中生魚范萊蕪。」自以性急，每爲吏，常佩葦〔四〕。（姚・汪・黄）

——御覽卷四二五　○　又卷二六七　又卷七〇七　又卷八三八　又卷五一二　范書范丹傳注

〔一〕據御覽卷二六七補。

〔二〕據御覽卷八三八補。又傳注亦然，而「鄉人」作「鄰人」。

〔三〕范書本傳注作「遂誓不敢受」。

〔四〕此條，姚輯引同傳注，黄輯則一一分引之，却脱傳注。汪輯則合而引之。合引實始自明陳耀文，見天中記卷二七，文字稍異。今亦從之。

公沙穆傳

一六六　公沙穆有六子，時人號曰：「公沙六龍，天下無雙。」（汪・黄・俊）

——御覽卷四九五

蔡順傳

一六七　蔡順母生時畏雷。母死之後，有雷，順走至墓側，曰「順在此」。太守韓崇恒差車，每雷，順乃乘至家所。

——書鈔卷一三九

隗相傳

一六八　隗相養母至孝，母喜飲江流，相常隆冬取水，後一朝横石浮江，無有（南）〔難〕涉〔一〕，由是顯名〔二〕（姚・汪・黄）

——書鈔卷一六〇

〔一〕據諸輯引文改。

〔二〕姚、黄不詳所出，汪曰出白帖，誤。

羅威傳

一六九　羅威母年七十，天寒，常以身温席，而後授其處。（姚・汪・黄）

——初學記卷一七

西域傳

一七〇　西域出諸香、石蜜〔一〕。（汪・黄）

——范書李恂傳注

〔一〕汪輯下又引「罽，織毛爲布者」。天游按：此句係李賢釋傳文「香罽」之「罽」字，與袁書無涉。黄輯删而不録，是。

散條

一七一　樂府左延年秦女休行曰：「始出上西門，遥望秦氏家。秦氏有好女，自名曰女休。女休年十五，爲宗行報讎。左執白陽刀，右據宛景矛。讎家東南僵，女休西上山。上山四五里，關吏不得休〔一〕。女休前置辭：『生爲燕王婦，今爲詔獄囚。』刀矛未及下，攏㡾擊鼓赦書下。」〔二〕。（汪）

——御覽卷四八一

〔一〕疑「不」係「捕」之誤。

〔二〕魏志杜夔傳曰：「自左延年等雖妙於音，咸善鄭聲，其好古存正莫及夔。」則延年係漢末樂師。不詳此引出自何傳，故入散條。

一七二　崔駰上書曰：「竊聞春陽發而倉庚鳴，秋風厲而蟋蟀吟，蓋氣使之然也。」〔一〕（汪）

——御覽卷九四九

〔一〕御覽標出袁宏後漢書。天游按：今本袁紀無此文，或「宏」係「崧」之誤，亦未可知。今暫録于此以俟攷。

張璠後漢紀

光武帝紀

更始元年

〇〇一 芳，安定人。屬國胡數千畔在參蠻〔一〕，芳從之，詐姓劉氏，自稱西平王。會匈奴句林王將兵來降參蠻胡，芳因隨入匈奴。留數年。單于以中國未定，欲輔立之，追毋樓且王求入五原，與假號將軍李興等結謀，興北至單于庭，迎芳。芳外倚匈奴，内因興等，故能廣略邊郡〔二〕。（姚・汪・黄）

——范書匈奴傳注

〔一〕黄奭曰：「案參蠻，『蠻』字誤，當作『䜌』。」天游按：續漢郡國志北地郡有參䜌，故屬安定。䜌，音鸞。黄説是。

〔二〕此條汪、黄兩輯俱從姚輯。四庫提要比較張璠紀、袁宏紀之優劣，即引「詐姓劉氏」以上，以此條爲璠紀之文。然汪輯注曰：

「匈奴傳注引此作東觀記。」按之范書確然無疑。提要編者所據必姚輯，姚輯一誤，遺害無窮。此條當删，録此以明其非。

建武七年

〇〇二　杜詩爲南陽太守，冶作水排〔一〕，教化大行，號曰「杜母」。（姚·汪·黄·鈴木）

——書鈔卷三九　〇　御覽卷八三三

〔一〕「排」原誤作「耕」，據御覽卷八三三逕改。又李賢曰：「冶鑄者爲排以吹炭，今激水以鼓之也。『排』當作『橐』，古字通用也。」

建武九年

〇〇三　郭伋爲潁川太守〔一〕。光武詔曰：「賢能太守，去帝城不遠，河潤九里〔二〕，冀京師並蒙其福。」（姚·汪·黄·鈴木）

——御覽卷六一　〇　事類賦注卷六

〔一〕事類賦注卷六「伋」誤作「純」。又汪、黄二輯俱言出書鈔卷一五八，乃陳補也，孔本無此引，且二輯亦誤「伋」爲「純」。

〔二〕莊子列禦寇曰：「河潤九里，澤及三族。」按河從乾位來，乾，陽數九。故言九里，以喻影響之遠。

建武十一年

〇〇四　樊曄爲天水太守〔一〕，之官，與故太守喪會於隴亭。（堂）〔亭〕吏移喪避曄〔二〕，曄讓喪於正堂，關西稱之。（汪・黄）

——御覽卷一九四

〔一〕「樊」原誤作「楚」，據范書逕改。

〔二〕據職官分紀卷四二改。

建武中元二年

〇〇五　北郊在雒陽城北六里〔一〕。（姚・汪・黄）

——續漢祭祀志注

〔一〕是年春正月辛未，初立北郊。續漢志作「城北四里」，未知孰是。

明帝紀

永平二年

〇〇六　明帝馬皇后不喜出遊，未嘗臨御窗牖。（姚・汪・黄）

——白帖卷一〇

永平十六年

〇〇七　祭肜爲遼東守。及卒〔一〕，過塚拜謁，仰天號哭。（鈴木）

——書鈔卷三五

〔一〕時肜以太僕伐北匈奴，誤信左賢王信之誑言，未至涿邪山而還，坐逗留下獄免。肜自恨無功，歐血而死。肜自建武十七年起，任遼東太守幾三十年，鮮卑、烏桓服其威信，聞其卒，拜謁號哭，如喪父母。

〇〇八　班超使于（外）〔寘〕〔一〕，願將三十六人，以爲蒿矢彈丸之用。（汪・黄）

——類聚卷六〇　〇　御覽卷三五〇

〔一〕據御覽卷三五〇改。

章帝紀

建初四年

〇〇九　馬防兄弟貴盛，大起第觀，連閣彌亘。（姚・汪・黄・鈴木）

——初學記卷一八

章和二年

〇一〇　陳寵爲廣漢太守，風聲大行，徵爲大司農。帝問何以爲治，寵曰：「臣任功曹王渙。」渙由是知名〔一〕。（汪・黄）

——御覽卷二六四　〇　又卷二三一　書鈔卷三四

〔一〕渙遂舉茂才，累遷至洛陽令。

和帝紀

永元二年

〇一一　竇憲字伯度，拜車騎將軍，與北單于戰於稽落山，大破之。憲遂登燕然山，去塞三千餘里，刻石以紀漢功，紀威德也。（鈴木）

——書鈔卷六四

永元十六年

〇一二　張輔事太常桓榮，勤力於學，常在師門，講誦不怠。每朝會輒敢講於上前，音動左右。（姚・汪・黄）

——書鈔卷九八②

殤帝紀

延平元年

〇一三　莎車王殺于闐王。于闐大〔人〕都末出城，見野豕，欲搏之〔二〕，乃人語曰：「無殺我，我爲汝殺莎車將軍。」〔三〕都末異之，即與兄弟共殺莎車王〔四〕。（姚・汪・黄）

——類聚卷九四　〇　御覽卷九〇三

〔一〕據御覽卷九〇三補。

〔二〕御覽卷九〇三「搏」作「射」，與范書西域傳同。

〔三〕莎車將軍名君得。

〔四〕時莎車于于闐末立王，但置將軍以鎮撫之。前既作「莎車將軍」，此不當復作「莎車王」。類聚引誤。

〇一四　條支國臨西海，出師子、孔雀。（汪・黄）

——御覽卷九二四

順帝紀

永建元年

〇一五 虞詡爲司隸，劾奏中常侍張防。防訴之，論輸左校，二日之中，傳考四獄。詡子顗舉幡邀中常侍高梵〔一〕，叩頭流血。梵入言之，防坐徙邊。——書鈔卷一二〇

〔一〕「顗」，范書本傳作「顗」。

〇一六 宋登字叔陽。出爲潁川太守，市無豫價，路不拾遺。病免，卒於家。汝陰人配社祀之〔一〕。（姚·汪·黄）——類聚卷五〇 〇 御覽卷二六〇

〔一〕宋登初任汝陰令，有政聲，號稱「神父」。

陽嘉元年

〇一七　荀顗上書順帝曰：「自入正月，久陰不雨。雲者，雨之具也。」〔一〕（姚・汪・黄）

——書鈔卷一五〇

〔一〕東漢有荀顗，唯此一見，或「顗」字有誤。又據范書順帝紀，春旱之事僅見於陽嘉元年及三年，故繫此引入元年。

陽嘉二年

〇一八　左雄爲尚書令，限年四十，先試經，然後舉孝廉。〔故雄爲令，在位者各自肅〕〔一〕。時稱曰：「左伯豪爲尚書令，天下皆慎選。」〔伯豪，雄字也〕〔二〕。（姚・汪・黄）

——書鈔卷五九　〇　初學記卷一一　類聚卷四八　御覽卷二一〇

晏公類要卷一四

〔一〕據初學記卷一一補。

〔二〕據御覽卷二一〇補。疑此五字本編者小注，宋刻誤入正文。

永和五年

〇一九　龔字伯宗，有高名於天下。順帝時爲太尉。初，山陽太守薛勤喪妻不哭，將殯，臨之曰：

「幸不爲夭，復何恨哉？」」及龔妻卒，龔與諸子並杖行服。時人或兩譏焉。（姚・汪・黃）

——魏志王粲傳注　○　白帖卷一七　文選卷五六曹子建王仲宣誄注

永和六年

○二〇　周舉上書言得失，尚書郭度見之歎息〔一〕，上疏願退位避舉，常置其章於坐〔二〕。（汪・黃）

——御覽卷五九四

〔一〕范書本傳「度」作「虔」。汪輯逕改作「虔」。

〔二〕范書本傳作「欲帝置章御坐，以爲規誡」。

沖帝紀

永嘉元年

○二一　永昌太守鑄黃金之蛇，獻之梁冀。益州刺史种暠發其事。（汪・黃・鈴木）

——御覽卷八一〇　〇事類賦注卷九

質帝紀

本初元年

〇二二　梁冀第池中船，無故自覆，問掾朱穆，穆曰：「舟所以濟渡萬物，不施遊戲也。而今覆者，天戒將軍當濟渡萬民，不可長念游戲而已。」〔冀後被誅〕〔一〕。（姚・汪・黃・鈴木）

——書鈔卷一三七②　〇類聚卷七一　御覽卷七六九　又卷八八五

〔一〕據御覽卷八八五補。

〇二三　梁冀起臺殿，梁柱椽桷，鏤爲青龍白虎，畫以丹青雲氣。（汪・黃・鈴木）

——御覽卷一八八

〇二四　梁冀聚土築山，十里九坂〔一〕，以象二崤〔二〕，窮極工巧，積金玉明珠，〔採捕禽獸〕〔三〕，

充牣其中。（姚・汪・黄・鈴木）

——類聚卷七　○　水經注卷一六穀水注

〔一〕水經注卷一六穀水注作「山多峭坂」。

〔二〕二崤，山名，即東、西崤山，在弘農郡澠池縣南。

〔三〕據水經注卷一六穀水注補。

〇二五　梁冀多規苑囿，西至弘農，東至滎陽，南入魯陽，北到河淇，周（旗）〔旋〕（十）〔千〕里〔一〕。（汪・黄・鈴木）

——御覽卷一九六

〔一〕據范書、袁紀改。

〇二六　梁冀起兔苑於河南，移檄所（在）〔一〕，調發生兔，刻其毛以爲識。民有犯者，罪至死。西域賞有賈胡來，不知禁，誤殺一兔，轉相告坐死者十餘人〔二〕。（姚・汪・黄・鈴木）

——御覽卷九〇七　○　事類賦注卷二三　水經注卷一六穀水注

類聚卷九五　初學記卷二九

〔一〕據類聚卷九五、事類賦注卷二三補。

〔二〕水經注卷一六穀水注作「死者十三人」。

桓帝紀

建和元年

〇二七　朱穆黨事禁錮。徵拜尚書。正月，百官朝賀畢[一]，虎賁當陛置弓於地，謂羣僚曰：「此天子弓，誰敢干越？」百僚皆迴避，不敢當。穆乃呵之曰：「天子弓，當載之於肩首之上，乃敢置地，大不謹不敬。」即收虎賁，付詔獄治罪。莫不肅然，服其忠烈。（汪·黄·鈴木）

——御覽卷二一二

〔一〕「賀」原誤「駕」，據職官分紀卷八逕改。

〇二八　吴祐父恢，爲南海太守，欲以殺青寫書[一]。祐年十二，諫曰：「海濱土多珍玩，此書若成，則載之兼兩[二]。昔馬援以薏苡興謗[三]，〔王陽以書槖邀名〕[四]，疑惑之間，先賢所慎。」恢大喜。（姚·汪·黄）

——書鈔卷一〇四　〇　御覽卷六〇六　緯略卷九

〔一〕李賢曰：「殺青者，以火炙簡令汗，取其青易書，復不蠹，謂之殺青，亦謂汗簡。義見劉向别録也。」

〔二〕御覽卷六〇六引作「載必盈兩」。緯略卷九作「載書盈兩」。

〔三〕馬援自交趾還，以薏苡能輕身省慾，以勝瘴氣，故載之一車。及卒，有人上書譖之，以爲所載皆明珠文犀。馬武等奏之，光武帝益怒援。事見范書馬援傳。

〔四〕王陽即王吉，字子陽。世號清廉，然好車馬衣服，自奉極爲鮮明，而無金銀等物。及遷，所載不過囊衣。去位家居，亦布衣疏食。天下服其廉而怪其奢，故俗傳「王陽能作黃金」。事見漢書王吉傳。本句據御覽卷六〇六補。

延熹五年

〇二九　朱穆字公叔，好學專精，每一思至，中食失飡，行墜坑坎，亡失冠履。其父常言「穆大專，幾不知馬之幾足」。（姚・汪・黃・鈴木）

——御覽卷六一四　〇　書鈔卷九七

〇三〇　朱穆年二十〔一〕，爲郡督郵，迎新太守到界上，太守見穆問曰：「君年少而爲督郵，將因族世，抑自有令德？」穆曰：「郡中瞻仰明公，以爲仲尼，非顏淵不敢使迎。」太守大奇其才，問曰：「貞婦孝子〔二〕，隱闇未彰，言于府。」穆曰：「方今聖化大行，文武未墜于地。家有貞婦，户有孝悌，比屋連棟，不可勝記。」太守嘆曰：「僕非仲尼〔三〕，督郵所謂顏回者也。」（姚・汪・黃）

——書鈔卷七七

〔一〕「朱穆」原誤作「宋穆之」。姚之駰按：「此即朱穆事，已見謝書，但稍略耳。東漢以二字名者少，雖范書朱穆傳不載此事，然其爲公叔無疑。」姚説是。今依范書本傳注引謝承書逕正之。黄輯作宋穆之傳，非。

〔二〕「貞」原作「真」。孔廣陶按：「宋人傳鈔兼避仁宗諱。」今復其舊。

〔三〕「僕」原誤作「漢」，逕改。

〇三一　蔡邕嘗至朱穆家寫其書。及穆卒，邕及門人共謚穆曰忠文〔一〕。（姚·汪·黄）

——御覽卷五六二

〔一〕此引姚輯據范書作「朱穆卒，邕與門人述其體行，謚爲文忠先生」，下接璠論云云。黄輯不詳所出，逕引姚輯，且云「其或別有所據」，甚謬。

〇三二　張璠論曰：夫謚者，上之所贈，非下之所造。故顔、閔至德〔一〕，不聞有謚。朱、蔡〔二子〕〔二〕，各以衰世臧否不立，故私議之〔三〕。（姚·汪·黄·鈴木）

——范書朱穆傳注　〇　御覽卷五六二

〔一〕顔，顔回；閔，閔子騫。

〔二〕據御覽卷五六二補。朱指朱穆，蔡乃蔡梭也。

〔三〕東漢中期起，門閥世族開始形成。由于名節道德觀的確立，以及榮辱與共的政治利害關係，門生故吏對舉主座師，莫不竭誠相報，雖死不辭。其形式繁雜，私謚即其一。據文獻及漢碑所載，此風盛行於東漢，有案可查者計十六人：夏恭謚宣明君，夏牙謚文德先生，張霸謚憲文，朱頡謚貞宣先生，朱穆謚文忠先生，蔡棱謚貞定，楊厚謚文父，荀靖謚玄行先生，范冉謚貞節先生，陳寔謚文范先生，俱見范書本傳。王稚謚憲父，見華陽國志。李休謚玄文先生，見蔡中郎集。魯峻謚忠惠父，婁壽謚玄儒先生，見隸釋。陳諶謚獻文先生，見惠棟引世系。法真謚玄德先生，見蜀志法正傳注引三輔決録。以上諸人之謚，水經注、藝文類聚亦有所載。當時荀爽亦有所譏，而此風愈熾。

延熹七年

○三三　陳球爲零陵太守。球到郡，設方略，期月間賊虜消散〔一〕。而州兵朱（益）〔蓋〕等反〔二〕，與桂陽賊胡蘭數萬人轉攻零陵。零陵下濕，編木爲城，不可守備，郡中惶恐。掾吏白請遣家避難。球怒曰：「太守分國虎符〔三〕，受任一郡，豈顧妻孥而（坦）〔沮〕國威重乎〔四〕？復言者斬！」乃悉郡内吏民老弱，與共城守。〔弦大木爲弓，羽矛爲矢，引機發之，遠射千餘步，斬朱蓋等〕〔五〕。（姚・汪・黄）

——御覽卷二六〇　〇　書鈔卷一二五　類聚卷六〇　御覽卷三四七

〔一〕「賊」指桂陽李研起事所統之軍。

〔二〕據類聚卷六〇、御覽卷三四七改。

〔三〕李賢曰：「文帝初與郡守分銅虎符。」

〔四〕據汪輯改。

〔五〕據御覽卷三四七補。

延熹八年

〇三四　楊秉字叔節，爲太尉〔一〕，嘗曰：「我有三不惑，酒、色、財也。」故天下稱爲名公。（姚・汪・黃）

——書鈔卷五一　〇　御覽卷二〇七　書鈔卷三八

〔一〕天中記卷三〇「太尉」下作「奏中常侍侯覽、具瑗曰：『鄭詹來而國亂，四佞放而衆服。若斯之人，非恩所寵。』書奏，尚書召對秉掾問故事，秉使對曰：『漢世故事，三公之職，無所不統。』尚書不能詰。嘗從容言曰」，下接「我有」以下，與諸引異。疑有妄增，故録此以俟考。

延熹九年

〇三五　范滂字孟博，汝南伊陽人〔一〕，爲功曹，辟公府掾，升車攬轡，有澄清天下之志。百城聞滂高名，皆解印綬去。爲黨事見誅。（汪・黃）

——世説新語賞譽注　〇　史略卷三

〔一〕惠棟按：「汝南無伊陽，或細陽之誤也。」天游按：謝承書作「細陽人」，而范書本傳作「征羌人」，未知孰是。

〇三六　南陽太守弘農成瑨任功曹岑晊，時人爲之語曰：「南陽太守岑公孝，弘農成瑨但坐嘯。」（汪·黄）

——文選卷二六謝玄暉在郡臥病呈沈尚書詩注　〇　晏公類要卷二〇

〇三七　山陽督郵張儉，奏中常侍侯覽起第十六區，皆高樓四周，連閣洞門，文井蓮華，壁柱綵畫，魚池臺苑，擬諸宫闕。（汪·黄）

——類聚卷六一

〇三八　時人爲之語曰：「不畏彊禦陳仲舉，天下模楷李元禮。」（姚·汪·黄）

——世説新語品藻注　〇　史略卷三

靈帝紀

建寧元年

〇三九　景父榮〔一〕，章、和世爲尚書令。初景歷位牧守，好善愛士，每歲舉孝廉，延請入，上後堂，與家人宴會，如此者數四。及贈送既備，又選用其子弟，常稱曰：「移臣作子，於政何有？」先是，司徒韓縯爲河内太守，在公無私，所舉一辭而已，後亦不及其門户。曰：「我舉若可矣，不令恩偏稱一家也。」當時論者或兩譏焉。（姚・汪・黄）

——吳志周瑜傳注

〔一〕景，周景，廬江舒人。

〇四〇　王堂爲汝南太守，教掾吏曰：「其憲章朝右，委功曹陳蕃也。」〔一〕（汪・黄）

——文選卷二五盧子諒贈劉琨詩注

〔一〕職官分紀卷四一所引，「堂」誤「庶」，無「掾吏」二字。教文作「古人勞於求賢，佚于任使，故能化清於上，事輯於下。其憲章朝右，簡拔才識，委任功曹陳蕃；匡政里務，拾遺補闕，任主簿應副。庶循名責實，察言觀效焉」。疑其多據范書而補，且文多錯訛，故僅入注而俟攷。

建寧二年

〇四一　暢字叔茂〔一〕，名在「八俊」。靈帝時爲司空，以水災免，而李膺亦免歸故郡，二人以直道，不容當時。天下以暢、膺爲高士，諸危言危行之徒，皆推宗之，願涉其流，惟恐不及。會連有災異，而言事者皆言三公非其人，宜因其變，以暢、膺代之，則禎祥必至。由是宦豎深怨之，及膺誅死，

而暢遂廢，終于家。〔一〕（姚・汪・黄）

——魏志王粲傳注　○　文選卷五六曹子建王仲宣誄注

〔一〕暢，王暢也。

熹平元年

〇四二　桓帝竇皇后崩，中常侍曹節、王甫欲以貴人禮葬，太尉李（固）〔咸〕自扶輿起〔一〕，擣椒自隨，謂妻子曰：「若太后不得配桓帝，吾不生還矣。」（姚・汪・黄）

——類聚卷八九　○　御覽卷九五八

〔一〕李固死于桓帝初立之時，豈能及竇皇后之葬議！此乃李咸之誤，今據范書以正之。又袁紀曰李咸時任河南尹，至熹平三年始爲太尉。天游按：范書陳球傳與璠紀同，又胡廣傳注引謝承書亦作「建寧三年，自大鴻臚拜太尉」則作太尉是。又「扶」原誤作「抉」據御覽卷九五八逕改。

熹平六年

〇四三　蔡邕幽州刺史議云：「伏見幽州突騎，冀州强弩，爲天下精兵，國家瞻核。」〔一〕（姚・汪・

黄）

——書鈔卷一一七(2)　○　御覽卷三〇〇

〔一〕書鈔卷一一七另一引作「蔡邕上靈帝書曰」。按類聚卷六〇引蔡邕幽州刺史議，無「强」字，末有「四方有事，未嘗不取辨於二州也」句，可補播紀之不足。

光和元年

〇四四　虹晝見〔御座殿庭前，色青赤〕〔一〕。上引議郎蔡邕詣金商門，問〔之〕〔二〕，對曰：「虹蜺，小人女子之祥。」（姚·汪·黄）

——初學記卷二　○　御覽卷一四　開元占經卷九八

〔一〕原僅有「庭中」二字，今據御覽卷一四改補。

〔二〕據御覽卷一四補。

光和二年

〇四五　〔橋玄字公祖〕〔一〕，歷位中外，以剛斷稱，謙儉下士，不以王爵私親。光和中爲太尉，以

久病策罷，拜太中大夫，卒。家貧乏産業，柩無所殯。當世以此稱爲名臣。（姚・汪・黄）

——魏志武帝紀注　〇　書鈔卷五六

〔一〕據書鈔卷五六補。

中平二年

〇四六　賈琮爲冀州刺史〔一〕，將入界，高褰車襜曰：「刺史將入，當遠視廣聽，何爲而垂帷乎？」郡縣聞之，莫不震慄。（姚・汪・黄・鈴木）

——書鈔卷三六（2）

〔一〕姚、汪、黄三輯據陳本，「冀州」誤作「荆州」。按范書作「冀州」，與孔本同。

〇四七　張温以司空加拜車騎將軍，征韓遂。丙辰〔一〕，引温於崇德殿前，温以軍禮長揖不拜。（姚・汪・黄）

——書鈔卷六四

〔一〕此乃八月丙辰。

〇四八　范丹，中平二年卒，三府各遣令史奔弔，累行論謚，僉曰：「宜爲貞節先生。」會葬二千餘

人。（姚・汪・黃）——類聚卷四〇　〇　御覽卷五六二

〇四九　又有左校、郭大賢、左髭丈八三部〔一〕。（汪）——魏志張燕傳注

〔一〕時張牛角等嚮應黃巾起義，崛起于黑山。牛角死，推張燕爲帥，部伍除孫輕、王當外，尚有左校等三部，活躍於常山、趙、中山、上黨、河内諸郡國山谷間，靈帝不能討。

中平三年

〇五〇　靈帝鑄天祿、蝦蟆，吐水於平昌門外橋東約入宮〔一〕，又作翻車、渴烏施於橋西〔二〕，洒南北郊。（汪・黃）——御覽卷九四九

〔一〕「約」或係「轉」之譌，范書宦者傳即作「轉水入宮」。又范書作「平門」，當脫「昌」字。

〔二〕李賢曰：「翻車，設機車以引水。渴烏，爲曲筒，以氣引水也。」

中平五年

〇五一　蓋勳遷京兆尹，賞罰折衷，刑名不亂，姦慝弭息。

——書鈔卷七六

中平六年

〇五二　帝以八月庚午爲諸黄門所劫〔一〕，步出穀門，走至河上。諸黄門既投河死，帝時年十四，陳留王年九歲，兄弟獨夜步行欲還宮，闇暝，逐螢火而行數里，得民家以露車載送。辛未，公卿以下與卓共迎帝於北芒阪下。（姚・汪・黄）

——魏志董卓傳注

〔一〕帝者，廢帝弘農王也。

〇五三　董卓謂袁紹曰：「劉氏種不足復遺。」紹勃然曰：「天下健者，豈惟董公！」横刀長揖徑出，懸節於上東門，而奔冀州〔一〕。（汪・黄）

——書鈔卷一三〇　〇　御覽卷六八一

〔一〕書鈔引作「漢記」，然文與御覽同，則此「漢記」即張璠紀，故據以引之。

○五四　靈帝以帝似己，故名曰協。（姚・汪・黄）

——范書獻帝紀注

獻帝紀

初平元年

○五五　三月，獻帝初入未央宮〔日，大雨，晝晦〕〔一〕，翟雉飛入未央宮，獲之。（姚・汪・黄）

——續漢五行志注　○　范書獻帝紀注

〔一〕據范書獻帝紀注補。

○五六　淑博學有高行，與李固、李膺同志友善。拔李昭於小吏，友黄叔度於幼童。以賢良方正徵，對策譏切梁氏，出補朗陵侯相，卒官。〔淑有〕八子〔一〕：儉、緄、靖、燾、汪〔二〕、爽、肅、旉。淑舊居西豪里，縣令苑康曰昔高陽氏有才子八人〔三〕，署其里爲高陽里。〔時人號曰「八龍」〕〔四〕。（姚・汪・黄）

——魏志荀彧傳注　○　世説新語德行注　御覽卷一五七　又卷四七四

〔一〕據世説新語德行注補。

〔二〕「汪」本作「詵」。天游按：范書荀淑傳作「汪」。集解引錢大昕説：陶淵明四八目云「汪字孟慈」。又惠棟引荀氏譜曰：「汪，昆陽令，年六十。」盧弼三國志集解曰：「按荀淑八子，詵應從范書作汪。彧子亦名詵，若淑子名詵，彧子決不名詵，可證淑子名詵之誤。」又按世説新語德行注正作「汪」，故據以逕改。

〔三〕參見袁山松書李膺傳注。

〔四〕據世説新語德行注補。

〇五七　爽字慈明，幼好學，年十二，通春秋、論語，耽思經典，不應徵命。積十數年，董卓秉政，復徵爽。爽欲遁去，吏持之急。詔下郡，即拜平原相。行至苑陵，又追拜光禄勳。視事三日，策拜司空。爽起自布衣，九十五日而至三公。（姚・汪・黄）

——魏志荀彧傳注　〇　世説新語言語注

〇五八　荀爽爲三公，食不過一肉、脱粟飯，坐皮褥。（姚・汪・黄）

——書鈔卷三八　〇　類聚卷七〇　書鈔卷一三四　御覽卷四三一

〇五九　靖字叔慈，亦有至德，名幾亞爽，隱居終身。（汪・黄）

——魏志荀彧傳注

〇六〇　昱、曇並傑俊〔一〕，有殊才。昱與李膺、王暢、杜密等號爲「八俊」，位至沛相。攸父彝，州

從事。彝於彧爲從祖兄弟。（汪）

——魏志荀攸傳注

〔一〕昱、曇並荀淑兄子也。

○六一　太史靈臺及永安候銅蘭楯，卓亦取之〔一〕。（姚・汪・黄）

——范書董卓傳注

〔一〕時卓更鑄小錢，悉取洛陽及長安銅人、鍾簴、飛廉、銅馬之屬以充鑄。

初平二年

○六二　卓抵其手，謂皇甫嵩曰：「義真怖未乎？」嵩對曰：「明公以德輔朝廷，大慶方至，何怖之有？若淫刑以逞，將天下皆懼，豈獨嵩乎？」卓默然，遂與嵩和解。（姚・汪・黄）

——魏志董卓傳注

○六三　董卓呼三臺尚書以下自詣卓啓事，然後得行。（汪・黄）

——御覽卷五九五　○　事物紀原卷二

○六四　董卓於衆坐，生斬人手足，又鑿目截舌口，百姓嗷嗷，道路以目。（汪・黄）

——御覽卷三六七　○　又卷三七〇

○六五　劉表與同郡人張隱、薛郁、王訪、宣靖、公緒恭、劉祇、田林爲八交，或謂之「八顧」〔一〕。(汪・黄)

——魏志劉表傳注

〔一〕魏志劉表傳作「少知名，號八俊」。

○六六　堅，初平二年，死〔一〕。(黄)

——吴志孫策傳注

〔一〕通鑑與璠紀同。考異曰：范書「初平三年春，堅死」。吴志孫堅傳亦云初平三年。英雄記曰：「初平四年正月七日死。」袁紀「初平三年五月」。山陽公載記載策表曰：「臣年十七，喪失所怙。」裴松之按：策以建安五年卒，時年二十六，計堅之亡，策應十八，而此表云十七，則爲不符。張璠漢紀及胡沖吴曆並以堅初平二年死，此爲是而本傳誤也。

初平三年

○六七　初，蔡邕以言事見徙，名聞天下，義動志士。及還，内寵惡之。邕恐，乃亡命海濱，往來依泰山羊氏，積十年。卓爲太尉，辟爲掾，以高第爲侍御史、治書，三日中遂至尚書〔一〕。後遷巴東太守，卓上留拜侍中。至長安，爲左中郎將。卓重其才，厚遇之，每有朝廷事，常令邕具草。及允將殺

邕，時名士多爲之言，允悔欲止，而邕已死。（姚・汪・黄）

——魏志董卓傳注

〔一〕參見謝承書邕傳注。

○六八　蔡邕字伯喈，陳留圉人。六世祖勳與鮑宣、卓茂不仕新室。父棱亦有清白行，謚貞定。邕性篤孝。少博學，師事太傅胡廣，好辭章、數術、天文、妙操、音律。桓帝時，中常侍擅恣，聞邕善鼓琴，遂白天子，敕陳留督促發遣邕。邕不得已，行到偃師，稱疾而歸，閒居玩古，不交當世〔一〕。（姚・汪・黄）

——汪輯

〔一〕此條不詳所出。姚、黄兩輯均引至「謚貞定」止，亦無出處。疑皆出自范書。

○六九　布兵敗，駐馬青瑣門外，謂允曰：「公可以去。」允曰：「安國家，吾之上願也。若不獲，則奉身以死。朝廷幼主，恃我而已，臨難苟免，吾不爲也。努力謝關東諸公，以國家爲念。」傕、汜入長安城，屯南宫掖門，殺太僕魯馗、大鴻臚周奂、城門校尉崔烈、越騎校尉王頎。吏民死者，不可勝數。司徒王允挾天子上宣平城門避兵，傕等於城門下拜，伏地叩頭。帝謂傕等曰：「卿無作威福，而乃放兵縱横，欲何爲乎？」〔一〕傕等曰：「董卓忠于陛下，而無故爲吕布所殺。臣等爲卓報讎，弗敢爲逆也。請事竟，詣廷尉受罪。」允窮逼，出見傕。傕誅允及妻子宗族十餘人。長安城中，男女大小莫不流涕。

允字子師，太原祁人也。少有大節，郭泰見而奇之，曰：「王生一日千里，王佐之才也。」泰雖先達，遂與定交。三公並辟，歷豫州刺史，辟荀爽、孔融爲從事。遷河南尹、尚書令。及爲司徒，其所以扶持王室，甚得大臣之節，自天子以下，皆倚賴焉。卓亦推信之，委以朝廷。（姚・汪・黄）

——魏志董卓傳注

〔一〕袁宏紀、袁山松書「帝謂」皆作「允謂」。又尚書洪範曰：「臣無有作福作威玉食。臣之有作福作威玉食，其害于而家，凶于而國。」獻帝責傕等之言本於此。

〇七〇　太常种拂與李（儒）〔傕〕戰而死〔一〕，子劭徵爲少府、大鴻臚，皆不受，曰：「我父盡忠於朝，而爲時所妬。父以身殉國，爲賊臣所害。爲臣子，不能除賊，何面目復覲明主。」三輔聞之，爲之感動。（汪・黄）

——御覽卷二二三六

〔一〕據汪輯改。

〇七一　顒字伯求〔一〕。少與郭泰、賈彪等遊學洛陽，泰等與同風好。顒顯名太學，於是中朝名臣太傅陳蕃、司隸李膺等皆深接之。及黨事起，顒亦名在其中，乃變名姓，亡匿汝南間，所至皆交結其豪傑。顒既奇太祖，而知荀彧，袁紹慕之，與爲奔走之友。是時天下士大夫多遇黨難，顒常歲再三私入洛陽，從紹計議，爲諸窮窘之士，解釋患禍。而袁術亦豪俠，與紹爭名。顒未常造術，術深恨之。

〔一〕顒，何顒也。

○七二　泰字公業。少有才略，多謀計，知天下將亂，陰交結豪傑。家富於財，有田四百頃，而食常不足，名聞山東。舉孝廉，三府辟，公車徵，皆不就。何進輔政，徵用名士，以泰爲尚書侍郎，加奉車都尉。進將誅黃門，欲召董卓爲助。泰謂進曰：「董卓彊忍寡義，志欲無饜，若借之朝政，授之大事，將肆其心，以危朝廷。以明公之威德，據阿衡之重任，秉意獨斷，誅除有罪，誠不待卓以爲資援也。且事留變生，其鑒不遠。」又爲陳時之要務，進不能用，乃棄官去。謂潁川人荀攸曰：「何公未易輔也。」進尋見害，卓果專權廢帝。關東義兵起，卓會議大發兵，羣僚咸憚卓，莫敢忤旨。泰恐其彊，益將難制，乃曰：「夫治在德，不在兵也。」卓不悅曰：「如此，兵無益邪？」衆人莫不變容，爲泰震慄。泰乃詭辭對曰：「非以無益，以山東不足加兵也。今山東議欲起兵，州郡相連，人衆相動，非不能也。然中國自光武以來，無鷄鳴狗吠之警，百姓忘戰日久。仲尼有言，『不教民戰，是謂棄之』〔一〕。雖衆不能爲害，一也。明公出自西州，少爲國將，閑習軍事，數踐戰場，名稱當世。以此威民，民懷慴服，二也。袁本初公卿子弟，生處京師，體長婦人。張孟卓東平長者，坐不窺堂。孔公緒能清談高論，噓枯吹生，無軍帥之才。負霜露之勤，臨鋒履刃，決敵雌雄，皆非明公敵，三也。察山東之士，力能跨馬控弦，勇等孟賁，捷齊慶忌〔二〕，信有聊城之守〔三〕，策有良平之謀〔四〕，可任以偏師，責以成功，未聞有其人者，四也。就有其人，王爵不相加，婦姑位不定，各恃衆怙力，將人人棊跱，以觀成敗，不肯同心共膽，率徒旅進，五也。關西諸郡，北接上黨、太原、馮翊、扶風、安定，自頃以來，數與胡戰，婦女載戟挾矛，弦弓負矢，況其悍夫。以此當山東忘戰之民，譬驅羣羊向虎狼，其勝可必，六也。且天下之權勇，今見在者，不過并、涼、匈奴屠各、湟中義從〔五〕、八種西羌〔六〕，皆百姓素所畏服，而明公（權）〔擁〕以爲爪牙〔七〕，壯夫震慄，況小醜乎？七也。又明公之將帥，皆中表腹心，周旋日久。自三原、硤口以來〔八〕，恩信醇著，忠誠可遠任，智謀可特使，以此當山東解后之虚誕，實不相若，八也。夫戰有三亡，以亂攻治者亡，以邪攻正者亡，以逆攻順者亡。今明公秉國政平，討夷凶宦，忠義克立，以三德待於三亡，奉辭伐罪，誰人敢禦？九也。東州有鄭康成，學該古今，儒生之所以集；北海邴根矩，清高直亮，羣士之楷式。彼諸將若詢其計畫，案典校之彊弱，燕、趙、齊、梁非不盛，終見滅於秦。吴楚七國非不衆，而不敢踰滎陽。況今德政之赫赫，股肱之邦良，欲造亂以徼不義者，必不相然，讚成其凶謀，十也。若十事少有可采，無事徵兵，以驚天下，使患役之民，相聚爲非，棄德恃衆，以輕威重。」卓乃悦，以泰爲將軍，統諸軍擊關東。或謂卓曰：「鄭泰智略過人，而結謀山東，今資之士馬，使就其黨，竊爲明公懼之。」卓收其兵馬，留拜議郎。後又與王允謀共誅卓。泰脱身自武關走，東歸後將軍袁術，以爲揚州刺史，未至官，道卒，時年四十一。（姚·汪·黄）

——魏志鄭渾傳注　○　又武帝紀注　書鈔卷九八(2)　御覽卷八二一

〔一〕語出論語子路篇。

〔二〕孟賁，相傳是春秋時期衛國的勇士。慶忌，吴王僚之子，亦以勇捷聞。史記司馬相如傳曰「捷言慶忌，勇期賁、育」，可知此乃漢人之習俗語也。

〔三〕史記魯仲連傳載，燕將某奪齊之聊城，人或讒之燕，田單來攻，相持歲餘。燕將欲歸恐見誅，降齊恐見辱，遂自殺以明其志。

〔四〕良者，張良；平者，陳平也。

〔五〕湟中義從，即湟中月氏胡。霍去病破匈奴，開湟中，月氏來降，令居湟中，又數百户在張掖，號「義從胡」。

〔六〕指燒當八種羌，范書作「西羌八種」。

〔七〕據盧弼說改。范書即作「擁」。

〔八〕此事指中平二年，卓以破虜將軍屯美陽，以衛園陵，大破邊章、韓遂。追入羌中，諸軍受圍，卓亦於硤石，即望垣北爲羌胡所困。卓設計渡水出，遂全師而還。故泰言此，以媚惑卓。

○七三　太尉皇甫嵩以流星免〔一〕。

——書鈔卷五一

〔一〕范書皇甫嵩傳注引續漢書作「以日有重珥免」。

興平二年

〇七四　朱儁少孤，母以販繒綵爲事。同郡周起負官債百萬，縣催責之，儁竊母帛爲起解債。（汪・黃）

——御覽卷八一四

〇七五　朱儁爲郡吏，太守尹端有罪應死，儁爲買珍寶賂主章吏，端得免死。（汪・黃）

——御覽卷八〇二

建安元年

〇七六　初，（天子）〔王師〕敗於曹陽〔一〕，欲浮河東下。侍中太史令王立曰：「自去春太白犯鎮星於斗牛，過天津，熒惑又逆行守北河，不可犯也。」由是天子遂不北渡河，將自軹關東出。立又謂宗正劉艾曰：「前太白守天關，與熒惑會。金火交會，革命之象也，漢祚終矣。晉、魏必有興者。」立後數言于帝曰：「天命有去就，五行不常盛，代火者土也，承漢者魏也，能安天下者曹姓也，唯委仁曹氏而已。」〔曹〕公聞之〔二〕，使人語立曰：「知公忠于朝廷，然天道深遠，幸勿多言。」（姚・汪・黃）

——魏志武帝紀注　〇　開元占經卷二一　御覽卷二三五　書鈔卷五五

〔一〕據開元占經卷二一、御覽卷二三五改。

〔二〕據書鈔卷五五補。

建安五年

○七七　殺紹卒凡八萬人〔一〕。（汪・黄）

——魏志袁紹傳注

〔一〕時曹操於官渡大敗袁紹軍。

建安十年

○七八　悦清虚沈静，善於著述。建安初，爲秘書監侍中，被詔删漢書作漢紀三十篇，因事以明臧否，致有典要，其書大行于世。（姚・汪・黄）

——魏志荀彧傳注

建安十三年

○七九　〔孔融字文舉〕〔一〕。在郡八年，僅以身免。帝初都許，融以爲宜略依舊制，定王畿，正司隸所部，爲千里之封乃引公卿上書言其義。是時天下草創，曹、袁之權未分，融所建明，不識時務。又天性氣爽，頗推平生之意，狎侮太祖。太祖制酒禁，而融書嘲之曰：「天有酒旗之星，地列酒泉之郡，人有旨酒之德。故堯不飲千鍾，無以成其聖〔一〕。且桀紂以色亡國，今令不禁婚姻也。」太祖外雖寬容，而內不能平。御史大夫郗慮知旨，以法免融官。歲餘，拜太中大夫，雖居家失勢，而賓客日滿其門，愛才樂酒，〔常若不足〕〔二〕。常歎曰：「坐上客常滿，樽中酒不空，吾無憂矣。」虎賁士有貌似蔡邕者，融每酒酣，輒引與同坐，曰：「雖無老成人，尚有典刑。」其好士如此。（姚・汪・黄）

——魏志崔琰傳注　○　書鈔卷五六　類聚卷二六　御覽卷四〇五

〔一〕據書鈔卷五六補。

〔二〕孔叢子曰：「平原君强子高酒曰：有諺云堯舜千鍾，孔子飲百觚，子路嗑嗑，尚飲百榼。古之賢聖，無不能飲，子何辭焉？」則民間有此笑謔之語，而融借以嘲曹操耳。

〔三〕據類聚卷二六補。

建安十六年

〇八〇　論曰：劉璋愚弱，而守善言，斯亦宋襄公、徐偃王之徒，未爲無道之主也。張松、法正雖君臣之義不正，然固以委名附質，進不顯陳事勢。若韓嵩、劉先之説劉表，退不告絶奔亡；若陳平、韓

信之去項羽，而兩端攜貳，爲謀不忠，罪之次也。（姚・汪・黄）

——蜀志劉璋傳注

建安十九年

〇八一　曹操入其二女於宮，〔爲〕貴人〔一〕，誣伏氏爲亂，使御史大夫郗慮（伏）〔仗〕節收后〔二〕。后被髮徒跣走而執上手曰：「不能復相活邪！」上大驚號哭曰：「我亦不知命在何時！」顧謂慮曰：「郗公，天下暴虐，豈有此乎？」左右莫不流涕。遂殺后也。（汪・黄）

——御覽卷一三七

〔一〕據汪輯補。

〔二〕據汪輯改。

散條

〇八二　周璆字子瑩，臨濟人，有美名〔一〕。（汪）

——汪輯

〔一〕范書陳蕃傳作「字孟玉」，餘同。汪輯未注出處，恐非璠紀之文，附於篇末以俟攷。

〇八三　譙周所陳降魏之策，蓋素料劉禪懦弱，心無害戾，故得行也。如遇忿肆之人，雖無他算，然矜殉鄙恥，或發怒妄誅，以立一時之威，快其斯須之意者，此亦夷滅之禍。〔一〕（黄）

——蜀志杜周杜許孟來尹李譙郤傳注

〔一〕天游按：璠紀不當載蜀末之事，且蜀志傳注未明言出自後漢紀，或出自張璠所撰他文，亦未可知。今亦附入篇末以俟攷。

無名氏後漢書

〇〇一　吴漢爲大將軍，爲人質厚少文，無造次之能，不能以言自達，諸將多薦舉者。召見其後，勤不離公門，上親信之。先進故將皆怨曰：「吴將軍晝夜不離左右，殊不可爲也。」〔一〕

——書鈔卷五一

〔一〕此引與范書吴漢傳有異，孔廣陶疑其「出八家後漢書而今已佚者」。今從之。

〇〇二　韓稜字伯歸〔一〕，後漢潁川舞陽人也。爲下邳令，甚有仁敏，政不偏頗。鄰縣皆雹，傷苗稼，獨不入下邳縣界。〔二〕

——琱玉集

〔一〕范書韓棱傳作「字伯師」。又「稜」乃「棱」之俗字。

〔二〕李慈銘以爲出自謝承諸書，説見越縵堂讀書記。

〇〇三　應奉字世叔，後漢汝南南頓人也。讀書五行俱下。奉至汝潁，見袁賀於門中出其半面。

後廿餘年，在路見賀而識之〔一〕。又奉仕郡爲決曹吏，録囚數百人，奉口誦名字，罪之輕重，無有遺脱，太守奇之。舉孝廉，遷會稽太守也〔二〕。

——琱玉集

〔一〕范書應奉傳注引謝承書作「嘗詣彭城相袁賀，賀時出行閉門，造車匠於内開扇半面視奉，奉即委去。後數十年於路見車匠，識而呼之」。與此引大異。按賀乃彭城相，豈能從門中出半面以視來客！琱玉集多誤鈔，此爲一例。

〔二〕奉遷會稽太守，唯此一見。或系别一佚書，故録此。

○○四　周䜌，後漢人也。拙爲容皀，不可觀採。梟頸折頞，鳥嘴欠頤。但清高，敦心方外，不以官位存懷，唯慕煙霞任誕〔一〕。

——琱玉集

〔一〕范書「周䜌」作「周燮」，是。又此引文辭怪譎多詭，與范書異。

○○五　荀緄遷沛相，所在清嚴，舉賢治惡，以爲豫州六郡之表也〔一〕。

——書鈔卷七六

〔一〕謝承書荀緄傳無此條，而與范書畏懼宦者之荀緄，美惡迥異，故入此以俟攷。

○○六　孔融字文舉，孔子〔二十〕世孫也〔一〕。李膺爲河南尹，恃才倨傲，誡守門者，非吾通家子孫不得輙通。融年十二〔二〕，入洛，欲以觀其人，乃謂守門者曰：「吾與李君通家子孫耳。」守門者告膺，膺呼召問曰：「卿與吾有何故？」融曰：「臣先君孔子與公老君同德比義，則臣與公累代通家也。」膺大悦，引坐謂曰：「卿欲食乎？」融曰：「須食。」膺曰：「教卿爲客之禮，主人問食，但讓不須。」融曰：「不然。教君爲主之禮，但置（於）〔飲〕食〔三〕，不須問客。」膺慚，乃嘆曰：「吾將老死，不見卿富貴也。」融曰：「公殊未死。」膺曰：「如何？」融曰：「『鳥之將死，其鳴也哀。人之將死，其言也善。』〔四〕向來公言未有善也，故知未死。」膺甚奇之。後與膺談論百家經史，應答如流，膺不能下之〔五〕。（汪）

——御覽卷四六三

〔一〕原字漫脱，據范書孔融傳補。

〔二〕范書孔融傳作「年十歲」。

〔三〕據惠棟後漢書補注改。

〔四〕語見論語泰伯篇。

〔五〕此條原注出范書，然與本傳多異。汪輯僅引「膺大悦」至「富貴也」，及「後與膺」至「不能下之」數句，且誤注出御覽卷五。今按汪文臺實不詳所出，其引皆本惠氏補注，故多有脱文。此條當出諸家佚書。

〇〇七　秦彭字伯平，爲山陽太守。民江伯欲嫁寡姊，姊乃引鐮自割，伯因前救姊，觸鐮傷姊，遂

亡。縣正論法，彭曰「救無惡志」，乃輕罪之〔一〕。（汪）

——御覽卷五一七

〔一〕此事范書失載，當出佚書。而汪文臺又誤注出處爲御覽卷五。

〇〇八　親故有窮老者，每見之，拜起甚恭，或脱袴以與之者，或單衣裳而坐，其天仁如此〔一〕。

——書鈔卷一二九

〔一〕注出劉昆列傳。范書及東觀記均無此條，或係佚書之文。

〇〇九　嚴光字子陵，與光武爲友。後光武登阼，忘之。光怨帝。是時太史云：「天上有客星恨帝。」帝曰：「豈非朕故人嚴子陵乎？」遽命徵之。夜與子陵共臥，光以脚加帝腹。太史奏：「客星侵御座。」子陵縮脚，客星尋退。竟不仕。（汪）

——御覽卷五

〇一〇　趙峻，後漢人也〔一〕。志性聰敏，又能屬文，所制才藻，落紙如飛，下筆即成，都不尋覆也。

——瑚玉集

〔一〕越縵堂讀書記曰：「范書不見姓名，蓋出謝承諸書。」天游按：范書順沖質帝紀言，峻順帝時爲太尉，沖帝時爲太傅。又郭躬傳曰：「初，肅宗時，司隸校尉下邳趙興亦不恤諱忌，官至潁川太守。子峻，太傅，以才器稱。」則非不見姓名於范書也。然此引當出諸已佚後漢書。

○一一　張重字仲篤，明帝時舉孝廉，帝曰：「何郡小吏？」答曰：「臣日南吏。」帝曰：「日南郡人，應向北看日。」答曰：「臣聞雁門不見壘雁爲門，金城郡不見積金爲郡。臣雖居日南，未嘗向北看日。」〔一〕（汪）

——御覽卷四

〔一〕此引不見於范書，然東觀記載之，其文曰：「張重，日南計吏，形容短小。明帝問云：『何郡小吏？』對曰：『臣日南計吏，非小吏也。』」東觀記乃諸家後漢書之源，此引或即東觀記之文，或係已佚後漢書據東觀記改寫之文。

○一二　孫敬字文質，好學，閉户讀書，不堪其睡，乃以繩懸之屋梁，人曰「閉户先生」〔一〕。（汪）

——類聚卷五五

〔一〕原出處標後漢書，汪輯入謝承書，非。孫敬事蹟范書失載，當入佚書以俟考。

○一三　梁輔，後漢人也。當爲郡吏。時夏大旱，輔欲告天乞雨，身坐庭前，在傍多積薪柴，乃誓曰：「至日中不雨，即自燒身。」未及日中，天忽大雨也〔一〕。

——琱玉集

〔一〕李慈銘以爲當出謝承諸書，今録此以俟攷。

〇一四　陳□字文鍾，爲巫令，有政能。桑櫓生三萬餘株，民已温飽。——稽瑞

附録

一、八家後漢書著者傳略

吳志妃嬪傳吳主權謝夫人傳附謝承傳略

吳主權謝夫人，會稽山陰人也。父煚，漢尚書郎、徐令〔一〕。弟承拜五官郎中，稍遷長沙東部都尉、武陵太守，撰後漢書百餘卷〔二〕。

〔一〕裴注：煚子承撰後漢書，稱煚幼以仁孝爲行，明達有令才。煚弟貞，履蹈法度，篤學尚義，舉孝廉，建昌長，卒官。

〔二〕裴注：會稽典録曰：承字偉平，博學洽聞，嘗所知見，終身不忘。子崇揚威將軍，崇弟勖吳郡太守，并知名。

吴志薛綜傳附子薛瑩傳

薛綜字敬文，沛郡竹邑人也。……子珝，官至威南將軍。……珝弟瑩，字道言，初爲祕府中書郎，孫休即位，爲散騎中常侍。數年，以病去官。孫晧初，爲左執法，遷選曹尚書，及立太子，又領少傅。建衡三年，晧追歎瑩父綜遺文，且命瑩繼作。瑩獻詩曰：「惟臣之先，昔仕于漢，奕世緜緜，頗涉臺觀。暨臣父綜，遭時之難，卯金失御，邦家毁亂。適兹樂土，庶存孑遺，天啓其心，東南是歸。厥初流隸，困于蠻垂。大皇開基，恩德遠施。特蒙招命，拯擢泥汙，釋放巾褐，受職剖符。作守合浦，在海之隅，遷入京輦，遂升機樞。枯瘁更榮，絶統復紀，自微而顯，非願之始。亦惟寵遇，心存足止。重值文皇，建號東宫，乃作少傅，光華益隆。明明聖嗣，至德謙崇，禮遇兼加，惟渥惟豐。哀哀先臣，念竭其忠，洪恩未報，委世以終。嗟臣蔑賤，惟昆及弟，幸生幸育，託綜遺體。過庭既訓，頑蔽難啓。堂構弗克，志存耦耕。豈悟聖朝，仁澤流盈。追録先臣，愍其無成，是濟是拔，被以殊榮。珝忝千里，受命南征，旌旗備物，金革揚聲。及臣斯陋，實闇實微，既顯前軌，人物之機；復傅東宫，繼世荷輝，才不逮先，是忝是違。乾德博好，文雅是貴，追悼亡臣，冀存遺類。如何愚胤，曾無髣髴。瞻彼舊寵，顧此頑虚，孰能忍媿，臣實與居。夙夜反側，克心自論，父子兄弟，累世蒙恩，死惟結草，生誓殺身，雖則灰隕，無報萬分。」

是歲，何定建議鑿聖谿以通江淮，皓令瑩督萬人往，遂以多盤石難施功，罷還，出爲武昌左部督。後定被誅，皓追聖谿事，下瑩獄，徙廣州。右國史華覈上疏曰：「臣聞五帝三王皆立史官，敘録功美，垂之無窮。漢時司馬遷、班固，咸命世大才，所撰精妙，與六經俱傳。大吳受命，建國南土。大皇帝末年，命太史令丁孚、郎中項峻始撰吳書。孚、峻俱非史才，其所撰作，不足紀録。至少帝時，更差韋曜、周昭、薛瑩、梁廣及臣五人，訪求往事，所共撰立，備有本末。昭、廣先亡，曜負恩蹈罪，瑩出爲將，復以過徙，其書遂委滯，迄今未撰奏。臣愚淺才劣，適可爲瑩等記注而已，若使撰合，必襲孚、峻之跡，懼墜大皇帝之元功，損當世之盛美。瑩涉學既博，文章尤妙，同寮之中，瑩爲冠首。今者見吏，雖多經學，記述之才，如瑩者少，是以慺慺爲國惜之。實欲使卒垂成之功，編於前史之末。奏上之後，退填溝壑，無所復恨。」皓遂召瑩還，爲左國史。頃之，選曹尚書同郡繆禕以執意不移，爲羣小所疾，左遷衡陽太守。既拜，又追以職事見詰責，拜表陳謝。因過詣瑩，復爲人所白，云禕不懼罪，多將賓客會聚瑩許。乃收禕下獄，徙桂陽，瑩還廣州。未至，召瑩還，復職。是時法政多謬，舉措煩苛，瑩每上便宜，陳緩刑簡役，以濟育百姓，事或施行。遷光禄勳。天紀四年，晉軍征皓，皓奉書於司馬伷、王渾、王濬請降，其文，瑩所造也。瑩既至洛陽，特先見敘，爲散騎常侍，答問處當，皆有條理〔一〕。太康三年卒。著書八篇，名曰新議〔二〕。

〔一〕裴注：干寶晉紀曰：武帝從容問瑩曰：「孫晧之所以亡者何也？」瑩對曰：「歸命侯臣晧之君吴也，昵近小人，刑罰妄加，大臣大將，無所親信，人人憂恐，各不自保，危亡之釁，實由於此。」帝遂問吴士存亡者之賢愚，瑩各以狀對。

〔二〕裴注：王隱晉書曰：「瑩子兼，字令長，清素有器宇，資望故如上國，不似吴人。歷位二宮丞相長史。元帝踐阼，累遷丹楊尹，尚書，又爲太子少傅。自綜至兼，三世傳東宫。」

晉書司馬彪傳

司馬彪字紹統，高陽王睦之長子也。出後宣帝弟敏。少篤學不倦，然好色薄行，爲睦所責，故不得爲嗣，雖名出繼，實廢之也。彪由此不交人事，而專精學習，故得博覽羣籍，終其綴集之務。初拜騎都尉。泰始中，爲祕書郎，轉丞。注莊子，作九州春秋。以爲「先王立史官以書時事，載善惡以爲沮勸，撮教世之要也。是以春秋不修，則仲尼理之；關雎既亂，則師摯修之。前哲豈好煩哉？蓋不得已故也。漢氏中興，訖于建安，忠臣義士亦以昭著，而時無良史，記述煩雜，譙周雖已删除，然猶未盡，安順以下，亡缺者多。」彪乃討論衆書，綴其所聞，起于世祖，終于孝獻，編年二百，録世十二，通綜上下，旁貫庶事，爲紀、志、傳凡八十篇，號曰續漢書。泰始初，武帝親祠南郊，彪上疏定議，語在郊祀志。後拜散騎侍郎。惠帝末年卒，時年六十餘。

初，譙周以司馬遷史記書周秦以上，或採俗語百家之言，不專據正經，周於是作古史考二十五篇，皆憑舊典，以糾遷之謬誤。彪復以周爲未盡善也，條古史考中凡百二十二事爲不當，多據汲冢紀年之義，亦行於世。

晉書華嶠傳附子嶠傳

華表字偉容，平原高唐人也。……有六子：廙、岑、嶠、鑒、澹、簡。

嶠字叔駿，才學深博，少有令聞。文帝爲大將軍，辟爲掾屬，補尚書郎，轉車騎從事中郎。泰始初，賜爵關内侯。遷太子中庶子，出爲安平太守。辭親老不行，更拜散騎常侍，典中書著作，領國子博士，遷侍中。

太康末，武帝頗親宴樂，又多疾病。屬小瘳，嶠與侍臣表賀，因微諫曰：「伏惟聖體漸就平和，上下同慶，不覺抃舞。臣等愚戇，竊有微懷，以爲收功於所忽，事乃無悔；慮福於垂成，祚乃日新。唯願陛下深垂聖明，遠思所忽之悔，以成日新之福。沖静和氣，嗇養精神，頤身於清簡之宇，留心於虛曠之域。無厭世俗常戒，以忽羣下之言，則豐慶日延，天下幸甚！」帝手詔報曰：「輒自消息，無所爲慮。」元康初，封宣昌亭侯。誅楊駿，改封樂鄉侯，遷尚書。

後以嶠博聞多識，屬書典實，有良史之志，轉祕書監，加散騎常侍，班同中書。寺爲内臺，中書、散騎、著作及治禮音律，天文數術，南省文章，門下撰集，皆典統之。初，嶠以漢紀煩穢，慨然有改作之意。會爲臺郎，典官制事，由是得徧觀祕籍，遂就其緒。起于光武，終于孝獻，一百九十五年，爲帝紀十二卷、皇后紀二卷、十典十卷、傳七十卷及三譜、序傳、目録，凡九十七卷。嶠以皇后配天作合，前史作外戚傳以繼末編，非其義也，故易爲皇后紀，以次帝紀。又改志爲典，以有堯典故也。而改名漢後書奏之，詔朝臣會議。時中書監荀勖、令和嶠、太常張華、侍中王濟咸以嶠文質事核，有遷固之規，實録之風，藏之祕府。後太尉汝南王亮、司空衛瓘爲東宫傅，列上通講，事遂施行。嶠所著論議難駁詩賦之屬數十萬言，其所奏官制、太子宜還宫及安邊、雩祭、明堂辟雍、浚導河渠、巡禹之舊跡置都水官，修蠶宫之禮置長秋，事多施行。元康三年卒，追贈少府，謚曰簡。

嶠性嗜酒，率常沈醉。所撰書十典未成而終，祕書監何劭奏嶠中子徹爲佐著作郎，使踵成之，未竟而卒。後監繆徵又奏嶠少子暢爲佐著作郎，克成十典，并草魏晉紀傳，與著作郎張載等俱在史官。永嘉喪亂，經籍遺没，嶠書存者三十餘卷。

嶠有三子：頣、徹、暢。頣嗣，官至長樂内史。暢有才思，所著文章數萬言。遭寇亂，避難荆州，爲賊所害，時年四十。

晉書謝沈傳

謝沈字行思，會稽山陰人也。曾祖斐，吴豫章太守。父秀，吴翼正都尉。沈少孤，事母至孝，博學多識，明練經史。郡命爲主簿、功曹，察孝廉，太尉郗鑒辟，並不就。會稽内史何充引爲參軍，以母老去職。平西將軍庾亮命爲功曹，征北將軍蔡謨版爲參軍，皆不就。閑居養母，不交人事，耕耘之暇，研精墳籍。康帝即位，朝議疑七廟迭毁，乃以太學博士徵，以質疑滯。以母憂去職。服闋，除尚書度支郎。

何充、庾冰並稱沈有史才，遷著作郎，撰晉書三十餘卷。會卒，時年五十二。沈先著後漢書百卷及毛詩、漢書外傳，所著述及詩賦文論皆行於世。其才學在虞預之右云。

張瑩傳（闕）

晉書袁山松傳

袁瓌字山甫，陳郡陽夏人，魏郎中令涣之曾孫也。……以功封長合鄉侯。……卒……子喬嗣。……喬博學有文才，注論語及詩，并諸文筆皆行於世。子方平嗣。……卒，子山松嗣。

山松少有才名，博學有文章，著後漢書百篇。衿情秀遠，善音樂。舊歌有行路難曲，辭頗疏質，山松好之，乃文其辭句，婉其節制，每因酣醉縱歌之，聽者莫不流涕。初，羊曇善唱樂，桓伊能挽歌，及山松行路難繼之，時人謂之「三絶」。時張湛好於齋前種松柏，而山松每出游，好令左右作挽歌，人謂「湛屋下陳尸，山松道上行殯」。

山松歷顯位，爲吴郡太守。孫恩作亂，山松守滬瀆，城陷被害。

魏志三少帝紀裴松之注載張璠事略

案張璠、虞溥、郭頒皆晉之令史，璠、頒出爲官長，溥，鄱陽内史。璠撰後漢紀，雖似未成，辭藻可觀。溥著江表傳，亦粗有條貫。惟頒撰魏晉世語，蹇乏全無宫商，最爲鄙劣，以時有異事，故頗行於世。干寶、孫盛等多采其言以爲晉書，其中虚錯如此者，往往而有之。

二、著　録

隋書經籍志：

後漢書一百三十卷無帝紀，吴武陵太守謝承撰。

後漢記六十五卷本一百卷，梁有，今殘缺。晉散騎常侍薛瑩撰。

續漢書八十三卷晉祕書監司馬彪撰。

後漢書十七卷本九十七卷，今殘缺。晉少府卿華嶠撰。

後漢書八十五卷本一百二十二卷，晉祠部郎謝沈撰。

後漢南記四十五卷本五十五卷，今殘缺。晉江州從事張瑩撰。

後漢書九十五卷本一百卷，晉祕書監袁山松撰。

後漢紀三十卷張璠撰。

舊唐書經籍志：

後漢書一百三十三卷謝承撰。
後漢記一百卷薛瑩作。
後漢書八十三卷司馬彪撰。
後漢書三十一卷華嶠作。
又一百二卷謝沈撰。
漢南紀五十八卷張瑩撰。
後漢書一百二卷袁山松作。
後漢紀三十卷張璠撰。

新唐書藝文志：

謝承後漢書一百三十卷
又録一卷
薛瑩後漢記一百卷

司馬彪續漢書八十三卷
又録一卷
華嶠後漢書三十一卷
謝沈後漢書一百二卷
袁山松後漢書一百一卷
又録一卷
張瑩漢南紀五十八卷
張璠後漢紀三十卷

三、評 論

袁宏後漢紀自序（節録）

予嘗讀後漢書，煩穢雜亂，睡而不能竟也。聊以暇日，撰集爲後漢紀。其所綴會漢紀、謝承書、司馬彪書、華嶠書、謝沈書、漢山陽山記、漢靈獻起居注、漢名臣奏，旁及諸郡耆舊先賢傳，凡數百卷。前史闕略，多不次敍，錯謬同異，誰使正之？經營八年，疲而不能定。頗有傳者，始見張璠所撰書，其言漢末之事差詳，故復探而益之。

文心雕龍史傳篇（節録）

至于後漢紀傳，發源東觀。袁張所製，偏駁不倫，薛謝之作，疏謬少信；若司馬彪之詳實，華嶠之準當，則其冠也。

史通（節録）

六家篇：至孝獻帝，始命荀悦撮其書爲編年體，依左傳著漢紀三十篇。自是每代國史，皆有斯作，起自後漢，至於高齊。如張璠、孫盛、干寶、徐賈、裴子野、吴均、何之元、王劭等，其所著書，或謂之春秋，或謂之紀，或謂之略，或謂之典，或謂之志。雖名各異，大抵皆依左傳以爲的準焉。

二體篇：蓋荀悦、張璠，丘明之黨也；班固、華嶠，子長之流也。惟此二家，各相矜尚。

書志篇：原夫司馬遷曰書，班固曰志，蔡邕曰意，華嶠曰典，張勃曰録，何法盛曰説。名目雖異，體統不殊。亦猶楚謂之檮杌，晉謂之乘，魯謂之春秋，其義一也。

又曰：若乃五行、藝文，班補子長之闕；百官、輿服，謝拾孟堅之遺。王隱後來，加以瑞異；魏收晚進，弘以釋老。斯則自我作故，出乎胸憶，求諸歷代，不過一二者焉。

又曰：竊以國史所書，宜述當時之事。必爲志而論天象也，但載其時彗孛氛祲，薄食晦明，裨竈、梓慎之所占，京房、李郃之所候。至如熒惑退舍，宋公延齡，中台告坼，晉相速禍，星集潁川而賢人聚，月犯少微而處士亡，如斯之類，志之可也。若乃體分濛澒，色著青蒼，丹曦、素魄之躔次，黄道、紫宫之分野，既不預於人事，輒編之於策書，故曰刊之國史，施於何代不可也。其間唯有袁山松、沈約、蕭子顯、魏收等數家，頗覺其非，不遵舊例。凡所記録，多合事宜。寸有所長，賢於班、馬遠矣。

又曰：伏羲已降，文籍始備。逮於戰國，其書五車，傳之無窮，是曰不朽。夫古之所制，我有何力，而班漢定其流别，編爲藝文志。論其妄載，事等上篇。續漢已還，祖述不暇。夫前志已録，而後志仍書，篇目如舊，頻煩互出，何異以水濟水，誰能飲之者乎？

又曰：自漢中興已還，迄於宋、齊，其間司馬彪、臧榮緒、沈約、蕭子顯相承載筆，競志五行。雖未能盡善，而大較多實。何者？如彪之徒，皆自以名慚漢儒，才劣班史，凡所辯論，務守常途。既動遵繩墨，故理絶河漢。兼以古書從略，求徵應者難該；近史尚繁，考祥符者易洽。此昔人所以言有乖越，後進所以事反精審也。

論贊篇：春秋左氏傳每有發論，假君子以稱之。二傳云公羊子、穀梁子，史記云太史公。既而班固曰贊，荀悦曰論，東觀曰序，謝承曰詮，陳壽曰評，王隱曰議，何法盛曰述，揚雄曰譔，劉昞曰奏，袁宏、裴子野自顯姓名，皇甫謐、葛洪列其所號。史官所撰，通稱史臣。其名萬殊，其義一揆。必取便於時者，則總歸論贊焉。

序例篇：迨華嶠後漢，多同班氏。如劉平、江革等傳，其序先言孝道，次述毛義養親。此則前漢王貢傳體，其篇以四皓爲始也。嶠言辭簡質，敍致温雅，味其宗旨，亦孟堅之亞歟？

補注篇：以峻之才識，足堪遠大，而不能探賾彪、嶠，網羅班、馬，方復留情於委巷小説，鋭思於流俗短書。可謂勞而無功，費而無當者矣。

言語篇：又世之議者，咸以北朝衆作，周史爲工。蓋賞其記言之體，多同於古故也。夫以枉飾虚言，都捐實事，便號以良直，師其模楷，是則董狐、南史，舉目可求，班固、華嶠，比肩皆是者矣。

摸擬篇曰：袁山松云：「書之爲難也有五：煩而不整，一難也；俗而不典，二難也；書不實録，三難也；賞罰不中，四難也；文不勝質，五難也。」夫擬古而不類，此乃難之極者，何爲獨闕其目乎？

覈才篇：但自世重文藻，詞宗麗淫，於是沮誦失路，靈均當軸。每西省虚職，東觀佇才，凡所拜授，必推文士。遂使握管懷鉛，多無銓綜之識；連章累牘，罕逢微婉之言。而舉俗共以爲能，當時莫之敢侮。假令其間有術同彪、嶠，才若班、荀，懷獨見之明，負不刊之業，而皆取窘於流俗，見嗤於朋黨。遂乃哺糟歠醨，俯同妄作，披褐懷玉，無由自陳。此管仲所謂「用君子而以小人參之，害霸之道」者也。

煩省篇：降及東京，作者彌衆。至如名邦大都，地富才良，高門甲族，代多髦俊。邑老鄉賢，競爲别録；家牒宗譜，各成私傳。於是筆削所採，聞見益多。此中興之史，所以又廣於前漢也。

又曰：夫英賢所出，何國而無？書之則與日月長懸，不書則與煙塵永滅。是以謝承尤悉江左，京洛事缺於三吳；陳壽偏委蜀中，巴、梁語詳於二國。如宋、齊受命，梁、陳握紀，或地比禹貢一州，或年方秦氏二世。夫地之偏小，年之窘迫，適使作者採訪易洽，巨細無遺，耆舊可詢，隱諱咸露。此小國之史，所以不減於大邦也。

又曰：古今有殊，澆淳不等。而往之所載，其簡如彼；後之所書，其審如此。若使同後來於往世，限一概以成書，將恐學者必詬其疏遺，尤其牽略者矣。而議者苟嗤沈、蕭之所記，事倍於孫、習；華、謝之所編，語煩於班、馬，不亦謬乎！故曰論史之煩省者，但當求其事有妄載，言有闕書，斯則可矣。必量世事之厚薄，限篇第以多少，理則不然，其斯之謂也。

自敍篇曰：始在總角，讀班、謝兩漢，便怪前書不應有古今人表，後書宜爲更始立紀。當時聞者，共責以爲童子何知，而敢輕議前哲。於是赧然自失，無辭以對。其後見張衡、范曄集，果以二史爲非。

史官建置篇：若中朝之華嶠、陳壽、陸機、束晳，江左之王隱、虞預、干寶、孫盛，宋之徐爰、蘇寶生，梁之沈約、裴子野，斯並史官之尤美，著作之妙選也。

又曰：吴歸命侯時，有左右二國史之職，薛瑩爲其左，華覈爲其右。又周處自左國史遷東觀令。以斯考察，則其班秩可知。

又曰：夫仲尼修春秋，公羊高作傳。漢、魏之陸賈、魚豢，晉、宋之張璠、范曄，雖身非史職，而私撰國書。

古今正史篇：魏黄初中，唯著先賢表，故漢記殘缺，至晉無成。泰始中，祕書丞司馬彪始討論衆書，綴其所聞，起元光武。終於孝獻，録世十二，編年二百，通綜上下，旁引庶事，爲紀、志、傳凡八十篇，號曰續漢書。又散騎常侍華嶠删定東觀記爲漢後書，帝紀十二、皇后紀二、典十、列傳七十、譜三，總九十七篇。其十典竟不成而卒。自斯已往，作者相繼，爲編年者四族，創紀傳者五家，推其所長，華氏居最。而遭晉室東徙，三惟一存。

雜説下篇：夫以宣尼叡哲，子雲參聖，在於著述，不能忘私，則自中庸以降，抑可知矣。如謝承漢書偏黨吴、越，魏收代史，盛誇胡塞，復焉足怪哉？

又曰：子曰：「齊景公有馬千駟，死之日，人無德而稱焉。伯夷、叔齊餓於首陽之下，民到於今稱之。」若漢代青翟、劉舍，位登丞相，而班史無録；姜詩、趙壹，身止計吏，而謝書有傳，即其例也。

史略（節録）

卷二：按後漢明帝詔班固、陳宗、尹敏、孟冀譔世祖本紀及建武功臣傳。又詔劉珍、李尤等譔建武以來至永初紀傳。又詔伏無忌、黄景作諸王恩澤侯及單于、西羌，地里志。邊韶、崔寔、朱穆、曹壽作皇后外戚傳、百官表、順帝功臣傳，凡百十四篇，曰漢記。嘉平中，馬日磾、蔡邕、楊彪、盧植又續漢記。至吴謝承作漢書，司馬彪作續漢書，華嶠、謝沉、袁崧又作後漢書，往往皆因漢記之舊爲之，是固爲有所據依。

又曰：謝承、司馬彪、薛瑩、謝沉後漢書，先儒最稱其精。今是書不復可見，乃略采其精語一二。謝承史云：「徐孺子清妙高峙，超世越俗。」司馬彪史云：「蔡伯喈通達有儁才，博學善屬文，伎藝術數，無不精練。郭林宗處約味道，不改其樂。李元禮曰：『吾見士多矣，無如林宗者也。』及卒，蔡伯喈爲作碑曰：『吾爲人作銘，未嘗不有慙容，唯郭有道碑頌無愧耳。』」薛瑩史云：「李元禮抗志清妙，有文武儁才。」又曰：「李膺、王暢、荀緄、朱寓、魏朗、劉祐、杜楷、趙典爲八俊。」謝沉史曰：「俊者，卓出之名也。」諸人史句如此，可曰精矣！

卷三：東觀漢記百四十三卷，起光武記注至靈帝，長水校尉劉珍等撰。其後有後漢記一百卷，晉散騎常侍薛瑩所撰，當本諸此。

又曰：張璠漢紀曰：「范孟博爲功曹，辟公府掾，升車攬轡，有澄清天下之志。百城聞滂高名，皆解印綬去。」又曰：「不畏强禦陳仲舉，天下模楷李元禮。」以上諸史，學者所未見，故爲概舉一二，庶知其筆墨焉。

卷五：劉軻論太史公以來史筆姓氏：東漢有若陳宗、尹敏、伏無忌、邊韶、崔寔、馬日磾、蔡邕、盧植、司馬彪、華嶠、范曄、袁宏。

少室山房筆叢

經籍會通：阮録又有後漢藝文志目若干卷。第云八十七家亡，而不著存數。按范志無藝文一類，蓋謝承書也。

四庫全書總目提要（節録）

史部編年類後漢紀提要：後漢紀三十卷，晉袁宏撰。蓋大致以漢紀爲準也。案隋志載璠書三十卷，今已散佚。惟三國志注及後漢書注間引數條。今取與此書互勘，璠記所有，此書往往不載。其載者亦多所點竄，互有詳略。如璠記稱「盧芳，安定人。屬國夷數十畔在參蠻，芳從之，詐姓劉氏」。此書則作「劉芳，安定三川人，本姓盧氏。王莽末，天下咸思漢，芳由是詐稱武帝後，變姓名爲劉文伯。及莽敗，芳與三川屬國羌胡起兵北邊」。以及朱穆論粱冀池中舟覆，吴祐諫父寫書事，皆較璠記爲詳。璠記稱「明德馬皇后不喜出遊，未嘗臨御窻牖」。此書作「性不喜出入游觀」。璠記稱「楊秉嘗曰：『我有三不惑，酒、色、財也。』天下以爲名公」。此書删下一句。又如序王龔與薛勤喪妻事，璠記先敍龔而追敍勤，此書則先敍勤而後敍龔。敍呂布兵敗，勸王允同逃事，璠記敍在長安陷時，此書追敍於後。亦頗有所移置。而核其文義，皆此書爲長。

十七史商榷卷三三三史條

案：三史謂史記、前、後漢書，而後漢則指謝承或華嶠書。

章宗源隋書經籍志考證（節録）

後漢書一百三十卷無帝紀，吴武陵太守謝承撰。

新唐志同，又録一卷。舊唐志三十三卷。史無帝紀，惟聞此書。北堂書鈔設官部引承書有風教傳，亦創見也。史通論贊篇「謝承曰詮」。愚按：文選顔延年北使洛詩注引承書「徐淑戎車首路」。永明九年策秀才文注「陰修敷化二都，威教克平」。阮嗣宗勸進表注「黄他求没將，投骸邊廷」。又「王龔幹事，遂陟鼎司」。後漢二十八將論注「申屠蟠英姿磊落」。張景陽六命注「士庶流宕他州異境」。俱稱「序曰」，蓋承書敍傳中語。今存姚之駰輯本四卷。

後漢記六十五卷本一百卷。梁有，隋殘缺。晉散騎常侍薛瑩撰。

唐志一百卷。今存姚氏輯本一卷。太平御覽皇王部引光武、明帝、章帝、安帝、桓帝、靈帝六贊。

續漢書八十三卷晉祕書監司馬彪撰。

晉書司馬彪傳：彪討論衆書，綴其所聞，起於世祖，終於孝獻，爲紀、志、傳凡八十篇，號曰續漢書。唐志八十三卷，又録一卷。今存姚氏輯本一卷。魏志武紀注、司馬朗傳注引有司馬彪序傳，當是續漢書分篇。

漢後書十七卷本九十七卷，今殘缺。晉少府卿華嶠撰。

晉書華嶠傳：初嶠以漢紀煩穢，有改作之志。會爲臺郎，偏觀秘籍，遂就其緒。起於光武，終於孝獻，一百十五年，爲帝紀十二卷，皇后紀二卷，十典九卷，傳十七卷，及三譜、序傳、目録凡九十七卷。嶠以皇后配天作合，前史作外戚傳以繼末編，非其義也，故易爲皇后紀，以次帝紀。又改志爲典，以有堯典故也。而改名漢後書隋、唐志作後漢書，刊訛。奏之。嶠所撰十典，未成而終。何劭奏嶠中子徹使踵成之，未竟而卒。繆播又奏嶠少子暢爲佐著作郎，克成十典史通書志篇：華嶠曰典。永嘉喪亂，經籍遺没，嶠書存者五十原注一作三十餘卷。魏收上後魏書十志啓曰：「班固、「叔駿嶠字刪輯後劉，紹統司馬彪字削撰季漢，十志實範遷、固，表蓋闕焉。」史通内篇曰：「嶠刪東觀華嶠，子長之流也。」又曰：「創紀傳者五家，推其所長，華氏居最。」又外篇曰：「嶠刪東觀記爲漢後書。」愚案：蔚宗撰史，實本華嶠。故亦易外戚爲后紀，而肅宗紀論、二十將論、桓譚、馮衍傳論、袁安傳論、劉趙淳于江劉周趙傳序史通序例篇曰：華嶠後漢，多同班氏。如劉平、江革等傳，其序先言孝道，次述毛義養親。此則前漢王貢傳體，其篇以四皓爲始也。嶠言辭簡質，敘致温雅，味其宗旨，亦孟堅之亞歟。班彪傳論，章懷並注爲華嶠之辭。王允傳論，章懷漏注。以魏志董卓傳注參校，知亦嶠辭。若袁安傳言湯長子成早卒，嶠書作長子平，平弟成（見魏志袁紹傳注），此可攷范史之異。至魏志華歆傳注、世説德行篇、方正篇注並引嶠譜敘史通外篇省稱曰譜。其言皆華氏事，世説注引孫策略有揚州，盛兵徇豫章，官屬請出郊迎，華歆不聽一事，通鑑考異謂其所説不近人情。蓋即班、馬自敘之例。唐志三十一卷。

後漢書八十五卷本一百二十二卷，晉祠部郎謝沈撰。

唐志一百二卷。今存姚氏輯本一卷。

後漢書九十五卷本一百卷，晉祕書監袁山松撰。

晉書袁山松傳：山松著後漢書百篇。舊唐志一百二卷。新唐志一百一卷，又録一卷。今存姚氏輯本一卷。愚按：沈約宋書禮志引山松漢百官志，水經注引山松郡國志，史通書志篇言山松有天文志，通志校讎略言有藝文志，宏簡録載梁七録内有後漢書藝文志若干卷，不著山松，證以通志，當即袁氏之志。

後漢紀三十卷張璠撰。

魏志三少帝紀注云：張璠，晉之令史，撰後漢紀，雖似未成，辭藻可觀。史通内篇曰：「如張璠、孫盛、干寶、徐廣、裴子野、吴均、何之元、王劭等，或謂之春秋，或謂之紀，或謂之略，或謂之典，或謂之志，大抵皆依左傳以爲的準焉。」又曰：「荀悦、張璠，丘明之黨也。」世説注、後漢書注俱引璠紀。郡齋讀書志曰：「東京史籍，惟璠紀差詳。」唐志卷同。

後漢南記四十五卷本五十五卷，今殘缺。晉江州從事張瑩撰。

世説言語篇注引「荀諝典籍文章無不涉，徵聘無所就」；文學篇注「服虔明左氏傳，作訓解」；初學記地部「郭丹從武關出謁更始」；人事部「和帝四歲與兄慶出同車，入共室」；又「陰慶以園田錢財分與二弟」；武功部「魏應明魯詩，帝賜以劒玦」；居處部「馬援奏銅馬法，詔名金馬門」；文選干寶晉紀總論注「蜀有陽平、江關、白水，此爲三關」；北堂書鈔后妃部「居危能重」；改術部序曰「赤精漸微」；太平御覽地部「樊重家素富，閉門成市」；職官部「陳寵爲太守，任功曹王涣」；兵部「陳蕃欲誅諸黄門，謀泄被害」；宗親部「北海靖王興爲光武撫育，恩愛如子」；珍寶部「安帝見銅人，張陵對以秦始皇時所鑄」，共十五事，並題張瑩漢南記。續漢郡國志注、史記集解並引張瑩曰「句亶，今江陵也」。唐志五十八卷。

後漢書五十八卷劉義慶撰，不著録。

見唐志。

後漢書一百卷蕭子顯撰。梁有，隋亡。

梁書蕭子顯傳：子顯著後漢書一百卷。據衆後漢，考正同異，爲一家之言。

文史通義（節録）

外篇永清縣志文徵序例：馬、班而後，家學漸衰，而豪傑之士特立名家之學起。如後漢書之有司馬彪、華嶠、謝承、范蔚宗諸家，而晉書之有何法盛等一十八家是也。同紀一朝之蹟，而史臣不領專官，則人自爲編，家各爲説，不爲敍述討論，萃合一篇之内，何以得其折衷，此諸家流别之必待專篇列傳而明者也。

四、清代諸家後漢書輯本序跋及目録

姚之駰後漢書補逸

自序：春秋，魯史也，一經宣尼之筆削，而魯史逸焉，等於芻狗。自後司馬遷作史記，憑空結撰，絶無依傍。而班固因之成漢書，然不聞太初以前盡逸子長之書也。後漢史書，自當時人主命詞臣撰記，後其踵作者爲紀爲書凡十餘家，蓋人人自擬遷、固矣。范蔚宗書最晚出，不過集諸家之成，以傾液而漱芳耳。故當時雅重東觀記，與遷、固二書稱爲三史。而外此謝、華諸書無一逸者，裴松之注三國志亦多引之，不專奉宣城也。自唐章懷太子留文學之士，同注范書于儀鳳初年，上之有詔，付秘書省，自是而諸書稍稍泯矣。故五代及初唐人其類事釋書，尚多援引諸家者；至六臣注文選，其引范書已什之七八；迨宋淳化中吴淑進注一字賦表，枚舉謝承後漢書、張璠漢紀、續漢書，以爲皆彼時所遺逸者，意其時惟東觀記僅存耳。後景祐初年，余靖、王洙奉詔校范書，序其源委，臚列東觀以下七種，僅載卷帙之多寡，而於章懷之注，竟不能取諸書相參對，則諸書之逸而不存，已如逝水飄風矣。

夫范書簡而明，疎而不陋，史通固亟稱之，然持論之間，不無倒置。議竇武、何進之誅宦寺爲違天理，責張騫、班勇之使西域爲遺佛書，抑謝夷吾、李郃于方術，枉董宣于酷吏，察蔡琰于列女，而且志缺藝文，贊爲贅語，流觀逸史，未必從同也。蔚宗與甥姪書以爲體大而思精，諸序論贊筆勢放縱，實天下之奇作。善乎！文中子之言曰：「古之史也辨道，今之史也耀文。」范其耀文者乎？且即以文論，而創造者難工，潤色者易好，集衆文而潤之，范亦不得專美於後也。夫百末旨酒非不美也，乃飲醇而忘蘅杜之馨。狐裘之價千金也，而不知其成衆腋。此亦失先河後海之義矣。今以蔚宗所定爲正史，而謝、華諸書等諸芻狗，是以春秋尊范書，吾未之敢信也。

或曰古書之逸者多矣，即如史官所記，東漢以來其不傳者何限，將按籍而補之，恐有塞破世界之憂。是又不然。夫他書可逸，惟史當補。近史文煩或可逸，古史文約尤當補。今試以謝、華諸史與范校，其闕者半，其同者半。其闕者可以傳一朝之文獻，其同者且可以參其是非，較其優絀，于史學庶乎其小補也。爰是檢閱羣書，鈔蕞成帙，考覈同異，間以臆斷，合爲八種二十一卷。遂使八百餘年已湮之籍，一旦復裒然傳世。日月潛曜，麗天復光，江河滔滔，歸自潮汐，豈非撰著家一快事哉！第鯫生固陋，其疎略之過，未能善補，尚俟博雅君子重補其闕云爾。康熙癸巳夏五月錢唐姚之駰魯思氏謹題于東臯之露滌齋。

例言：

一、是編採自羣書，概依原本，間有大謬，辯如註言，其小疵纖誤，統置闕如，不敢妄更。

一、列朝諸臣，略次前後，不盡案紀年而差之，以作史者老韓尚可同傳，而儒林、循吏各歸一部，原未嘗沾沾序列也。

一、凡一人事蹟，隨得隨録，亦不序其先後，蓋條登縷載，固非列傳體耳。

一、史體爲紀、爲傳、爲志，各有所屬。今八書既亡，不能探其原帙，但以帝王及諸臣標題，而諸條麗其下。其採自諸志，無人可附者特拈數字以便尋觀。

一、有同此一條，兩書引用互異者，仍兼採並收，不敢妄削。

一、諸書多有從同，或嫌冗複，然參看有三善焉： 補亡一，辯誤二，較量行文高下三。

一、末學荒蕪，既非行祕，而藏書寂寥，并鮮獺祭之功，其有闕陋，再竢增入。

荃園姚之駰識

謝承後漢書序： 謝偉平之書，東漢第一良史也。東觀記仿佛起居注，即應奉漢事、譙周刪記，皆未嘗成一家言以定之。爲史定之者，自偉平始。偉平於孫吴時，爲吴郡督郵，有嘉禾生部內，後遷長沙都尉。博物洽聞，下筆儁妙，撰後漢書百三十卷，可謂該矣。案謝書極博，凡所載忠義名卿及通賢逸士，其芳言懿矩，半爲范書所遺，惟六朝詞人多誦説之，故當時引用多採編中佳話。蔚宗作史，過爲刪除，如食海錯而棄江瑶，柱操斤而遺文梓，殊可惋惜也。然訔訔爲言家口實，故其軼時見他書，知文章光燄與夫忠義名卿通賢逸士之遺迹，其在天地間自不可磨滅如此。輒採綴彙鈔，分爲四卷。覽是書者，亦嘗一臠而識太牢之滋味矣。案長沙都尉余靖表作武陵太守，俟考。

分目：

祭遵　陳臨　第五倫　李淑　張閎　王防　劉裕　陳正叔　嚴豐　包咸　鄭興　賈逵　桓譚
許慶　周穆　鄧曄　鄧弘　王阜　桓任　劉崇　臯弘　何湯　張佺　羊茂　劉平　劉琨　尹敏
宋均　江革　王博　黄向　陶碩　杜詩　韓崇　隱暹　戴憑　鄧儒　鍾離意　湛重　張堪　沈景
李鴻　周敞　陳茂　陳宣　戴禮　張業　路仲翁　李敬　公孫曄　陸續　虞延　封告　虔國　謝
夷吾　方儲　范式　張修　孫華　孔嵩　傅賢　黄香　嚴翊　鄭弘　陳囂　張霸　張楷　王譚
劉陵　刁曜　周暢　百里嵩　郭丹　董宣　禮震　董春（以上總卷九）
陳寵　張意　馬融　巴祇　鄧道　陳龜　孟嘗　尹昆　閔貢　石苞　張稷　吴祐　鄧通　宋
度　宋叔平　徐防　王充　陳堪　華崧　華松　戴封　許荆　許季長　司馬苞　張冀　趙曄　杜
撫　許敬　廣漢儒　王況　班固　陳囂　陳翔　馮魴　唐羌　張青　王黨　高慎　周燮　岑熙

陳楚　李熹　石□　陳禪　聞人統　梁竦　梁不疑　李壽　孔喬　李昺　郎宗　王輔　施延　任防　王賜　黃昌　□紹　侯瑾　樊英　祝皓　劉據　虞承　左雄　戴良　陳常　薛惇　雷義　法真　徐相　崔瑗　沈輔　范丹　仇覽　黃真　劉祐　沈豐　羊續　趙嘉　陳謙（以上總卷一〇）

董种　馮緄　周乘　宗慶　彭脩　劉騊駼　張綱　劉虞　蔣崇　祝良　王奐　高弘　張陵　盛吉　皇甫規　王暢　朱寵　許永　賈彪　蘇章　宗度　郭諒　楊章　徐栩　宣仲　李固　趙戒　趙典　嫣皓　尹苞　朱穆　劉寵　唐約　荀緄　曹破石　龔遂　胡騰　應奉　陳蕃　周樹　胡廣　韋著　李曇　姜肱　楊高　羊陟　郭泰　劉儒　李咸　度尚　劉瑜　孔伷　楊喬　竇武　牛震　賀純　王逸　符融　馮岱　宋果　徐璆　劉寬　袁忠　吴馮　郭賀（以上總卷一一）

張磐　晉文經　成瑨　劉瓆　范滂　劉淑　延篤　黃憲　徐稚　張奐　陳朔　周景　李燮　楊璇　魏朗　李膺　王威　茅容　抗徐　申屠蟠　皇甫嵩　巴肅　史弼　第五永　楊震　楊秉　楊賜　宗琳　陳球　陳瑀　陳珪　宗資　檀敷　賈淑　桓嚴　承父嬰　楊奇　張馴　趙咨　賈琮　公孫瓚　朱儁　蔡邕　袁閎　袁弘　袁祕　封觀　謝弼　蓋勳　臧旻　胡母班　高幹　陰修　劉表　趙昱　公沙穆　駱俊　伍孚　鄭玄　陸康　禰衡　趙謙　徐胤　董襲　劉翊　佛　三君　交阯　弩　涉皇山　五經碑　蝗　寧陽主簿　周平王後　諫議大夫　三男共娶　腹背毛（以上總卷一二）

薛瑩後漢書序：瑩字道言，吴薛綜之子。其所纂蹈，允有先風，涉學既博，文章尤儁。吴少帝命韋曜、周昭、梁廣、華覈及瑩五人共撰吴書，同寮之中，瑩爲冠首。吴亡後，歸司馬氏，官散騎常侍，著書八篇，名曰新議。其所著漢書，當是私作，故吴志本傳不載。余靖表云：「瑩作後漢記百卷，今他本直云後漢書也。」瑩書大半弗存，未經拂耳瞥目。然讀世祖及顯宗二論，波屬雲委，灝瀚蒼鬱，洵良史手，他稱是矣。袁彦伯竟未採及，何耶？

分目：

光武論　明帝論　章帝北巡　靈帝獵　王霸白冰　李膺抗志　馬防論作樂　虹見　八俊　白波賊（以上總卷一三）

張璠漢記序：漢記之稱，因舊也。意其時謝、薛諸書皆未行世，璠因東京本朝之史而删録之。且東觀記續於熹平，其後但有起居注諸書，璠故略於國初，而詳於季世，亦以補其未備耳。是以裴松之注魏、蜀志，多援是書爲證。袁宏敍漢紀云：「經營八年，疲而不能定，始見張璠所撰書，其言漢末之事差詳，故復採而益之。」蓋是編罕傳，當典午時已艱購若此。吴正儀亦以爲逸書無考。余祕書則歷敍羣史，獨缺是編，豈竟未識其名耶？今所傳者，千百之什一，劉璋一論，備具三長，餘可知已。（會稽徐友蘭鈔本有蔡元培案：唐以前書無刻本，故難得，非所謂艱購也。）

分目：

明德馬后　張酺　盧芳　杜詩　梁冀　左雄　范丹　宋穆之　朱穆　李固　吴祐　郭純　張温　馬防　楊秉　宋登　陳球　周景　种暠　荀顗　孔融　王龔　王暢　鄭泰　蔡邕　王允　荀淑　荀爽　荀悦　何顒　董卓　橋玄　皇甫嵩　賈琮　王立　少帝出奔　獻帝命名　獻帝入長安　劉璋論　于闐　北郊　時人語（以上總卷一四）

華嶠後漢書序：　案華叔駿集載詔語曰：「亭侯嶠體素弘簡，文學該通，著書實録，有良史之志，故轉爲祕書監，其加散騎常侍。凡著作禮儀音律天文數術，南省文章，門下譔集，皆典統之。」嶠謝表云：「劉向父子，世典史籍；馬融博通，三入東觀。非臣庸賤，所敢擬蹟。」則當時之推重可知矣。嶠集序云：「嶠作後漢書百卷，張華稱其有良史之才，足以繼蹟遷、固。乃藏之祕府，與三史並流。」司馬諸公贊曰：「嶠字叔駿，有才學，撰後漢書，世稱爲良史。」則當時後漢書之推重又可知。此編不知亡自何時，吴博士表不言其遺逸，蓋已不復知有華書矣。余靖云：「嶠删定東觀記爲漢後書九十七篇。」應别有考。今范書多採拾其緒餘，至於小論，或全襲用，蔚宗其亦服膺斯編乎？微章懷注之，則掠美者勝矣！嶠，華表之子，歆之孫也。

分目：

明帝　陳愍王寵　鄧禹　李通　臧宫　祭遵　岑彭　陳俊　馮異　吴漢　鄭興　馮衍　朱暉

樊宏　馬援　桓榮　桓郁　樂松　吴雄　伏恭　應慎　陳寵　江革　第五倫　韋彪　鄭衆　宋均

郅惲　馬防　張英　任延　馮豹　何敞　廉范　衛羽　耿康　陳元　郭伋　衛颯　徐防　張奮

桓焉　孔奮　班固　樂恢　任浦　倪寬　郭躬　劉愷　岑熙　袁良　黄瓊　魯恭　劉寬　陽球

趙孝　劉平　應順　韓演　鮑德　周燮　桓典　崔琦　劉寵　宋登　袁逢　班超　張濟　趙壹

楊震　李膺　張堪　應劭　袁安　陳寔　來豔　何熙　范滂　蔡邕　皇甫嵩　崔駰　楊彪　王允

應瑒　崔瑗　華歆　華表　董卓　郭汜　梁冀妻　南單于　靈帝治南宫　世宰相　東觀　明章二帝　執金吾　二十八將　論鮑永馮衍（以上總卷一五）

謝沈後漢書序：山陰謝沈有孝行，博學多識，明練經史。何充、庾冰並稱沈有史才，遷著作郎。撰司馬書三十餘卷及毛詩、漢書外傳，詩賦文論，皆行於世。典午史云：「沈曾著後漢書百卷。」余靖以爲一百二十二卷。又云官祠部郎，未知孰是。今兹所存，廑豹之一斑，孔鸞之一羽耳。然觀其述禮儀、祭祀諸志，原原本本，似不欲攘人美以爲己有者，亦良史才也。史稱其學在虞預之右，信然！沈字行思，中興書作「靜思」。

分目：

鄭敬　胡廣定漢制　蔡邕撰志　閔貢　皇后配享　大水　蝗　雍鄉　牛蘭山　參緣（以上總卷一六）

袁崧後漢書序：袁崧，亦作袁山松，陳郡人，官司馬朝祕書監，著後漢書百卷，劉孝標注世說多採之。與袁宏爲從昆弟，一紀一書，疑同時所作，故不相爲引。顧一門皆良史才，何其盛也！舊傳崧善音樂，好行路難曲，乃文其詞，酒酣縱歌之，聞者皆爲涕下。又出遊，每令左右作挽歌，時人目爲「道上行殯」，與張堪齋前種松事並稱，其風流概可知已。别有宜都記一書，軼見他説，殆長於詞筆者。今覽其光武論，文多排疊，而喜填藻語，頗爲六朝橐籥。然書中志災祲爲多，將以垂示鑒戒，庶幾作史者之微旨焉。後以孫恩亂被害，文文無終，惜哉！

分目：

光武皇帝　明帝　靈帝　賈復　耿弇　宋弘　伏湛　隗相　侯霸　韓卓　羅威　楊終　徐璆
王充　朱穆　吳祐　楊震　岑晊　任隗　劉虞　羊續　賈彪　竇憲　楊匡　應奉　劉洪　范冉
沮儁　盧植　劉陶　王允　蔡邕　袁紹　置郡　分郡　虎見　火災　河清　七大水　如斗雹　六
月寒　大水　虹　水暴出　日重　月重暈　火光　大寒　木連理　營頭　龍死　水溢（以上總卷一七）

司馬彪續漢書序：典午泰始中，司馬彪著續漢書成。彪意以爲漢氏中興，迄於建安，忠臣義士亦已昭著，而時無良史，記述煩雜。譙周雖已删除，然猶未盡，安順以下亡軼者多。乃討衆論，綴其所聞，以爲續書，傳之後世。典午書載其列紀、志、傳凡八十篇，蓋較范書減四十篇矣。余靖表不詳卷帙，其散亡可知也。今摭拾羣籍，彙成四編，其同范者十之六耳。夫彪爲王室枝脈，以好色薄行弗嗣，由此不交人事，乃專精學藝，博覽羣籍。唐太宗嘗咏其續漢志云：「前史彈妙詞，後昆沈雅思。書言揚盛跡，補闕興洪志。川谷猶舊途，郡國開新意。」其推崇之意可見。向使彪嗣高陽王，懷桐披衮，不過貴耀一時，豈能使千百載下傳其著作若此哉！其曰續者，蓋續班書云爾。彪字紹統，官祕書丞，所著又有九州春秋及戰略諸書。

分目：

光武帝　明帝　章帝　和帝　安帝　順帝　沖帝　桓帝　靈帝　明德馬后　和熹鄧后　順烈梁后　曹皇后　虞美人　沛獻王輔　北海敬王睦　琅邪孝王京　北海静王興趙孝王良　安成孝侯賜　東平憲王蒼　河間孝王開　劉聖公　隗囂　李通　王常　鄧晨　朱浮　耿純　公孫述　鄧禹李忠　彊華　吴漢　王梁　陰議　寇恂　張隆　馬武　卓茂　馮異　蓋延　岑彭　張印　來歙王遵　祭遵　朱祐　景丹　耿弇　侯霸　陰興　陳俊　杜林　第五倫　董宣　鮑永　馬援　曹褒鮑昱　周澤　彭閎　温序（以上總卷一八）

鍾離意　馬嚴　桓榮　王良　鄭興　耿國　祭肜　魯恭　張湛　樊儵　張純　耿秉　牟融封觀　王元　魯充　陳謙　劉昆　趙喜　楊仁　梁松　徐防　淳于恭　虞詡　梁統　趙典　魯丕趙熹　張禹　周舉　虞延　張奮　王丹　郭伋　傅宣　度尚　李恂　袁安　劉陶　梁商　何紹陳翔　种暠　鄧彪　魯丕　黄香　張霸　汝郁　鄭弘　申屠剛　劉平　班固　張衡　劉寵　楊琳宣秉　馮魴　王苑　梁冀　尹敏　李固　杜喬　廉范　姜肱　耿恭　祝良　班超　左雄　劉寬陳弇（以上總卷一九）

任延　楊震　樂恢　陽球　胡廣　陳蕃　王涣　邊韶　張堪　范丹　霍融　延篤　黄琬　張綱　吴祐　郭泰　楊賜　承宫　應志　桓典　陳寔　孔奮　徐孺子　范滂　宋則　楊璇　皇甫規

張奐　竇武　朱穆　龐參　李燮　傅燮　蓋勳　荀淑　韓卓　應劭　趙岐　鄭玄　蔣詡　蔡邕
史弼　孔融　橋玄　司馬朗　鄭渾　皇甫嵩　申屠蟠　陳羣　袁逢　盧植　郗慮　唐珍　張顥
楊彪　孟郁　孫程（以上總卷二〇）

朱儁　劉繇　何進　劉虞　周羣　董卓　劉備　曹騰　曹嵩　封禪刻石　封石　趾石　祠泰
山　改元　刻石　金泥玉璽　親封　三老五更　祠南郊　高禖　養老　準代管　天竺國　人死復
生　萬金堂　濯龍園　助蠶　靈臺　玉鈎玦　孔雀　大寒　日行　至日　送故　作曆　四分曆
晷景長短　六宗　日食　社稷壇　大魚　葦方笥　女子復生　吕母子　荆州牧　考城　漁涪津
太白入斗　客星　駕驢　兩頭兒　異草　雀　侯非侯　后服　太子車　拜諸侯王　儺　詔獄　龍
麟　印璽　救日　宗祀　祠老人星　嘉瓜芝草　冠　步摇　諸不諧　野蠶　星主　迎氣　膢　冬
至　正朝　朱索連葷　孛　搬　射犬聚務鄉　水溢　大鳥　直如弦　行禘禮　天子葬　竹栢葉觴
火光　符拔　茅田一頃　蔡邕對災異　婦人封君　雨肉　雨雹　長沙賊　艾縣賊　減俸　不衛宫
渤海賊　沱水龍　城上烏　春旛　上巳　改水火　尚書省　騑　符訾　大將軍　虎文服　角端車
童謡　百官俸（以上總卷二一）

孫志祖謝氏後漢書補佚

汪輝祖序：乾隆癸丑暮春，會稽張茂才鎮南語余云：潞莊王氏家藏元大德間所刻謝承後漢書。王氏主人與吾邑王進士宗炎爲鄉試同年友，又故與茂才交，然二君皆求之，數年不可得。去臈昭文張比部燮過訪，又謂青浦許侍郎寶善有謝書寫本，將假歸傳録。今春比部官京師，許氏之書又不可得。輝祖按：吴淑進注事類賦狀在淳化時，已稱謝書遺佚。王應麟困學紀聞云：謝承父嬰爲尚書侍郎。原注謝承後漢書，見文選注。是謝書在宋時已無傳本，何以大德時乃有雕版，而元明諸人引用鮮有！在唐宋人類書外者，王、許兩家所藏，真贋殆不可知。康熙間，姚氏之駰撰後漢書考逸，中有謝書四卷。孫頤谷先生病其舛闕，重加纂集，凡姚氏所采者，一一著其出處，誤者正之，略者補之，復以范書參訂同異。其未采者，别爲續輯一卷。証引精博，十倍于姚，全書雖逸，梗概于是略具，洵可謂偉平之功臣矣。嗣君與人以稿本郵示，將遂付之剞劂。衰病健忘，不能廣閲遠稽，有所附益。竊幸十年積悃，藉此稍慰，校讀一過，識數語于後。他日如得見王、許兩家本，當即以先生是書考定之。嘉慶七年歲在壬戌十有一月既望蕭山汪輝祖識。

嚴元照序：吴武陵太守謝承，字偉平，撰後漢書百三十卷。其書亡于南宋，而或言明内閣有之，方以哲攜歸德清，不足信也。傅青主言其家舊藏明栞本，曹全碑出土時曾援據是書，無一不合，以爲大勝范書，是亦無稽之言也。唯姚之駰後漢書補逸中所輯四卷，雖存百一，就可以見其大概。謝書于忠義隱逸，蒐羅最備，不以名位爲限，其所以發潛德之幽光者，蔚宗不及也。若其他事蹟與范書異者，亦未見定勝。近仁和孫頤谷侍御，以姚本收輯諸書既多遺脱（姚氏未嘗見太平御覽），其標目亦頗有疏略，乃重爲訂定，于姚本既多補正，復爲所考出之書，悉明著之，于其所遺漏者，復爲采摭，續成一卷，凡范書以及異同之處，亦注出之，良爲精矣。竊謂諸書所引，於字句之間既多損益，又芟節過當，今兹零星掇拾，不足見謝氏之用意。然殘圭斷璧，終貴乎真，愛古者能恝置之耶？侍御考之隋書經籍志，而知謝書無帝紀；考之北堂書鈔，而知有風教傳；考之太平御覽，而知有東夷傳；考之史通，而知有百官、輿服志、姜詩、趙壹傳，又易論贊而爲詮，與諸史不同。世有作僞者，以此數端驗之，可以破矣。余從侍御假鈔，遂書于後。乾隆乙卯嘉平初七日歸安嚴元照。

分目（僅録卷五孫志祖所續輯者）：

靈帝　伏后　東平王蒼　劉恭　孟政　楊豫　岑彭　田戎　祭肜　馬援　趙孝　車成　馬武

鄧禹　鄧晨　朱鮪　魏霸　銚期　耿恭　鄭敬　郅壽　陳衆　周滂　宋弘　許楊　高獲　馬廖

周防　郎顗　曹褒　郭賀　毛義　鄭均　周嘉　李善　韋彪　承宫　高鳳　周磐　朱暉　翟酺
种暠　鍾皓　馬寔　劉勤　夏勤　江漢　韓韶　陳重　戴就　李南　廖扶　第五種　周璆　爰延
夏馥　張儉　孔昱　許劭　陳寔　陽球　陳紀　橋玄　許慎　傅燮　周舉　董卓　王匡　袁紹
楊彪　朱皓　張温　黄琬　茨充　吕强　孫期　劉升　楊淮　宋登　蔡祖　爰延　范訓　王閎
陳禁　羊定　項誦　車章　戎良　李光　郭宏　秦護　殷亮　衛良　胡劭　張載　周躬　陳曄
孟節　鍾南嚴　朱躍　費遂　鮑昂　褚禧　劉靚　甄豐　滕延　李萇　姚俊　曹壽妻　袁隗妻

東夷傳　佚文（十三條）

柳詒徵末跋：謝承後漢書久佚，近代輯本推汪南士爲備，然徵引援據，亦有舛漏。孫頤谷謝書補正，據姚魯斯本，著其所出，並增輯一卷。以視汪書，時有異同。如據北堂書鈔知謝書有風教傳，據史通知謝書有百官、輿服志，皆汪目所無。宗均之非宋均，張佺之非張儉，皆寔事求是，非徒事漁獵類書者比也。崔國榜序汪輯，謂孫氏未有成書，蓋由未見其傳本。丁氏善本書室寫本久庋山館，學者恒乞，迻録傳校，爰爲印布，以備輯佚者之參證云。辛未初冬鎮江柳詒徵識。

孫峻謝氏後漢書補佚補訂序

康熙間錢唐姚魯斯侍御蒐輯後漢書之不傳於今者八家，其一曰謝承後漢書，四卷。先公頤谷侍御病其沿明儒舊習，不詳所自，重加釐訂，正其所譌，補其所闕，然一一著其出處，其未采者，別爲續輯一卷。先子求之數十年而未得者，寔張文襄書目謂：「孫輯謝書，未見傳本。」壬子冬，峻得何敬祉寫本於秣陵故家，爲夢華館舊藏。心焉竊喜，以武林先哲遺書，重還故里，不可謂非厚。幸矧其爲先公補輯，先子求而未得者乎！

閟藏於櫝，已越十年。丙寅孟秋，佔畢初完，頗多疑義。於是檢范氏後漢書、北堂書鈔、六臣文選、世説新語、初學記、白孔六帖、匡謬正俗、開元占經、太平御覽、藝文類聚、事類賦、餘東序録、本草綱目、侯鯖録、王氏蘇詩注、周氏同書、趙氏水經注、佛説本行經聚於一堂，詳加校勘，譌敓如毛。如嚴序所云，攷之北堂書鈔而知有風教傳，與夫馮暹傳之譌隱暹傳，繼爲尹暹、郝孟節之敓。其姓氏以鐵橋之博洽，先公之精審，且爲所蔽，末學如峻，敢置喙乎？復以黟縣汪南士先生所輯謝書，互相合校，其踳駮尤甚於姚。因就原書加以案語，積日既久，滿幅斑斕。每一展卷，如群蝗攢聚，殊費凝眸，遂斂清本，寘諸案頭，廼校讀之餘，覺先公續輯之外，尚多遺軼，復三輯一卷，殿於編末，猶晨星繼於羲和，纖塵集於泰岱，以俟賢者之攻錯焉。戊辰孟夏同里後學孫峻拜撰。

王謨謝承後漢書鈔

自序：余於諸別史中，最愛謝偉平後漢書，記載賅博，遠勝范蔚宗。即以吾江右人士考之，范書秖列有南州高士父子及陳重、雷義、程曾、唐檀數傳，其何湯僅附見桓榮傳。章懷太子注引謝書，載湯事亦綦詳，外有羊茂、孔恂、嚴豐、宋度、湛重、鄧通、項頌、劉陵、黄向、張冀十人，爵里事蹟，班班可考，乃其姓名，俱不挂范書。余故于輯著豫章十代文獻略，嘗有慨乎言之：良由偉平父嬰，當日實以臺郎出入閣道，博覽漢世諸將相名臣策文，祕爲家庭異聞。偉平又復矢志虛公，有善必揚，無微不彰，故其書可貴爾。而劉子元乃以周悉江左，偏黨吴越議之，亦淺乎測偉平矣。余因鈔輯漢魏遺書別史，首及偉平此書，加意蒐羅，僅得六卷。亟欲先登梨棗，而終以未見姚氏補遺爲嫌。竊意其書如果完善，愚書無庸復出，若彼此互有闕遺，亦可相爲補益，以此遲疑，不果授梓。今始從坊間購得姚書，比較目録，其所載凡二百八十一人，余書三百八十餘人。多寡既懸殊，而其中姓名離合，事蹟詳略，與其時世先後，亦往往互異。大抵各從所見採録，各隨己意編次，即不合，無足怪。最可議者，在盡削所引書目，茫無依據，而承父嬰一條案語尤謬，亦由未取原書覆加磨勘故也。其他議論，鍼砭范書闕失，實先得我心，且于余書存疑處，亦能分別言之，其用功于此書，亦已深哉！此書亡于唐宋之際，已數百載，墜緒茫茫，几致泯絶。姚氏乃發憤網羅，力爲草創，厥功匪易。而余書晚出，不意采獲至有三百八十餘人之多，爲倣范史體例編次，略有條理，遂成部帙。雖於偉平原書百三十卷，尚未能存什一于千百，然以視姚氏補遺，差更完善，可以問世。故願復出是書，以就正於當代博雅君子。嘉慶丁卯秋月汝上老人王謨識。

序録（節録）：謨案：宋吴淑進事類賦注狀云：「凡讖緯之書及謝承後漢書、張璠漢紀、續漢書、帝系譜、徐整長歷、物理論之類，皆今所遺逸。而著述之家相承用之，不忍棄去，亦復存之。」則此書在宋初已無傳矣。明海虞陳禹謨補刻北堂書鈔，亦云如無東觀漢記、謝承漢書，即以范氏漢書補之。則謂明永樂間揚州有刻本者妄也。國朝姚之駰有編輯後漢書補遺二十一卷，内東觀漢記八卷，謝承後漢書四卷，司馬彪續漢書四卷，薛瑩、謝沈、袁山松書各一卷，亦皆從羣書蒐合而成。其東觀漢記，已刊入四庫全書頒行。諸家漢書，尚未得見。今故仍從遺書體例次第鈔輯，謝書無帝紀，但有列傳，凡共鈔出三百七十人，略依范目録編次，分爲六卷。

分目：

劉崇　田戎　賈萌　嚴豐　李淑　鄧晨　鄧曄　鄧禹　鄧弘　岑彭　銚期　祭遵　馬武　馬

援子廖　魏霸　劉寬　宋弘　桓譚　韋彪　郭丹　承宮　何湯　陳宣　虞延　張堪　陳衆　陳正
周滂　宋均　皋弘　杜詩　孟政　陸閎　陳楚　封告　禮震　賈琮　王閎　王況　鄭均　鍾離意
郭賀　鄭興　朱暉孫穆　劉平　鄭弘　陳囂　第五倫曾孫種　賈逵　王充　班固　班超　沈豐　李
壽　趙孝　江革　毛義　曹褒　陳寵　沈景　車成　董春　王譚　閔貢　耿恭　王青　鄭敬　張
霸　范延壽　傅翻　陳咸　楊豫　周敞　陳茂　高慎　韓崇　郭宏　張稷　梁松（以上卷一）
唐羌　周磐　周暢　徐防　百里嵩　陳禪　馮魴　陳龜　司馬苞　楊震子秉　孫賜　曾孫彪　玄孫
修　奇　翟酺　夏勤　周燮　徐淑　左雄　郎顗　馮緄　周舉　張綱　崔瑗　朱寵　許敬　施延
胡廣　李固　趙戒　賀純　郭亮　劉騊駼　吳祐　延篤　王龔子暢　种暠　江漢　祝良　馬寔
虞詡　劉據　劉陵　項誦　宣仲　楊章　應奉　袁逢　荀緄　周景　陸康　蘇章　馬融　梁冀
（以上卷二）
竇武　陳蕃　徐稚子允　韋著　李曇　袁閎　袁忠　姜肱　申屠蟠　韓韶　鍾皓　陳寔子紀
李咸　羊續　趙咨　爰延　度尚　張磐　抗徐　臧旻　趙昱　楊喬弟璇　胡騰　巴祇　史弼　謝
弼　劉瑜　蓋勳　傅燮　許永　陳謙　龔遂　橋玄　朱雋子皓　趙岐　鄭康成　蔡邕　駱俊　桓
儼　第五永　陳球　朱震　郭泰　茅容　符融　許劭　謝嬰（以上卷三）
黃琬　皇甫規　張奐　皇甫嵩　張溫　董卓　伍孚　胡母班　王匡　陰修　劉虞　公孫瓚

袁紹　高幹　劉表　董襲　劉淑　李膺　劉祐　魏朗　夏馥　巴肅　范滂　羊陟　張儉　陳翔
孔昱　劉儒　檀敷　賈彪　成瑨　宗資　劉瓆　茨充　許荊　仇覽　孟嘗　劉寵　董种　董宣
黄昌　陽球　曹破石　吕强（以上卷四）

劉琨　戴憑　孫期　張馴　尹敏　周防　包咸　趙曄　黄香　侯瑾　彌衡　彭脩　周嘉　范式　李善　張武　陸續　戴封　陳重　雷義　范丹　戴就　劉翊　許陽　高獲　李南　謝夷吾
廖扶　樊英　孔喬　李昺　郎宗　王輔　公沙穆　郝孟節　嚴遵　高鳳　法真（以上卷五）

郭宏　韓崇　任防　張意　盛吉　王阜　劉勤　尹昆　孔恂　李敬　黄向　張冀　羊茂　高宏　戴禮　刁曜　傅賢　華松　公孫曄　周乘　周樹　王黨　鄧道　鄧通　宋度　宗慶　虔國
蔣崇　許慶　聞人統　王威　陳堪　陳臨　嫣皓　王防　唐約　張修　王博　祝皓　吴馮　湛重
虞承　嚴翊　高吕　周穆　隱暹　胡劭　張佺　徐栩　徐相　李光　范訓　費遂　秦護　衞良
殷亮　李莀　褚甄　陶碩　李鴻　車章　戎良　沈輔　王逢　薛惇　桓任　廣漢儒　許季長　陳曄　周躬　路仲翁　滕延　戴遵　陳常　姚俊　鮑昂　黄他　甄豐　劉靚　石□　□紹　□奂
雜記（十九條）（以上卷六）

黄奭黄氏逸書考子史鉤沈輯六家後漢書

謝承後漢書分目（民國二十三年江都朱長圻補刊）：

序（四條） 明帝 桓帝 靈帝 劉恭 劉崇 鄧禹 鄧晨 許陽 岑彭 朱鮪 田戎 祭遵 祭肜 馬武 銚期 馬援 宋弘 陳衆 陳臨 魏霸 第五倫 李淑 陸閎 王防 劉裕 陳正叔 嚴豐 包咸 陳禁 李善 周嘉 鄭興 賈逵 桓譚 周獲 郎顗 許慶 周稷 鄧曄 鄧弘 鄭敬 王阜 桓任 阜弘 何湯 張佺 羊茂 劉平 趙孝 劉昆 尹敏 宋均 曹褒 江革 王博 黄向 陶碩 杜詩 韓崇 尹暹 戴憑 鄧儒 鍾離意 韋彪 龍丘萇 湛重 張堪 沈景 李鴻 周敞 陳茂 陳宣 戴禮 張業 路仲翁 李敬 公孫曄 陸續 虞延 封君達 周滂 虔國 謝夷吾 馬廖 方儲 高鳳 范式 張修 孫華 孔嵩 傅賢 黄香 鄭弘 鄭洪 陳囂 張霸 張楷 王譚 劉陵 刁曜 周磐 周暢 百里嵩 承宫 郭丹 鄭均 王嬰 董宣 禮震 董春 陳咸 陳寵 張意 馬融 許慎 巴祇 鄧道 陳龜 孟嘗 尹昆 閔貢 石苞 張稷 吴祐 鄧子淵 宋度 高吕 朱暉 徐防 王充 傅翻 陳堪 華崧 華松 戴封 許荆 許季長 司馬苞 張冀 趙曄 杜撫 許敬 儒叔林 王況 班固 班超 曹受妻 陳囂 陳翔

馮魴　唐羌　王青　王黨　高慎　周燮　岑熙　陳楚　李燾　石□　陳禪　聞人統　梁竦　梁不疑　夏勤　李壽　孔喬　李炳　郎宗　王輔　施延　任防　王賜　黄昌　胡紹　侯瑾　樊英　祝告　劉據　江漢　虞承　左雄　陳常　薛惇　雷義　陳重　法雄　法真　徐相　崔瑗　沈輔　范丹　仇覽　戴宏　黄真　劉祐　沈豐　羊續　趙嘉　陳謙　董种　馮緄　周乘　宗慶　彭脩　劉騊駼　張綱　楊雄　劉虞　蔣崇　祝良　王奂　高弘　張陵　盛吉　皇甫規　王暢　馬寔　朱寵　許永　賈彪　王閎　蘇章　宗度　郭諒　楊章　徐栩　宣仲　毛義　戴遵　秦護　李固　趙戒　趙典　嫣皓　尹苞　朱穆　劉寵　戴就　陽球　唐約　荀緄　曹破石　龔遂　胡騰　翟酺　應奉　應劭　爰興　陳蕃　周璆　周樹　胡廣　韋著　李曇　姜肱　楊高　羊涉　郭泰　劉儒　李咸　度尚　劉瑜　孔恂　楊喬　竇武　朱震　賀純　王逸　符融　馮岱　宋果　徐淑　劉寬　袁忠　吴馮　郭賀　張磐　晉文　經王子艾　成瑨　岑晊　劉瓆　范滂　劉淑　延篤　黄憲　徐稚　張奂　陳朔　周景　李燮　楊璇　魏朗　李膺　王威　茅容　抗徐　申屠蟠　种暠　皇甫嵩　巴肅　史弼　第五永　楊后　楊震　楊秉　楊賜　楊彪　陳琳　陳瑀　陳珪　宗資　檀敷　賈淑　桓嚴　謝嬰　謝煚　楊奇　張馴　吕强　趙咨　賈琮　公孫瓚　朱儁　蔡邕　黄琬　周舉　韓韶　袁閎　袁弘　袁祕　封觀　謝弼　傅燮　蓋勳　臧旻　胡母班　高幹　陰修　劉表　趙昱　公孫穆　駱俊　伍孚　鄭玄　孫期　陸康　禰衡　趙謙　徐胤　董襲　劉翊　王匡　許劭　橋玄　袁隗妻

張奉　張儉　李篤　第五種　鍾皓　陳寔　陳紀　夏馥　張温　董卓　李傕　郭汜　袁術　曹操
廖扶　孟節　孔霸　憧种　周燕　范延壽　楊淮　衛良　平涉　許嘉　宋登　蔡祖　胡劭　李元
李南女　程夫人　姚俊　朱皓　滕延　周防　桓礹　嚴遵　劉靚　胡爽　褚禧　奚延　范訓　羊定　孟政　項誦　車章　戎良　李光　車成　郭宏　殷亮　周躬　范充　李莀　陳曄　鍾南嚴
朱躍　費遂　陟皇山　免官　腹背毛　平城　交趾　二千石　西夷　威令　翁仲　高堂伯　巨母
霸佛　三君　寧陽主簿　附録（一條）補遺（三條）

薛瑩漢後記序：史通謂范書亦有藍本，凡編年四族，紀傳五家。以九家後漢書而成今後漢書一家之言，安得不體大思精！顧一書成，而九書亡。幸袁彦伯後漢紀尚在人間。司馬紹統續漢書紀傳雖亡，其志固在范書中。范志原屬謝宣遠，范敗，謝遂蠟以覆車，是范無志而司馬有志，不可謂亡。班孟堅等東觀漢記（范書班固傳：固與睢陽令陳宗等共成世祖本紀。固又自撰列傳、載記二十八篇，事在明帝紀。至鄧太后始詔劉珍與劉騊駼作建武以來名臣傳。珍未嘗爲長水校尉，史通亦云安帝詔史官謁者僕射劉珍。據此可悟隋志列長水校尉劉珍等首撰之非。）賴永樂大典，居然得廿四卷。孫詒穀增輯謝偉平後漢書五卷，是皆爲姚侍御後漢書補逸者所不存，于今僅張璠漢記、謝静思、華叔駿、袁山松三後漢書，及此漢後記五種耳。

薛道言相傳孟嘗君後，以封薛故，雖不可知，固沛郡竹邑人，吴選曹尚書敬文之子也。敬文著數萬言。道言三世傅東宮，纂蹈允有先風，故于右國史下獄時，華覈疏薦，至謂丁孚、項峻始撰吴書，少帝更差韋曜、周昭、薛瑩、梁廣及臣五人。瑩出爲將，復以過徙，迄未撰奏。同寮之中，瑩爲冠首云云。遂召還爲左國史。吴書即不得見，其深於史學可知。惟本志不言有後漢書，當是私撰。惜乎，吴亡入晉，降表竟出其手。新議八篇，雖多奚爲！且終晉不過散騎常侍，何嘗不在吴爲散騎中常侍，且亦遷選曹尚書矣。袁彦伯後漢記於司馬、兩謝、華、張之書無不綴會，而獨遺此，豈無説乎？其不題名後漢書者，余祕書表曰「瑩作漢後記百卷」，今姑從之。道光辛丑中秋甘泉黄奭右原。

分目：

光武　明帝　章帝　安帝　桓帝　靈帝　王霸　馬防　李膺　八俊　白波賊

華嶠後漢書序：　本傳以嶠有良史之志，治禮音律天文數術，南省文章，門下撰集，皆典統之。初嶠以漢紀煩穢，慨然有改作之意。會爲臺郎，得徧觀祕籍，遂就其緒。起于光武，終於孝獻，一百九十五年，爲帝紀十二卷、皇后紀二卷、十典九卷、傳七十卷，及三譜序傳目録，凡九十七卷。嶠以皇后配天作合，前史作外戚傳，以繼末編，非其義也。故易爲皇后紀，以次帝紀。又改志爲典，以有堯典故也。而改名漢後書，奏之。詔朝臣會議，時中書監荀勗、令和嶠、太常張華、侍中王濟，咸以嶠文質事核，有遷、固之規，實録之風，藏之祕府。後太尉汝南王亮、司空衞瓘爲東宫傅，列上通講，事遂施行。所撰書，十典未成而終。祕書監何劭奏嶠中子徹爲佐著作郎，使踵成之。未竟而卒。後監繆徽又奏嶠少子暢爲佐著作郎，克成十典。永嘉喪亂，嶠書存者五一作三十餘卷。

晉書班班可考如是，而姚侍御乃遠引叔駿集所載詔語，及謝表以爲旁證。即其集序亦止嶠作後漢書百卷一語，視本傳多三卷，爲資互考。其司馬諸公贊與集序同稱後漢書，自有所本。若余靖云嶠删定東觀記爲漢後書九十七篇，正合本傳，非别有考也，豈有侍御而不一檢本傳者乎？叔駿，平原高唐人。魏太尉歆子魚孫，晉太常卿表偉容子。封樂鄉侯，遷尚書，所著論難駁詩賦之屬數十萬言。今范書論贊，微章懷之注，誰復知襲華書，而有非僅章懷一注所能證出者。姚本誠不如章逢之孝廉重輯本之詳，然猶必過而存之者，莫爲之前，雖美弗彰，抑又聞之。嶠少子暢在史官，并草魏晉紀傳，侍御當日何不編附于其父書之後，不更大觀歟？然而非補逸漢書者所當從事矣。道光辛丑小陽月甘泉黄奭右原。

分目：

明帝　靈帝　獻帝　孝獻伏后　陳愍王寵　鄧禹　李通　臧宮　祭遵　岑彭　陳俊　馮異　吳漢　賈復　王梁　馬成　馬援　鄭興　樊宏　馮衍　魯恭　劉寬　韋彪　朱暉　桓榮　桓郁　樂松　伏恭　申屠剛　陳元　耿秉　第五倫　應順　傅昌　江革　陳寵　劉平　趙孝　宋均　郅惲　鄭衆　馬防　劉般　任延　馮豹　鄧彪　郭伋　衛颯　何熙　杜安　孔奮　張奮　張堪　徐防　薛苞　郭躬　班固　班超　廉范　賈逵　桓焉　袁安　慶鴻　周燮　倪寬　任浦　岑熙　何敞　劉愷　陽球　鮑德　劉寵　宋登　黄瓊　班始　劉永國　周規　袁良　楊震　吳雄　胡廣　張楷　梁冀　韓演　衛羽　李膺　孔融　陳寔　桓典　桓麟　崔琦　孔嵩　蔡孟喜　張濟　袁逢　王甫　范滂　趙壹　來豔　張英　曹嵩　崔駰　崔瑗　崔寔　皇甫嵩　趙岐　蔡邕　楊彪　董卓　王允　應瑒　崔鈞　華歆　華表　南單于　哀牢夷　執金吾　散騎　東觀　論明章二帝　論二十八將　論鮑永馮衍　論班彪班固　楊氏袁氏　孝義列傳序　補遺（八條）

謝沈後漢書序：昔唐李濟翁資暇集、遼僧廣濟龍龕平鏡各著出處，並著其所出書之第幾卷幾頁，以示有徵。本朝實事求是，拾骨家務爲其難。今姚本縱不能細注原引卷頁，何致昧其本來。即如謝靜思曾撰晉書三十餘卷，余已仿龍龕平鏡例，同近輯十八家晉史，刊入逸書考史部中矣。靜思，本傳作行思，會稽山陰人。閑居養母，服闋，除尚書度支郎。明鍊經史，有史才。先著後漢書百卷，及毛詩、漢書外傳、詩賦文論，皆行於世。或謂一百二十二卷，殆兼後漢書、漢書外傳而言歟。是書與偉平謝書、袁書、司馬書、薛記、東觀記，皆經惠定宇先生取爲今後漢書補注。范書全襲華書，視偉平書、東觀記人物僅十之四五，略事實而趨詞采，誠不可無補而注之者。爲章懷諍臣所不解，定宇先生于深寧叟鄭易，既用資暇集例，至今奉爲拾骨正宗，而獨於補注范書時，引用如此種書，不注出處，竟與姚本同。定翁且然，他何足論！徒以有舉莫廢，而仍録侍御原輯本，爲逸後漢書之一。道光辛丑長至日甘泉黄奭右原。

分目：

序　光武　安帝　桓帝　赤眉　東平憲王蒼　朱鮪　鄭敬　鍾離意　龍丘萇　楊厚　三君
八俊　胡廣　蔡邕　閔貢　牛蘭山　羌胡

袁山松後漢書序：劉子元史通謂范書所採凡編年四族，紀傳五家，是舊後漢書應有九種。以袁彦伯後漢紀尚行於世。彦伯即山松之從昆弟。故舊書之不傳於今，有待今人拾骨者，惟八種耳。山松書亦八種之一。晉書載山松陳郡陽夏人，國子祭酒袁瓌之孫，琅邪太守喬之子。其父曾注論語。山松能世其學，少有才名，史稱著後漢書百篇，即此書也。更著宜都記，爲史所不載，而其説亦往往見於他處。姚魯斯侍御輯後漢書補逸，獨於善音樂，酣醉出遊，好作挽歌之末節，津津道之，無關書旨矣。姚又言世説注多引此，而實則三國志注、水經注、文選注、北堂書鈔、初學記、白孔六帖、藝文類聚、太平御覽、事類賦各部中，尚有蹤蹟可尋，無怪紀文達公作四庫提要，惜其不著所出之書，使讀者無從考證，是其所短。然而蓽路藍縷，姚爲首庸，不揣孤陋，爲一一著其出處，重編付梓。是編仍不等筌蹄之棄，惟就其案語，太支離者去之。至袁書文多排疊，喜志災祲，皆非史裁所尚，不知侍御又何以稱焉。山松歷吴郡太守，殉孫恩之難。正史外往往連山松爲一字，作袁崧云。道光辛丑孟秋甘泉黄奭右原。

分目：

光武　明帝　章帝　殤帝　安帝　桓帝　靈帝　獻帝　赤眉　劉盆子　長安宮人　賈復　耿況　耿弇　馮異　宋弘　侯霸　伏湛　任隗　楊統　楊厚　韓卓　羅威　楊終　竇憲竇景　徐璆　王充　朱穆　楊匡　吴祐　公沙穆　楊震　延篤　岑晊　李膺陳蕃　陳蕃　八俊　賈彪　應奉　周璆　范滂　隗相　范丹　劉洪　蔡邕　蘇謙蘇不韋　羊續　劉陶　柳分　朱儁　皇甫嵩　盧植　陳弇　荀淑陳寔　王允　沮儁　袁紹　李瓚　何顒　射侯　北郊　營頭　置郡分郡　朔山　緜上聚　汎亭　閼與聚　漢源　垂惠聚　西域　姊歸　百官志

張璠漢記序：章逢之孝廉重輯華叔駿書及此記各一卷。不獨此也，凡隋書經籍志所引目，積生平全力，以返其魂，竟十得八九，裒然大觀。惟半燬於火，半賴葉雲素先生代藏。東卿駕都，爲京朝官數十年，深以琉璃廠手民工劣價昂，開雕不易。倘崑臣方伯毅然三世之藏，公諸同好，則余之逸書考二百八十餘種，盡成重儓，雖覆瓿亦焉用之！每讀淵如先生集并其書目，竊歎孝廉之精博，何感于異教，使盛德大業，半塗而廢，爲可惜已。張氏記最晚出，觀袁彦伯自序云：「經營八年，始見張璠所撰書，其言漢末之事差詳。」彼余氏歷敍羣史，亦獨遺此。吴正儀并以爲無考。然則姚侍御始事蒐討，大輅椎輪，厥功宜偉。特惜其知引裴松之注，而不注其孰出三國志注，孰不出三國志注，影響割裂，非贋非真，猶沿明季之習，固不足爲侍御病耳。孝廉所重輯者，既不可得見，余雖踵事增修，不能自信。始先校刊姚本，以便巾箱隨時證佐。至東晉祕書郎安定張璠集二十八家易解十三卷，則又湛深經術，不暇詳矣。道光癸卯三月甘泉黄奭右原。

分目：

明德馬后　靈帝　少帝　獻帝　伏皇后　張酺　盧芳　杜詩　梁冀　左雄　范丹　宋穆之

朱穆　班超　馬防　周舉　郭伋　樊曄　張温　楊秉　侯覽　宋登　陳球　周景　成瑨　李固

吴祐　陳寵　王堂　范滂　种暠　荀顗　時人語　孔融　王龔　王暢　鄭泰　蔡邕　王允　荀淑

荀爽　荀靖　荀悦　荀昱荀曇荀彝　何顒　董卓　朱儁　皇甫嵩　种劭　橋玄　賈琮　王立　袁紹　曹操　劉表　孫堅　劉璋　譙周　于闐大都末　北郊　條支國

汪文臺七家後漢書

崔國榜序：後漢書自謝偉平後，作者十一家。梁、隋以降，闕佚幾半。至唐章懷獨爲蔚宗書注，范存而諸家遂微。然諸書同異，具載注中，零章斷句，散見他書，猶可捃拾。若張瑩後漢南記，則世説、續漢志注、史記集解、初學記、北堂書鈔中，間有存者。僅劉氏義慶、蕭氏子顯兩家之書，殘文賸字，無可考見，蓋亡失久矣。康熙中，錢塘姚魯斯輯東觀漢記以下諸家書爲補逸，頗沿明儒舊習，不詳所自，遺漏滋多。孫頤谷侍御曾據其本，爲謝承書補正，未有成書。近甘泉黄右原比部亦有輯本，視姚氏差詳，終不賅備。黟汪先生南士績學敦行，箸書等身，嘗以稽古餘力，重爲搜補。先生之友湯君伯玕，稱先生舊藏姚本，隨見條記，丹黄殆徧。復慮未盡，以屬弟子汪學惇，學惇續有增益。學惇殁後，藏書盡售於人。湯君復見此本，已多脱落，亟手録以還先生之子錫蕃。錫蕃奉楹書客江右，同歲生會稽趙撝叔從錫蕃假鈔，余復因撝叔得見是書，偕鎮海林君粲英共讀一過。會寫副既畢，爲謀付梓，而余將入都，撝叔亦之官新吴，未克從事佔畢。林君慨然獨任讐校，此刻之成，爲功實多。兹輯存者七家，爲書二十卷，未坿失氏名後漢書爲一卷，凡得二十一卷。

撝叔又言先生所據北堂書鈔，乃朱氏潛采堂本，題曰大唐類要者也，歸錢唐汪氏振綺堂。辛酉亂後，汪氏藏書盡散浙中，尚有寫本，爲孫氏冶城山館物。後歸陳蘭鄰太令家，近亦鬻諸他氏，遠在閩中，無從假閱。異日得之，當可續補數十條。徵引他書，計尠漏略劉蕭兩家所作，又安知非在失氏名書中？是先生書存，不僅七家之書既絶復續也。儻有好學嗜古之士，更取張氏後漢南記，爬抉幽隱，重輯一編，俾十一家著述，沈淪千載，復出人間，存斯梗概，豈非藝林盛事，於此望之矣！光緒八年五月太平後學崔國榜書。

謝承後漢書目：

光武帝　靈帝　伏后　劉玄　李憲　鄧晨　鄧禹　岑彭熙　耿弇恭　銚期　祭遵　馬武　魏霸　馬援　馬廖　劉寬　宋弘　郭賀　韋彪著　郭丹　承宮　鄭均　趙戒　趙典溫　桓譚　鮑永昂　郎顗　杜詩　張堪　蘇章　羊續　賈琮　陸康　馮魴　虞延　鄭弘　梁竦商　冀　曹褒　鄭玄　鄭興　賈逵（以上卷一）

張霸　張楷　張陵　桓嚴　馮緄　度尚　楊璇　劉平　趙孝　車成　江革　周磐　趙咨　班固　第五倫曾孫種　鍾離意　宋均　朱穆　徐防　胡廣　李咸　袁閎　袁弘　袁忠　袁祕　封觀

張酺　周景　陳寵　班超　翟酺　應奉子劭　奚延　徐璆　王充　明帝八王傳　陳禪　陳龜　橋
玄（以上卷二）
崔瑗子寔　周燮　黄憲　徐穉子胤　李曇　姜肱　申屠蟠　楊震　張綱　王龔子暢　种暠　陳
球子瑀　兄子珪　珪子登　劉陶　劉瑜　謝弼　虞詡　傅燮　蓋勳　臧洪　馬融　蔡邕　左雄　周舉
黄琬　荀緄　韓韶　鍾皓　陳寔子紀　李固　杜喬楊章　吴祐黄真　戴宏（以上卷三）
延篤　史弼　趙嘉　皇甫規　張奂　陳蕃周璆　劉瓆成瑨　朱震　王允宏　劉淑　李膺　劉祐
魏朗　夏馥　巴肅　范滂宗資　羊陟　張儉　岑晊　陳翔　檀敷　劉儒　賈彪　郭泰茅容　宋果　賈
淑　許劭　竇武胡騰　皇甫嵩　朱儁　董卓　張温　劉虞　公孫瓚（以上卷四）
陶謙趙昱　袁紹　循吏許荊　孟嘗楊喬　劉寵　仇覽董种　沈豐　百里嵩　巴祇　王阜　酷吏董宣　黄
昌　陽球　宦者曹節　弟破石　吕强　儒林劉琨　戴憑　孫期　歐陽歙禮震　張馴　尹敏　周防　包咸　杜撫　趙曄　許
慎　文苑黄香　王逸　子延壽　侯瑾　高彪　禰衡　獨行彭脩　周嘉　祖燕弟暢　范式孔嵩　李善　張武　父業　陸續
戴封　李充　陳重　雷義　范丹　戴就　劉翊　方術許楊　周獲　謝夷吾　廖扶　樊英　孔喬　李昺　郎宗　王輔　公
祖閎（以上卷五）
沙穆　子孚　郝孟節　逸民高鳳　戴良　法真　列女曹壽妻　袁隗妻　陳臨　王防　陳正　嚴豐　許慶　周穆
鄧曄　桓任　劉崇　皋弘　何湯　羊茂　王博　黄向　陶碩　韓崇　馮暹　鄧儒　湛重　沈景

李鴻　周敞　陳茂　陳宣　戴禮　路仲翁　李敬　公孫曄　封告（以上卷六）

虔國　方儲　張修　傅賢　嚴翊　陳囂　王潭　劉陵　刁曜　王嬰　董春　張意　鄧通　鄧道　尹昆　閔貢　尹苞　張稷　宋度　宗慶　高吕　陳堪　華松　許季長　司馬苞　張冀　許敬　王況　唐羌　王黨　陳楚　陳禁　李壽　李燾　石□　聞人統　施延　□紹　胡邵　祝皓　虞承　陳常　薛惇　徐栩　沈輔　陳謙　周乘　蔣崇　祝良　車章　羊定　項誦　李光　郭汜　周滂　郭宏　毛義　龍丘萇　鄭敬　楊后　張奉　符融（以上卷七）

秦護　殷亮　衛良　田戎　周躬　范充　李萇　陳曄　鍾□　費遂　滕延　劉靚　王閎　陳衆　朱皓　嚴遵　楊豫　史循　魏尚　王奐　高弘　盛吉　朱寵　許永　郭諒　宣仲　嫣皓　唐約　龔遂　周樹　孔恂　賀純　吴馮　張磐　王威　抗徐　高幹　陰修　褚禧　姚俊　駱俊　董襲　伍孚　趙謙　傅翻　孫敬　劉勤　孟政　江漢　馬寔　范訓　司馬均　楊雄　戎良　戴遵　序傳　東夷列傳　禮儀志　五行志　郡國志　兵志　刑志　佛　散句（以上卷八）

薛瑩後漢書目：

光武帝　明帝　章帝　安帝　桓帝　靈帝　獻帝（以上卷一）

司馬彪續漢書目：

光武帝　明帝　章帝　和帝　安帝　順帝　沖帝　桓帝　靈帝　獻帝　光武郭皇后　光武陰皇后　孝明馬皇后　孝章母賈貴人　孝章竇皇后　孝章梁皇后　敬隱宋皇后　孝和陰皇后　孝和鄧皇后　孝德左皇后　孝安閻皇后　孝安李皇后　孝順梁皇后　孝沖母虞貴人　孝質母陳妃　孝崇匽皇后　孝桓梁皇后　孝桓鄧皇后　孝桓竇皇后　孝仁董皇后　孝靈宋皇后　孝靈何皇后　孝靈王皇后　孝獻伏皇后　孝獻曹皇后　獻穆曹皇后（以上卷一）

劉玄　劉盆子　王昌一名郎　隗囂　公孫述　齊武王縯北海靖王興　北海敬王睦　趙孝王良　城陽恭王祉父敞　安成孝侯賜　成武孝侯順　順陽懷侯嘉　李通　王常　鄧晨　來歙　鄧禹　寇恂　馮異　岑彭　賈復　吴漢　蓋延　陳俊　耿弇弟國　國子秉　國弟子恭　祭遵從弟彤　李忠　耿純　朱祐　景丹　王梁　杜茂　馬武　竇融固　曾孫憲　馬援　子光　兄子嚴　卓茂　魯恭弟丕　劉寬　伏湛　侯霸　趙熹　牟融　宣秉　張湛　王丹　王良　杜林（以上卷二）

承宮　趙典　申屠剛　鮑永子昱　襄楷　郭伋　孔奮　張湛　廉范　羊續　賈琮　樊宏子儵　陰識弟興　朱浮　馮魴　虞延　鄭弘　梁統子松　竦　曾孫商　玄孫冀　張純子奮　曹褒　鄭玄　鄭興子衆　賈逵　張霸　桓榮桓典　丁鴻　度尚　楊璇　劉平　淳于恭　周磐　班固　第五倫　鍾離意　宋均　光武十王　沛獻王輔　東平憲王蒼　琅邪　孝王京　朱穆　樂恢　鄧彪　張禹　徐防　胡

廣　袁安　張濟　郭躬　班超　應奉子劭　明八王樂成王黨　萇　李恂　龐參　橋玄（以上卷三）

姜肱　申屠蟠　楊震子秉　孫賜　曾孫彪　玄孫修　章帝八王清河孝王慶　河間孝王開　張綱　王龔　种暠　陳球　劉陶　虞詡　傅燮　蓋勳　張衡　馬融　蔡邕　左雄　周舉　黄琬　荀淑爽　悦　陳寔　李固子燮　杜喬　吴祐　延篤　史弼　盧植　趙岐　皇甫規　張奐　陳蕃王元附（以上卷四）

黨錮傳李膺　范滂　宗資　羊涉　張儉　陳翔　郭泰　許劭　何進　孔融　皇甫嵩　朱儁　董卓　劉虞　循吏傳任延　王涣　劉寵　弟子岱　繇　酷吏傳董宣　陽球　宦者傳孫程　曹騰　養子嵩　單超　徐璜　左悺　具瑗　唐衡　侯覽　吕强　張讓　儒林傳劉昆　楊政　陳弇　尹敏　楊仁　周澤　何休　文苑傳黄香　崔琦　邊韶　張升　趙壹　獨行傳譙玄　李業　温序　周暢　李充　范丹　逸民傳　逢萌　王君平　高鳳　王俊　嚴延　周乘　羊茂　封觀　魯充　陳謙　胡紹　汝郁　楊琳　王苑　祝良　應志　宋則　韓卓　蔣詡　郗慮　劉備　黄巾賊　序傳　西南夷　西羌　西域　烏桓　鮮卑（以上卷五）

華嶠後漢書目：

明帝　章帝　靈帝　獻帝　伏后　李通　鄧禹　馮異　岑彭　賈復　吴漢　蓋延　陳俊　臧宫　耿秉　祭遵　王梁　馬成　傅俊昌　竇融玄孫章　馬援　馬防　魯恭　劉寬　宋弘　韋彪　馮衍子豹　申屠剛　郅惲　郭伋　孔奮　張堪　廉范　慶鴻　樊宏　梁冀　張奮　鄭興　鄭衆　陳

元　張楷　桓榮子郁　孫焉　玄孫典　玄孫彬　丁鴻　劉趙淳于江劉周趙列傳序　劉平　趙孝　江革　劉般　劉愷　班固　第五倫　第五種　鍾離意　宋均　琅邪王京　朱暉　樂恢　何敞　鄧彪　徐防　袁安逢　張酺濟　韓棱演　郭躬鎮　吴雄　陳寵　班超　何熙　應奉劭　陳愍王寵　崔駰子瑗　孫寔　周燮　楊震（以上卷一）

楊彪　馬融　蔡邕　黄瓊　陳寔　張奂　王允　李膺　范滂　皇甫嵩　董卓　衛颯　任延　劉寵　陽球　宋登　伏恭　崔琦　趙壹　范式　任浦　倪寬　岑熙　袁良　鮑德　來豔　周規　丁原　曹嵩　賈逵　蔡孟喜　薛包　竇攸　劉永國　崔鈞　班始　范遷　序傳　哀牢　南單于　執金吾（以上卷二）

謝沈後漢書目：

光武帝　明帝　安帝　禮儀志　祭祀志　天文志　五行志　郡國志　鄭敬　楊厚　龍丘萇　竇武　李膺　閔貢（以上卷一）

袁山松後漢書目：

光武帝　明帝　章帝　安帝　桓帝　靈帝　廢帝弘農王　獻帝　律曆志　禮儀志　祭祀志

天文志　五行志　郡國志　百官志　劉盆子　賈復　耿弇　任隗　竇憲　伏湛　侯霸　宋弘　楊厚　羊續　朱穆　楊終　應奉　徐璆　王充　崔駰　楊震　劉陶　荀淑　杜喬　吴祐　延篤　盧植　陳蕃　周璆　王允　李膺　范滂　岑晊　賈彪　何顒　郭泰　皇甫嵩　朱儁　劉虞　袁紹　范冉一作丹　公沙穆　隗相　韓卓　羅威　沮儁　陳弇　西域　蘇謙　左延年　崔鈞　趙堯（以上卷一　總目作二卷）

張璠漢記目：

靈帝　廢帝弘農王　獻帝　明德馬皇后　孝獻伏后　盧芳　馬防　郭伋　杜詩　王堂　賈琮　梁冀　朱穆　張酺　周景　陳寵　班超　橋玄　楊秉　王龔　王暢　种暠　种劭　陳球　蔡邕　左雄　周舉　荀淑兄子昱　荀爽　荀靖　荀悦　李固　吴祐　周璆　王允　李膺　范滂　張儉　岑晊　何顒　鄭泰　孔融　皇甫嵩　朱儁　董卓　袁紹　劉表　劉璋　樊曄　宋登　范丹　荀顗　張温　王立　北郊　于闐（以上卷一）

失名氏後漢書目：

張重　嚴光　秦彭　李膺　楊彪　鄭凱（以上卷一）

王仁俊玉函山房輯佚書補編

華嶠後漢書目：

趙壹

謝承後漢書目：

方儲　陳臨　秦護

袁山松後漢書目：

三君八俊　京師語曰　公沙穆

王仁俊經籍佚文

司馬彪續漢書目：

劉玄　李燮

五、引用書目

宋李昉等太平御覽　中華書局影宋本
唐白居易宋孔傳白孔六帖　明版初印本
唐魏徵等隋書經籍志　中華書局點校本
近人余嘉錫余嘉錫論學雜著　中華書局排印本
清孫志祖謝氏後漢書補佚　民國廿年南京國學圖書館石印本
清孫峻謝氏後漢書補佚補訂　浙江省圖書館藏清抄本
清汪文臺七家後漢書　光緒八年鎮海林氏刊本
劉宋范曄後漢書　中華書局點校本
北魏酈道元水經注　商務印書館國學基本叢書本
宋趙明誠金石録　嘉業堂叢書本
今人劉起釪尚書與歷代石經　史學史研究八三年第三期

梁蕭統昭明文選　中華書局影胡克家本
晉司馬彪續漢志　中華書局點校本
唐杜祐通典　萬有文庫本
宋程大昌演繁露　津逮秘書本
漢蔡邕獨斷　古今逸史本
宋任廣書敍指南　墨海金壺本
隋虞世南北堂書鈔　孔廣陶本　陳禹謨本　俞安期本　清顧氏藝海樓大唐類要鈔本
唐徐堅初學記　中華書局排印本
漢司馬遷史記　中華書局點校本
宋孫逢吉職官分紀　清鈔本　四庫全書珍本初集本
清黄奭黄氏逸書考　民國二十三年朱長圻補刊本
清黄奭知足齋叢書　道光中家刻本
漢許慎説文解字　中華書局影印本
清惠棟後漢書補注　叢書集成本
晉袁宏後漢紀　康熙蔣國祚蔣國祥刊本

漢班固等東觀漢記　四部備要本
周禮　中華書局十三經注疏本
唐歐陽詢藝文類聚　上海古籍出版社排印本
清王謨謝承後漢書鈔　清刻本
宋吴淑事類賦　崇正書院本
清姚之駰後漢書補逸　康熙栢筠書屋刻本　清徐友蘭鈔本（蔡元培校）
日鈴木啓造諸家後漢書列傳輯稿　早稻田大學　學術研究一九七〇——一九八二年計十一期
連載（未完）
金王朋壽類林雜説　愛日精廬鈔本　嘉業堂叢書本
漢班固漢書　中華書局點校本
唐釋玄應一切經音義　海山仙館叢書本
宋高承事物紀原　叢書集成本
晉陳壽三國志　中華書局點校本
宋王益之西漢年紀　叢書集成本
宋晏殊晏公類要　北京圖書館藏影美原版縮微卷

明陳耀文天中記　明萬曆刻本
宋佚名錦綉萬花谷　南陵徐乃昌校藏明刻本
詩經　中華書局十三經注疏本
梁顧野王玉篇　古逸叢書本
漢應劭風俗通義　四部叢刊本
今人吴樹平風俗通義校釋　天津人民出版社出版
宋司馬光資治通鑑　中華書局點校本
宋高似孫緯略　墨海金壺本
宋佚名翰苑新書　明鈔本
清孫星衍漢官六種　四部備要本
晉李瀚蒙求集註　津逮祕書本　佚存叢書本
清周亮工同書　清順治周氏樓林刻本
宋洪适隸釋　清刻本
宋洪适隸續　清刻本
清葉德輝書林清話　清刻本

魯左丘明春秋左氏傳　中華書局十三經注疏本
劉宋劉義慶世説新語　四部叢刊本
宋高似孫史略　古逸叢書本
宋潘自牧記纂淵海　明萬曆年間胡維新刊本
宋李昉等太平廣記　中華書局排印本
漢蔡邕蔡中郎集　四部叢刊本
清王先謙後漢書集解　商務印書館排印本
今人楊伯峻論語譯注　中華書局出版
論語　中華書局十三經注疏本
唐瞿曇悉達開元占經　四庫全書本
晉常璩華陽國志　四部叢刊本
尚書　中華書局十三經注疏本
爾雅　中華書局十三經注疏本
明余寅同姓名録　明萬曆刻本
宋張淏雲谷雜記　説郛本

清永瑢等四庫全書總目　中華書局排印本
清錢大昕廿二史考異　潛研堂全書本
清郭慶藩莊子集釋　中華書局排印本
宋孔平仲珩璜新論　墨海金壺本
宋王楙野客叢書　稗海本
宋王十朋蘇詩注　四部叢刊本
今人錢鍾書管錐篇　中華書局出版
清嚴可均全上古三代秦漢三國六朝文　中華書局影印本
清洪飴孫史目表　民國石印本
宋張有復古編　江寧局本
唐劉賡稽瑞　叢書集成本
清羅振玉鳴沙石室古籍叢殘　民國初影印本
宋王應麟困學記聞　商務印書館排印本
宋王應麟玉海　杭州局本
宋趙德麟侯鯖録　知不足齋叢書本

唐顔師古匡謬正俗　藝海珠塵本
明李時珍本草綱目　雍正重刊本
明何孟春餘冬序録　清刻本
唐張彦遠歷代名畫記　學津討原本
唐韓鄂歲華紀麗　學津討原本
宋羅泌路史發揮　四部備要本
孝經　中華書局十三經注疏本
魯左丘明國語　上海古籍出版社排印本
今人許逸民初學記索引　中華書局出版
近人朱駿聲説文通訓定聲　同治九年江寧局補版本
清章宗源隋經籍志考證　光緒三年崇文書局本
今人楊伯峻春秋左傳注　中華書局出版
春秋穀梁傳　中華書局十三經注疏本
魏徐幹中論　四部叢刊本
唐房玄齡晉書　中華書局點校本

宋高似孫子略　津逮祕書本
清王謨漢唐地理書鈔　中華書局影印本
清王仁俊玉函山房輯佚書補編　上海圖書館藏稿本縮微卷
清王仁俊經籍佚文　上海圖書館藏稿本縮微卷
唐張鷟龍筋鳳髓判　學津討原本
晉劉昫舊唐書　中華書局點校本
宋歐陽修新唐書　中華書局點校本
清周明泰後漢縣邑省併表　二十五史補編第二册
唐劉知幾史通清浦起龍通釋　上海古籍出版社排印本
宋鄭樵通志略　四部備要本
唐釋道宣廣弘明集　四部叢刊本
梁沈約宋書　中華書局點校本
近人余嘉錫四庫提要辯證　中華書局出版
周易　中華書局十三經注疏本
春秋公羊傳　中華書局十三經注疏本

近人盧弼三國志集解　古籍出版社本
孔叢子　四部叢刊本
清李慈銘越縵堂讀書記　商務印書館出版
琱玉集　叢書集成本
今人楊伯峻孟子譯注　中華書局出版
禮記　中華書局十三經注疏本
近人許維遹韓詩外傳集釋　中華書局出版
漢王符潛夫論　四部叢刊本
宋陳彭年廣韻　古逸叢書本
清徐灝説文段注箋　石印本
近人黄侃説文同文　上海古籍出版社説文箋識四種本
晉崔豹古今注　四部叢刊本
清沈家本諸史瑣言　沈寄簃先生遺書本
近人楊樹達積微居讀書記　中華書局出版
清趙一清三國志注補　廣雅書局本

清侯康後漢書補注續　叢書集成本
宋唐慎微證類本草　四部叢刊本
清周中孚鄭堂讀書記　商務印書館排印本
宋祝穆事文類聚　乾隆積秀堂刻本
儀禮　中華書局十三經注疏本
漢劉安淮南子　四部叢刊本
明張自烈正字通　康熙清畏堂本
清沈欽韓後漢書疏證　浙江書局本
明胡應麟少室山房筆叢　中華書局排印本
清章學誠文史通義　世界書局本

八家後漢書輯注索引

凡例

一、本索引是本輯注人名、地名，兼及職官、年號等内容的綜合性索引。

一、本索引均使用繁體字。

一、本索引的編排以筆劃數爲序，筆劃相同的則按「一」、「丨」、「丿」、「丶」、「乛」次第排列。同次第者，按字形先左右結構，後上下結構。第一字經此處理仍舊相同者，則按第二字筆劃順序排列，餘以此類推。

一、本索引所收人名，除漢朝帝王、后妃外，一般以本姓名爲主目，諸如别名、字、號、封號、謚號等等，一律作爲參見條目。如：「子張　見馬武」，「式侯　見劉恭」，「更始　見劉玄」。不詳本姓名者，則仍本書之舊。而個别同姓名、同字號，或名姓不完整者，在圓括號内加以説明。

一、本索引所收地名，其中行政單位最低收到亭；山河之名全録；西域及西南夷國名亦收，而漢代前後的國名及外國國名均不收；又地區的泛稱如關東、山西、江南、吴越之類不收。

一、本索引所收職官，均系與人相聯系的實授職名，如「太尉徐防」，則收「太尉」目。職名相同而歸屬、級别不同者，則于職名後加方括號以説明。如同是功曹，後加〔郡〕者，爲郡功曹；加〔縣〕者，爲縣功曹。而凡屬泛稱或不詳具體職務者，如縣吏、三府掾等，均不録。

一、爲讀者檢索方便，編有筆劃目録置於凡例之後。

一、本索引所標數碼爲頁碼數，如所索條目在壹頁中有重出，爲節約篇幅起見，恕不另標明，請讀者自行檢讀。

一、本輯注所録佚文，諸載互相歧異，間有錯訛，故而給編製索引帶來許多困難。同時把人名、地名、職官、年號等混編爲統一的索引，也是筆者的初次嘗試，取舍不當而致疏謬，亦恐難免，敬祈讀者批評指正。而當讀者引用本書材料時，亦請認真查核原出處。

筆劃目録

二劃

丁卜九刁

三劃

三于士下大上山夕凡小子

四劃

比元天不王五屯太巨少中内日仁仇介公毛牛升丹六文方户孔允尹巴毋

五劃

功平正玉王本世甘石右左戊北田申史代外丘白瓜句包氏玄主永半弘幼召司

六劃

式戎地老考西共列成百匡夷光吕曲先廷朱伍伏

仲任伊延行全合匈夙交次江汲汝守宅安并羊祁
阮羽牟丞

七劃

杜邯邴志孝李巫車更扶抗別吴岑利何作伯余辛
沅沛沔沘沙沖沈決弟宋牢初即君邵劭郤

八劃

青奉武林刺苦若苗英苑范茅東來拘郅叔卓虎長
尚明忠昆昌具罔牧和季垂侍岱征金狐肥服周京
法河沮泗治宗定宜宛卷郎房門屈建姑始孟承函

九劃

春契垣城柤相柳胡封荊勃郝南莒荀茨郲威匽貞
昭毗界幽种竿重信侯段皇泉後郗爰逢施計哀亭
兗彥度恒洧洮洛前首宣美姜祖祝軍郡陝韋姚羿
紂紀

十劃

班秦泰桂郴桓校耿都真貢袁華莎莊恭晉破夏原
致虔离馬晏畢特秘造乘條脩射皋烏徐殷般釜翁
奚倉桀記郭高亳唐酒涇涉海朔益宰朗書陸陳陶
牂孫

十一劃

琅堵梅聊執萊菟黄曹盛掖鄘堅處堂常崤略野距
崔崇圉國笮符第偃偪偏偉鳥從猛祭許商率章康
鹿清淇涿淮涼淳淯深寇寃密梁鄆張尉陽隗陰將
郿參細

十二劃

博項棘軹散敬朝彭葉萬葛董堯惠煮越硤雁雲揚
雅景貴單黑犍嵇程喬犂智傅順臯焦御須鉅舜勝
鄒然童廐馮湛湖湘渤湞湯温渭湼湟曾寒富盜遂
禄尋費開閎閔疎疏賀

十三劃

瑕 楊 榆 尌 甄 鄔
當 睢 蛾 路 賊 蓋 蒼
義 塗 褚 嗣 嵩 睾 蒲
肅 蒙

十四劃
壽 輔 嘉 臺 蔡 蔣 蔡 趙 臧 監 熙 裴 箕 管 舞 僕 槃 銍 緍 雒
鄖 齊 廣 廖 榮 漢 滿 漆 漘 漁 漲 鄭 寧 聞 隨 鄧 翟

十五劃
橫 樅 褚 穀 蕪 殤 遼 揮 劇 鄰 賜 暴 稽 稷 黎 儋 緜 閭 嫣 豫 緵
盤 餘 樊 縢 膠 穎 劉 魯 諸 褒 稾 廚 慶 摩 潘 選

十六劃
橋 機 薛 薊 薄 蕭 澠 彊 閻 閼 冀 縣 黔 興 穆 築 衛 錢 錫 館
歙 鮑 諫 謁 龍 燒

十七劃
檀 韓 戴 臨 魏 繁 儲 鍾 鮦 鮮 講 謝 襄 應 鴻 濮 濟 禮 闐 孺

十八劃

索引

二劃

丁子然 二二八
丁子嗣 六六
丁孝公 見丁鴻
丁原 四七三 五八七
丁義 一七〇
丁鴻(丁孝公) 三九九 五四七
丁夔 三九九
卜巳 四四一
九江 五九 二七〇 四〇六 四六〇 五一七 五五八 六一七
九真 三一五 三三〇 四八二 五八九
刁曜(子卿) 二二〇

三劃

三老 四一六 五六四
三危 五〇三
三原 七一八
于公 四三七
于寘 見于闐
于闐(于寘) 六九〇 六九三
士成 見蘇章
士孫瑞 四四二 五八六
士孫奮 三八九
下曲陽 二九一
下邳 二七七 六三四 七二五
下邽 五九八
下城父聚 六四一
下辯 四三九
大司空 三五五 五一六 五二五

大司馬　三四三　五四〇
四五二　四七三　五五四
五六五　五七三　五七七
六六一　七二五
大逐　見李元
大鴻臚　六三　一〇九
一五七　一六四　二七九
三二〇　三七三　七一五
七一六
上谷　一八七　四六一
五二二
上官桀　三〇〇
上計吏（郡）　七一　一四〇
二四七
上計掾（郡）　六二八
上庸　六五一
上虞　七五
上雒侯　見王遵
上黨　四〇〇　七一八
山甫　見江漢
山桑　六四一
山陽　一一六　一三二
一五七　一七一　一七三
二五六　二七二　四〇〇
四七四　四八四　五〇一
五〇二　六二八　六三四
六四五　六九五　七〇四
七二七
山陽公　見獻帝
山陽公夫人　見孝獻曹后
山陰　三七　一六五　二三七
大司徒　一二　四一二
五一七　五五七　六六〇
大司農（司農）　一〇五
二〇四　三四八　三六二
三六七　三七三　三九五
三九六　四四一　四五三
四六二　五四一　五六九
六六一　六九一
大長秋　四八八
大夏門亭　四八五
大將軍　九三　二六九
三二〇　三二三　三二九
三四二　三八九　三九五
四二二　四三一　四四四

二四二　二六三　四八三
五九〇
夕陽聚　六四九　六五七
凡伯　六三八
凡亭　六三八
凡陽亭　四二六
小平津　四六〇
小長安　六〇一
小黄　二四一
小黄門　三二一　四八八
四九〇　六一七
子大　見虞延
子公　見陳囂
子玉　見崔瑗
子石　見張磐
子成　見陳咸
子仲　見宋弘
子行　見楊政
子孝　見張湛
子助　見韓卓
子伯　見許慶
子良　見包咸
子阿　見鍾離意
子松　見孔喬
子奇　見費遂
子奇　見劉陶
子昌　見王奂
子居　見周乘
子春　見祝皓
子春　見桓榮
子相　見劉翊
子威　見車成
子貢　二四七
子恭　見戎良
子倫　見殷輝
子師　見王允
子師　見鄭衆
子雋　見張馴
子卿　見刁曜
子高　見吴馮
子高　見戴遵
子堅　見李固
子産　四六一
子庶　見翟酺
子張　見馬武

子張　見許荊
子陽　見彭脩
子將　見許劭
子琰　見黃琬
子雲　見李曇
子雅　見陳禁
子然　見李昺
子然　見陳臨
子淵　見鄧道
子游　見陳堪
子瑜　見侯瑾
子瑋　見崔琦
子幹　見盧植
子路　見仲由
子節　見孟政
子慎　見服虔
子慎　見張修
子瑩　見周璆
子興　見陳宣
子龍　見申屠蟠
子優　見牟融
子禮　見薛惇
子麗　見明帝
子麟　見陳翔

四劃

比干　三九九　六六七
比水　六〇一
元才　見高幹
元方　見陳紀
元江　見張濟
元伯　見王霸
元伯　見張劭
元初　三〇二
元卓　見李咸
元卓　見劉洪
元和　三九　二九九
元始　三五九
元帝（孝元）　六三〇　六三一
元起　見嫣皓
元卿　見蔣詡
元異　見司馬儁
元偉　見曹萌
元淑　見趙壹
元達　見趙昱

元龍　見陳登
元禮　見李膺
天山　三五七
天水　三五八　六八九
天柱大將軍　見劉纘
天鳳　六五五
不其　一五四
不其侯　見伏完
王元　三二九
王元（元系允之誤）　見王允
王丹（仲回）　三七〇
王允（子師、王元）　一〇三　一三八　一四四　四四六　四六七　五八一　五八六　六三二　六七二　六七三　七一四　七一五　七一六　七一八
王立　七二〇
王弘　六〇〇
王吉　五九一
王成　四五五
王匡　一四七　一四八
王延壽　一六七　一六八
王充（仲任）　五六　七五　七六　六六六
王防（文始、任防）　一九五
王甫　四八六　五七六　六七五　七〇六
王甫（即范書之王酺）　五七一
王男　三〇三
王秀陵　六七三
王良（仲子）　三七〇
王君公　四九六
王君仲　二二一
王青（公然）　六七
王苑（孫仲）　五〇〇
王長文　一三八
王季然　一三八
王阜　一五八
王郎　一九九　二九一　三四二
王威　二六五
王奐（子昌）　一七九　二五六
王美人　三一〇
王莽　一一　三四　六八

一五〇　一六四　一九七
一九九　二〇九　二八五
二九七　三三〇　三三二
三六五　三六六　四一二
四八〇　四九五　四九六
五三四　六〇九　六三一
王脩　四七五
王逢　三七　三八八
王朗　六六　六六六
王萌　四八六
王堂　七〇五
王常（顏卿）　三三四
王國　四四二
王符　四六三
王逸　一六七

王訪　七一四
王康　三〇二
王密　四二六
王梁（君嚴）　三四四　三五五
五二四　五二五
王陽　四五七　六九九
王博（季習）　二〇〇
王循　五八四
王舜　六三一
王渙　四八二　六九一
王尊　二〇九
王閎（選公）　二五三
王聖　二八七　三〇三
王頎　七一五
王輔（公助）　一八六

王暢（叔茂、王叔茂）　二三
九三　九四　二七二
二七三　二九三　四五〇
六七三　七〇五　七〇六
七一二
王璋　三二五
王調　六五九
王遵（上雒侯）　三二九
王嬰（仲豪）　一七四
王翻　五七六
王譚（世容）　二一八
王黨　二三三
王霸（元伯）　二九一　五二三
王龔（伯宗）　九三　一一九
三六二　四三四　六九五

六九六

五更 四七

五官中郎將 七三 一八五
三九〇 六一一

五原 五七三 六八七

五鹿墟 六四二

五溪 四八 七二

屯騎校尉 三二一

太子(皇太子) 三〇三
三一〇 三一一 三一二
三一五 三一六

太子太傅 三三六 四三四

太子少傅 三七〇 五四三
六〇〇

太子舍人 一〇一 五六三

太中大夫 八六 二一八

三五三 三六三 三六九
三七九 三八八 三九六
四七四 七〇八 七二二

太未 六〇九

太史 二五五

太史令 四四三 七二〇

太丘 一〇九 四五一

太守(郡守、守) 一三 一六
一七 二〇 二二 二七
二八 二九 三〇 三一
三三 三五 三八 四四
五〇 五二 五六 五七
五九 六九 八二 九三
九四 九六 九七

一〇〇 一〇一 一〇六
一一六 一一九 一二〇
一二一 一二二 一二三
一二四 一二七 一二九
一三〇 一三二 一三四
一三八 一四三 一四五
一四六 一四八 一五二
一五三 一五四 一五五
一六〇 一六一 一六四
一六七 一七〇 一七一
一七五 一七九 一八二
一八四 一八七 一九一
一九三 一九七 一九九
二〇三 二〇九 二一三
二一七 二二一 二二七

二三〇 二三一 二三三 二三四 二三六 二三八 二四〇 二四一 二五六 二六三 二六四 二六五 二六六 二七二 二七四 二七六 二七九 二九九 三三一 三三五 三三七 三四五 三五一 三五二 三五三 三六三 三六四 三六五 三七〇 三七三 三七五 三七六 三八〇 三八一 三八二 三八三 三八八 三九三 三九四 三九七 四〇〇 四〇四 四〇六 四一六 四一九

四二〇 四二二 四二六 四三二 四三五 四三六 四三八 四三九 四四一 四四九 四五七 四六〇 四六六 四六九 四七〇 四七三 四八二 四八三 四八四 四八五 四九五 四九六 四九八 五〇九 五一九 五二七 五二九 五三〇 五三四 五三五 五三六 五三七 五三八 五五六 五五八 五六〇 五六一 五六三 五七三 五七四 五八一 五八七 五八八 五八九 五九〇

五九二 六〇〇 六一七 六二八 六五九 六六一 六六六 六七一 六七二 六七五 六八三 六八八 六八九 六九〇 六九一 六九四 六九五 六九六 六九九 七〇二 七〇四 七〇五 七一四 七二〇 七二六 七二七

太伯 五四七
太和 四八八
太宗 見文帝
太官令 一九六
太皇帝 見曹嵩
太祖 見曹操

太原　八二　一〇一　一二一
一三八　二二四　三〇三
三〇八　四四七　四七一
六七二　七一六　七一八
太倉令　五四〇
太常　二二　三一　三九二
四二七　四六四　四九三
五四四　五五三　六〇〇
六九二　七一六
太常樂丞　二九一
太尉　一七　二二　二三
三八　三九　六一　六二
六三　六六　六七　八一
八四　一〇一　二三九
二三七　二五八　三六六
四一〇　四一五　四二一
四二七　四二八　四三四
四五〇　四五四　四七五
四七九　四八〇　四八九
五六二　五六三　五七五
五七七　五九一　六八〇
六九五　七〇三　七〇六
七〇七　七一四　七一九
太尉長史　一〇五　四四八
太傅　四　六二　一四七
三一七　四一一　四一五
五四五　五六一　五六二
五八二　六〇二　六一〇
七一五　七一六
太僕　一二二　一四七
二七八　三五〇　三五七
三八七　三八九　四六二
四七九　五九二　六三一
七一五
太醫　二五五
太饒　見劉寬
巨山　見孔嵩
巨公　見宣秉
巨毋霸　二八二
巨孝　見江革
巨君　見鄭弘
巨卿　見孔恂
巨卿　見申屠剛
巨卿　見范式
巨卿　見龔遂

巨高 見曹嵩
少子 見承宮
少正卯 一二五
少英 見李恂
少英 見魏朗
少府 一四七 四七五
　五八三 六〇八 七一六
少帝（劉辯、弘農王） 三一〇
　三三二四 四六〇 六二六
少卿 見周燕
少康 二九七
少傅 五四四
少節 見毛義
少賓 見司馬均
少贛 見鄭興

中大夫 三〇九
中山 一二六 一七六
中山靖王 見劉勝
中元 二九七 三六六
中平 三三〇八 四四一
　四七三 六二六 七〇八
中牟 一六 三六〇 三六一
中郎將 一一七 四六二
　五八七 六七三
中書侍郎 九八
中黃門 三〇二
中常侍（常侍） 二三 五七
　一一六 一二三 一二九
　一三一 二四四 三〇六

中大夫 三〇七 三〇九 三二三
中山 一二六 一七六
中山靖王 見劉勝
中元 二九七 三六六
中平 三三〇八 四四一
　四七三 六二六 七〇八
中郎將 一一七 四六二
中書侍郎 九八
中散大夫 三六三 四九五
中尉〔王國〕 三五一
中尉 三〇七 三〇九 三二三
　四一七 四三四 四六〇
　四七三 四七四 四八六
　四八八 四九〇 五五六
　五七五 六九四 七〇四
　七〇六
中壘校尉 六三一
中護軍 五五四
内黃 六四二
日南 一四五 二一三
仁恕掾〔郡〕 三六〇
仇香 見仇覽

仇覽（仇香、季智）　一三六　一五三
介山　六五二
介子推　四四七
介休　四七一
介亭　六四八
公山　見劉岱
公可　見尹暹
公旦　見周公
公先　見張奉
公先　見蘇不韋
公孝　見岑晊
公車令　三五
公車司馬令　四九七
公助　見王輔
公沙孚（允慈）　一八七
公沙穆　一八七　六七〇　六八二
公叔　見朱穆
公挺　見楊奇
公祖　見橋玄
公孫　見馮異
公孫述　二八五　三三〇　三四〇　五一九　五三七
公孫曄（春光）　二一二
公孫瓚　一四五　一四六
公偉　見朱儁
公偉　見楊奇
公超　見陶碩
公超　見張楷
公雅　見桓典
公然　見王青
公業　見鄭泰
公緒恭　七一四
公儀　見張表
公儀子　六六〇
毛欽　一三一
毛義（少節）　五一　五四九　五五〇
牛渚　二七二
牛蘭山　六〇四
升卿　見虞詡
丹陽　一〇一　一四五　二一〇　二一三　二六四　二六五　二七二　三五二

六安　二四　五三一
文公　見聞人統
文先　見楊彪
文仲　見魏尚
文伯　見王況
文林　見桓嚴
文若　見荀彧
文始　見王防
文帝（孝文、太宗）　一一一
二〇九　六二一　六三〇
六三一
文紀　見張綱
文高　見何敞
文通　見高鳳
文通　見董昆
文理　見劉瓆
文章　見黃向
文淵　見馬援
文義　見楊仁
文肅　見嵇紹
文質　見孫敬
文舉　見孔融
文彊　見黃香
文鍾　見陳□
文饒　見劉寬
文疊　見湛重
方正　見陽球
方城〔屬南陽葉縣〕　六四九
方城〔涿郡屬縣〕　六五三
方儲（聖明）　二一三　二一四
二一五
户曹史〔郡國〕　七六　一二三
一七五
孔子（仲尼、孔聖）　二三
五八　五九　七七　九四
一二五　一四〇　一九〇
三七五　三七七　三九五
四〇六　四五九　四六一
四七三　四九四　五〇九
五一三　五四七　五四八
五四九　六七五　七〇〇
七一七　七二六　七二七
孔公緒　見孔伷
孔光　四二八
孔伷（孔公緒）　一四〇

七一七
孔尚　四七三
孔宙　四七三
孔昱　一三三
孔恂（巨卿）　二六三
孔喬（子松）　一八五　一八六
孔聖　見孔子
孔嵩（仲山、巨山）　一七三
一七四　五九四　五九五
孔褒　四七四
孔融（文舉）　四五一　四七三
四七四　四七五　四七六
五八三　五八四　七一六
七二一　七二二　七二六
七二七
孔奮（君魚）　三七九　三八〇
五三六
孔霸　一三三
允慈　見公沙孚
尹伯　見魏應
尹苞（延博、石苞）　二二四
尹昆（□淵）　二二三
尹敏（功季）　一六三　四〇三
四九二
尹尊　五二〇
尹臺　六八一
尹端　一四三　七二〇
尹暹（公可）　二〇三
尹興　一七五
巴東　七一四
巴祇（敬祖）　一四六　一五七
一五八
巴郡　四九二　五六〇
巴肅　一二九
毌丘長　一一四
毌樓且王　六八七

五劃

功季　見尹敏
功曹〔郡〕　三六　八二
一〇八　一一六　一二一
一二九　一三〇　一四〇
一六九　一七二　一七八
一九八　二〇〇　二三四
二四四　二六六　四一六

四二〇　四六九　四七八
　四九六　六七五　六九一
　七〇三　七〇四　七〇五
功曹〔縣〕　二五　二三三
　二二七　二四五　二四九
　四一四　四二二　六〇六
功曹書佐〔郡〕　二二九
平子　見張衡
平氏　三三九
平氏君　見趙堯
平仲　見戴封
平阿　六五〇
平城　七
平帝（孝平）　二四　三二二
平津　五四六
平原　一一二　一一六
　一二一　三六四　三七七
　四六〇　四七四　四九六
　七一二
平陸　一八六
平陵　三一五　三一六
　三六九　三七五
平通侯　見楊惲
平陰　四七三
平壽　六四八
平壽敬侯　見鄧訓
平輿　一四〇　四六六
正公　見周燕
正甫　見袁忠
玉門　三四九
王況（文伯）　二三一
本初　見袁紹
世英　見黃瓊
世叔　見應奉
世宗　見武帝
世祖　見光武帝
世容　見王譚
世德　見羊定
甘城　六三七
甘陵　四六七
甘菟　五〇五
石□　二三六
石苞　見尹苞
石慶　五四九
石顯　二〇六

右中郎將 四七七 四七九

右丞（即尚書右丞） 五七〇

右扶風（扶風） 一一 一一八
一九〇 三一五 三一六
三四六 三七五 三八九
四〇三 四四二 四九〇
六五二 七一八

左中郎將 三三四六 三七二
四二七 四四六 四七七
四七八 五六三 七一四

左仲躬 三一九

左延年 六八四

左丞 見尚書左丞

左姬 見孝德左皇后

左雄（伯豪） 一〇四 一〇五

四四六 四四七 六九五

左馮翊（馮翊，官名） 二二二
五四一 五五四

左聖伯 三一九

左髭丈八 七〇九

戊己校尉 三四八

北中郎將 四六〇 四六一

北邙 見北芒

北地 九九 一三八 三三八

北芒（北邙） 一一 七一〇
三五八

北軍中候 四七五

北宮衛士令 四九二

北郭 一八五

北海 二八 一二二 一八六

二四〇 二四四 二八九
三〇七 四七五 五八四

北海敬王 見劉睦

北海靖王 見劉興

北海静王 見劉興

田林 七一四

田戎 一二 三四〇

田常 六二二

田居 一七六

申徒臣 三三三

申屠剛（巨卿） 三七四
五三三

申屠蟠(子龍)　八七　一三六
　四二四
史雲　見范丹
史敞　四五九
史循　二五五
史弼　一一六　四六〇
史鰌　三七四
代郡　四九一
外黃　三四　一三一　六八一
丘靈舉(季智)　一三八
白水　六二一
白水關　六一八
白波谷　一九〇
白狼　四三五
瓜里津　六四九
句林王　六八七
句章　二一四
句亶　六一八
包咸(子良)　一六四　一六五
氐道　六五一
玄菟　七八　六五三
玄德　見劉備
玄德先生　見法真
主記史(郡)　六六
主記掾(郡)　二六六
主簿(郡國)　三八　五六
　六六　一二二　一二六
　一四〇　一四三　一四五
　一五〇　一六四　一六九
　一七一　一八〇　一八三
　一九七　二四六　二六六
　四六三　四六七　六〇九
永元　三一五　三一六
　三一七　三一九　三九一
永平　六　三七　三九　七〇
　一〇五　一六四　一八三
　二三一　二九八　二九九
　三一三　三一四　三一六
　三八九　三九二　四一六
　五二八　五九九
永先　見許永
永初　一七一　三〇一
　三〇二　三二二　四九六
　五六九　六〇一
永昌　九四　四三五　六九六

永和　二二
永建　三一九
永康　三〇五
永壽　四六三
永漢　九六
永寧　見袁祕
永寧　七七　四八七
永樂太后　見慎園董貴人
永樂后　見慎園董貴人
永樂董太后　見慎園董貴人
半路亭　二三七
弘農　四四　八九　九〇
一一八　一二一　一三八
一四四　一六一　三三一
三五四　三六二　三六三
四四二　四八八　五一四
五二三　六三九　六七六
六九八　七〇四
弘農王　見少帝
幼平　見成瑨
幼起　見傅燮
召公　四七六
召伯　二七
召陵　一八五　一八七
司空　一〇　一八　二三
三九　六二　一四五
三一〇　三九一　四一五
四二二　四二五　四二八
四四五　四四九　五一六
五五五　五六三　五六八
五九二　六〇〇　六五九
六六〇　六八〇　七〇五
七〇八　七一二
司徒　三五　六二　六三
九九　一一〇　一三八
一五三　一九一　二二九
二三一　二七一　三七六
四一〇　四一五　四二二
四二七　四二八　四八〇
四八八　四八九　四九三
五二九　五三一　五六三
五六六　五六七　五八五
五九九　六〇〇　六〇六
六七二　七〇五　七一五
七一六

司徒司直　三六八　三七〇
司徒長史　四七　三七〇
司馬防（建公）　五〇九
司馬均（少賓）　二七四
司馬直（叔異）　四九〇
司馬苞（仲咸）　二二九　二三〇
司馬朗　五〇九　五一〇
司馬儁（元異）　五〇九
司馬遷　七六　一〇三　五五四
司寇　一二五
司農　見大司農
司農帑丞　二七九
司隸　見司隸校尉
司隸校尉（司隸）　五四　九八　一二二　一二五　一二七　一六〇　一九五　二一二　二二八　二五九　二六六　二九三　三六七　三七五　三七六　四一四　四八六　四八九　五六九　五七一　五八六　六〇〇　六六一　六九四　七一六

六　劃

式侯　見劉恭
戎良（子恭）　二七四
戎未瘣　五〇七
地皇　二七一
老子（老氏、老君、李老君）　三〇四　四七三　五二六　七二七
老氏　見老子
老君　見老子
考城　一五三　二五六
西平　六三
西平王　見盧芳
西夜國　五〇六
西河　一三八　二九〇　三七八　五七四
西門君惠　五三四
西城　六五一
西華　一七六
西部都尉〔郡〕　一六九

西海　五〇五　六九三
西縣　六五一
共縣　六三八
列人　二九六
成安　三二九
成武　六四六
成帝（孝成）　一三三　六二一
六三〇
成都　二二　二四
成皋　四七一
成瑨（幼平）　一二一　六七五
六七六　七〇四
成樂　六五三
百里嵩（景山）　一五六
一五七
匡衡　六三〇
夷陵　一二
光武帝（劉秀、蕭王、世祖）
四　一〇　一一　一二
一三　一四　二八　三四
一六二　一六三　一九六
一九九　二〇九　二四七
二八三　二八五　二九一
二九五　二九六　二九七
二九八　三一一　三一二
三三〇　三四七　三五一
三五二　三六六　三七四
三八四　三八七　四八〇
五一二　五一六　五二四
五三三　五三四　五四三
五九一　六〇一　六〇六
六一四　六二一　六三一
六五六　六八八　七一七
七二八
光武郭皇后（聖通、郭皇后）
三一　三一二
光和　二五九　二七八
二八九　三〇六　三〇七
三二五　四六四　四七三
五一三　六二六　六三三
七〇七
光烈陰皇后（麗華）　三一二
光祿大夫　八〇　三五五
四二八　四三一　四四八
五一七　五三九　五六二

六〇〇　六五八
光禄勳　九一　三三四
三六一　三六九　三七一
四一五　四五一　四九六
七一二
光禄勳主事　一八七
呂布　一四九　五八六
七一五
呂母　三三八
呂尚　一二一
呂育　三二八
呂强（都鄉侯）　一六一
四九〇
曲阿　一六四
先零　四六三

廷尉　七　一八　二一六
二五七　二八〇　四二三
五六六
廷尉正　九五　五六六
廷尉左監　五六六
廷尉北曹史　二八〇
廷尉監　六八
朱直　三二五
朱英　三五三
朱勃　三五八
朱祐　三五四　五二四
朱浮（叔元）　三八六
朱崖　二〇八
朱雲　一六九
朱敞　六五九

朱皓　一四三
朱寓　六七　二九三　六一七
朱蓋　七〇二
朱零　一二九　一三〇
朱暉　五九　五六〇
朱儁（公偉）　四九　一四三
四七七　四七八　四七九
五八四　六七九　七二〇
朱震（伯厚）　一二二　一二三
四六七
朱穆（公叔、忠文）　五九
六〇　六一　四〇九
五三五　六六三　六六四
六九七　六九九　七〇〇
七〇一

朱鮪 一二 三三九 五一九 六〇五
朱寵（仲威） 二五八 五七七
伍子胥 二五三 四一一
伍孚（德瑜） 二六九
伏氏 見孝獻伏皇后
伏后 見孝獻伏皇后
伏完（不其侯） 三二五
伏波將軍 見馬援
伏恭 五九二
伏湛（惠公） 三六四 六五九
伏德 五一五
仲山 見孔嵩
仲山甫 三八四 三八五
仲弓 見何湯
仲弓 見陳寔
仲子 見王良
仲子 見宋弘
仲公 見雷義
仲文 見宋果
仲文 見馮豹
仲田 見王丹
仲田（子路） 一九〇 五四八
仲尼 見孔子
仲式 見孫期
仲任 見王充
仲叔 見班超
仲叔 見張業
仲叔 見閔貢
仲河 見袁湯
仲宗 見張冀
仲承 見劉淑
仲咸 見司馬苞
仲威 見朱寵
仲威 見禮震
仲思 見桓郁
仲桓 見楊厚
仲都 見李忠
仲真 見賀純
仲華 見鄧禹
仲師 見鄭衆
仲躬 見陳寔
仲孫 見郭躬
仲黄 見韓韶
仲康 見魯恭

仲達　見龐參
仲援　見應劭
仲舒　見傅賢
仲遠　見應劭
仲節　見應志
仲廉　見魯恭
仲經　見趙典
仲綏　見郎宗
仲豪　見王嬰
仲寧　見梁統
仲舉　見陳蕃
仲篤　見張重
仲謙　見唐約
仲豫　見荀悦
仲嚮　見周景

仲讓　見蘇謙
任光　二八五　三五一
任延(長孫)　一五〇　四八二
　五八九　六〇九
任防　見王防
任城　二二　八五　九
　四九三　六一七
任座　一六九
任隗　六五九
伊尹　一二一　六六七
伊戾　四七六
伊陽　七〇三
延平　六〇　二八九　三一九
延光　六四八
延岑　六五六

延固　四八八
延博　見尹苞
延裒　三八七
延熹　七二　三二二　三七七
　四八九　五七〇　六二八
　六六一
延篤(叔固、叔堅)　一一五
　四五九　六七〇
行巡　五一八
全椒　四〇一　五五一
合浦　一五二
合鄉　一五六
匈奴中郎將　一〇一　一一九
　四六四
夙沙　四七六

交州 二三二 三八三
交阯 六 三二 四九 五七
一五二 二〇七 二〇八
二三二 二四三
次元 見李通
次仲 見戴憑
次伯 見江革
次彦 見周滂
次都 見鄭敬
次卿 見鄭敬
次孫 見祭肜
次陽 見袁隗
江水 一二 二七二 四〇一
四〇六 四一一 四三八
四五七 五五一 五五八
江伯 七二七
江京 三〇二
江革（次伯、巨孝） 五五〇
五五二
江夏 一〇六 二五一
二六三 二七五 四四九
江陵 四九一 六一八
江漢（山甫） 二七二
江關 六一八
汲黯 三七四
汝南 五四 六三 六四
六七 六八 一一二
一二九 一三〇 一三六
一四〇 一六二 一七一
一八〇 一八二 一八五
一九〇 二〇三 二〇八
二一一 二二三 二三〇
二三二 二三三 二四六
二四七 二四九 二五〇
二六五 二六九 三三五
三三七 三七六 四二三
四四七 四五四 四六六
四六九 四七〇 四七一
五〇一 五一七 五五〇
五六一 五八二 六〇六
六四一 七〇三 七〇五
七一六 七二五
汝陽 一七一
汝陰 二二三 五九二
六九四

汝墳　一七〇
汝潁　七二五
守　見太守
守文　見鮑昱
守陽　四〇九
宅陽　三八四
安丘　一八六
安成　二一九
安邑　四六〇
安定　一五八　三一五
　三二八　四二〇　四六二
　六五二　六七八　六八七
　七一八
安定屬國　一〇〇　一一八
　三三九　四六三
安南將軍　一三
安思閻皇后　三一九
安帝（孝安、恭宗）　三三
　六一　七八　七九
　一五七　一八六　二八七
　三〇一　三〇二　三一六
　三一九　三八二　四四四
　五四五　五五〇　五六二
　六一三　六三一　六四八
安陵　五四
安國　一二六
安得　三四八
安陽　六五一
安陽思侯　見郭昌
安衆　一三〇　一九九
安衆侯　見劉寵
并州　一四二　三七七
　三七八　三七九　四四七
　七一八
并陽聚　六四二
羊元　一五三
羊定（世德）　二〇〇
羊茂（季寶）　一九九　四九八
羊昌　四二三
羊祕　三一　三八三
羊陟（嗣祖）　一三一　四七〇
羊續（興祖、叔祖）　二九
　三〇　三一　三八三
　五三八　六六二　六八〇
祁　七一六

阮況　五九
羽林中郎將　五四六
牟融（子優）　三六七　五五五
丞〔郡〕　二四　三〇　二七一
丞相　三二五　六三〇

七劃

杜母　見杜詩
杜安　五六〇
杜伯夷　二二七
杜林（伯山）　三七一
杜周甫　見杜密
杜祐　二六六
杜陵　二三一　三二九
四八一　五八五
杜猛　三五五
杜訪　一一二
杜密（杜周甫）　六七　一二二
六七三　七一二
杜陽　六五六
杜喬（叔榮）　八〇　一〇五
一一二　四三一　四三四
四四八　四五〇　四五六
四五七
杜楷　二九三　四四二
六八八
杜詩（杜母）　二〇　二七
杜撫（叔和）　一六五
邯鄲　二九六　三四二
六四三
邴吉　三〇三
邴吉（西漢人）　五六四
邴昌　五六四
邴原（邴根矩）　四七五
五八四　七一八
邴根矩　見邴原
志伯　見趙戒
孝元　見元帝
孝仁皇　見劉萇
孝仁皇后　見慎園董貴人
孝文　見文帝
孝平　見平帝
孝成　見成帝
孝先　見邊韶
孝安　見安帝

孝武　見武帝
孝明　見明帝
孝明賈貴人（賈貴人）　三一四
　三一五
孝和　見和帝
孝和陰皇后（陰氏）　三一七
孝和鄧后　見和熹鄧皇后
孝宣　見宣帝
孝桓　見桓帝
孝桓鄧皇后（猛女、梁貴人）
　三二三　五六五
孝桓竇皇后（竇皇后、竇太后）
　三二三　七〇六
孝起　見封觀
孝孫　見馬防
孝崇皇　見劉翼
孝崇皇后　見博園匽貴人
孝章　見章帝
孝惠　見惠帝
孝順　見順帝
孝順虞大家　三二一
孝遠　見駱俊
孝德左皇后（孝德皇后、左姬）
　三一九
孝德皇帝　見劉慶
孝德皇后　見孝德左皇后
孝質　見質帝
孝獻伏皇后（伏后、伏氏）　二
　三二五　五一五　七二三
孝獻曹后（山陽公夫人）
　三二五
孝靈　見靈帝
孝靈宋后　三二四
李士　四二五
李子政　一三八
李元（山陽人）　九一
李元（陳留人、大遂）　一七六
李元（濟陽人）　一七四
李元禮　見李膺
李文姬　四五五
李文德　四五九
李老君　見老子
李光（伯明）　二四六
李充　四九六
李守　三三三　五三四

李忠（仲都） 三五一 三五二
李固（子堅） 一一〇 一一一
一一二 四五二 四五三
四五四 四五七 七一一
李郤 一一〇
李育 二〇六
李南 一八四
李咸（元卓） 六二 六三 六
四 七〇六
李昭 七一一
李昺（子然） 一八五 一八六
李胤 六〇〇
李恂（少英、叔英） 四二〇
四二一
李宣 六七四

李珪 一二六
李通（次元） 一〇 三三三
三三四 五一六
李萇 二五〇
李基 四五五
李淑 九
李軼 三三三
李敬 二一一
李傕 一四四 四七九
五一四 五一五 五八六
六三二 六七三 七一五
七一六
李善 一七四
李業（距游） 四九五
李頌 一二九 一三〇

李廉 五八四
李肅 三三
李壽 二三四 二三五
二三六
李暠 六六一
李曇（子雲） 八四 四二三
李興 六八七
李篤 一三一 一三二
李儒 六二六
李燮（德公） 一一二 四五五
李膺（元禮、李元禮） 六七
一二一 一二三 一二四
一二五 一二六 一三九
二九三 四五〇 四六八
四七一 四七三 四七四

五八二　五八三　六〇八　六七二　六七三　六七四　六七五　六七六　七〇四　七〇五　七一一　七一二　七一六　七二六　七二七
李鴻（奉遜）　二〇六　四二〇　四二一
李寶　六五六
李續　一七四
李瓚　六七四
巫　二五〇　七三〇
車成（子威）　五三
車恩都　五三
車章　二四五
車騎將軍　四八　四九　七二
一二三　一四二　一四五　二九一　三〇一　四七八　五二八　五六九　五八四　六九二　七〇八
更始　見劉玄
更始（年號）　三六四
扶風　見右扶風
抗徐（伯徐）　二六五
別駕〔州〕　六七　六八　一五七
別駕從事〔州〕　一四六　二〇八
吳奉　二三〇
吳房　二六九
吳恢　四五七　六九九
吳祐（吳佑、季英）　一一三　一一四　四五七　四五八　六六九　六七〇　六九九
吳郡　四七　五六　九六　一五〇　一五四　一六四　一七四　一七五　二〇六　二三七　二四一　二六〇　二六一　六〇九
吳恭　五六六
吳訢　五六六
吳將軍　見吳漢
吳雄（季高）　五六六
吳馮（子高）　一一四
吳漢（吳將軍）　三三九　三四一　三四二　三四三

五二〇　七二五
吳縣　一六九　一七〇
　一八六
吳範　一四六
岑晊（公孝）　一二一　六七五
　七〇四
岑彭（君然）　一二一　一三
　三三九　三四〇　三四二
　五一九　六〇五
岑熙　一三　五一九
利陽　三二九
何太后　見靈思何皇后
何休（劭公）　一六六　四九三
何皇后　見靈思何皇后
何真　三二四　四七二
何進（遂高）　二六九　三二三
　三九五　四七二　四七三
　五八〇　五八三　七一七
何敞（文高）　一七一　四一〇
　五六一
何湯（仲弓）　四七
何熙（孟孫）　五六九
何顒（伯求）　六七七　七一六
作明　見彭閎
伯川　見楊淮
伯山　見杜林
伯山　見耿純
伯升　見劉縯
伯仁　見張純
伯平　見秦彭
伯考　見郅壽
伯夷　八六　九四　一五〇
　五四七　六〇九　六七五
伯安　見劉虞
伯求　見何顒
伯初　見耿秉
伯武　見高弘
伯奇　見樂恢
伯明　見李充
伯昇　見劉縯
伯宗　見王龔
伯宗　見耿恭
伯宗　見夏勤
伯始　見胡廣
伯厚　見朱震

伯持　見周暢
伯昭　見耿弇
伯度　見竇憲
伯祖　見鄧儒
伯祖　見劉祐
伯真　見陳球
伯起　見楊震
伯時　見周暢
伯條　見荀翌
伯條　見荀緄
伯師　見趙峻
伯徐　見抗徐
伯堅　見周磐
伯魚　見第五倫
伯淮　見姜肱

伯陽　見趙喜
伯達　見張禹
伯喈　見蔡邕　六八　一八〇　二〇九
伯欽　見楊賜　二三四　二三五　二七六
伯禽　見沈輔　二九四　三七〇　五六五
伯游　見唐約　五九一　六三四　七一二
伯楚　見袁彭
伯豪　見左雄
伯寮　一九〇
伯謙　見陳謙
伯歸　見韓稜
伯騫　見馬寔
伯讓　見陳謙
余來　二七二
辛臣　一二　三四〇

沅水　五八
沛（沛國、沛郡）　四六　六七
　　六八　一八〇　二〇九
　　二三四　二三五　二七六
　　二九四　三七〇　五六五
　　五九一　六三四　七一二
　　七二六
沛郡　見沛
沛國　見沛
沛獻王　見劉輔
汴水　一二
沘陽　三七六
沘陽公主　三一五
沙亭　六四一
沙鹿　六四二

沖帝　二八九　三〇三
三二〇　三二一　四五四
沈景　二〇五
沈輔（伯禽）　二四二
沈豐　五六　一五四　一五五
二九九
沁水公主　三五七
決曹史〔郡〕　七二　七二六
弟孫　見祭遵
宋由　四一〇
宋弘（仲子、子仲）　一八
五四二　六六〇
宋均　見宗均
宋典　五一三
宋果（仲文）　一三七
宋泉　四四二
宋度（叔平）　二二六
宋訢　一一六
宋章　四九三
宋揚　三一六
宋貴人　見敬隱宋皇后
宋登（叔陽）　二七六　五九二
六九四
宋瑗　一三七
宋襄公　七二二
宋酆　三二四
牢脩　一二五
初平　三一〇　四六一
五六五　七一四
即丘　六四七
君山　見桓譚
君子　見施延
君成　見傅翻
君長　見鮑永
君房　見侯霸
君陵　見陰興
君黄　見譙玄
君魚　見孔奮
君章　見郅惲
君期　見陳囂
君達　見封告
君達　見盛吉
君然　見岑彭
君淵　見陳長
君游　見張堪

君遷　見馬成
君嚴　見王梁
君嚴　見蔡勳
邵平　見祝良
邵公　見袁安
劭公　見何休
劭卿　見祝良
郜亭　六四〇

八劃

青州　六三　八六　一八六
　二三五　二三六　四四八
　四七五　五二一
青龍　三一一
奉車都尉　七一七
奉卿　見皐弘
奉高　見袁閎
奉遜　見李鴻
武叔　一九〇
武威　四四一　五〇四
　五八一　五八九
武帝(孝武、世宗)　三七
　一〇三　二七〇　三〇六
　四八一　五八五　六一四
　六三〇
武都　四三八　四三九
　五三六
原武　五三七
武陵　四八　五八　七二
　三四六
武猛校尉　五八七
武猛都尉　四七三
武陽　一六五　三一九
武當　六五〇
武德　二五六
武關　五九八　六一五
　七一八
林宗　見郭泰
刺史　一九　二二　三二
　三七　四九　五一　五七
　六七　六八　九四
　一〇一　一〇四　一〇六
　一三二　一四五　一四六
　一四八　一五六　一五七
　一五八　一七三　一八三

英布 四七六
二〇三 二〇八

苑康 七一一
二一七 二三六

范升 四九一 五四一
二四三 二四五

范睢 五七二
二五三 二六三 三七七

范丹（范冉、史雲、范萊蕪、貞節
三八二 三八三 四一一
先生） 一四〇 一七八

范滂（孟博） 一二二 一二九
四二二 四二七 四三五
一七九 一八〇 二二四

范愷 六八一
四三六 四四七 四四八
四九六 五九六 六八一

范萊蕪 見范丹
四七五 四八八 四八九
六八二 七〇八

范冉 見范丹
四九〇 五五六 五七〇

范顯 一二九
五九四 六〇六 六九六
范式（巨卿） 一七一 一七二

范遷 五三一
七〇八 七一六 七一八
一七三 一七四 五九四

范縣 二三八
五九五

范丹 三三八
范仲禮 六六

刺姦將軍 三三九

茅容（季偉） 一三七

苦陘 三五一
范延壽 七

茅通 三二〇
若邪 四八三
范羌 三四九

茅丹 三三八
苗曾 三四二

東平 五七〇 六七四

索引

八四七

七一七
東平陸　六四四
東平陵　四八三
東平憲王　見劉蒼
東光侯　見耿純
東里先生　四〇二
東武　三二五
東城　五九六
東郡　五五　六七　九七
一三四　一四八　一九九
二〇九　三五三　三七七
四九八　五一九　六四六
東莞　一四六　六四六
東都尉〔郡〕　二一〇
東部侯〔郡〕　三七
東部尉〔郡〕　一五〇　六〇九
六二八
東海　五五　七三　一五六
一六四　一七六　二八〇
三七〇　六三四　六四七
東海王　見明帝
東海恭王　見劉彊
東萊　二七四　二八九
三〇七　三五一　四二六
東鄉　六四九
東甌　二二三
來輔　一一
來豔　五一六
拘彌　五〇六
郅君章　見郅惲
郅惲（郅君章）　一七二
五三四
郅壽（伯考）　二五
叔山　見馬光
叔元　見朱浮
叔方　見陳正
叔平　見宋度
叔皮　見班彪
叔林　見劉儒
叔茂　見王暢
叔英　見李恂
叔明　見陳弇
叔明　見虞承
叔固　見延篤
叔和　見杜撫

叔和 見項誦
叔重 見許慎
叔度 見黃憲
叔度 見廉范
叔庠 見宋均
叔祖 見羊續
叔都 見宗資
叔陵 見魯丕
叔通 見曹褒
叔孫通 四二
叔堅 見延篤
叔異 見司馬直
叔康 見楊匡
叔陽 見宋登
叔節 見楊秉

叔廉 見耿國
叔慈 見荀靖
叔齊 見褚禧
叔齊 八六 九四 一五〇 六〇九 六七五
叔榮 見杜喬
叔賢 見衛良
叔慮 見耿國
叔儒 見劉永國
卓茂(宣德侯) 三五九 七一五
虎賁中郎將 四七 一六二 三一八 三九〇 四七五
長山 見陳羣
長水校尉 一〇一 三一九

三四九 三八四
長平 二八七 六四一
長平 見趙孝
長史(郡) 二四〇 二六〇 六二八
長安 四 九 一一 一二 一五 二八 九一 一四四 一六四 三一〇 三三〇 三七五 三八四 三九一 三九七 四八〇 五一一 五七四 五八五 六〇五 六二七 六三二 六五六 七一四 七一五
長岑 五七三
長沙 四八 四九 一七三

二一九　二二七　二四一
二四四　二六五　四三八
五〇〇　五三四　五八七
長沙定王　一九九
長社　一〇八　四七七
四七九
長君　見趙曄
長門亭　六三九
長垣　三四三
長垣澤　四五八　六六九
長陵　四〇四　四〇九
四四二
長孫　見任延
長孫　見陳元
長樂衛尉　五五一
長駿　見華廙
尚坦　三〇九
尚書　四五　五七　六〇
六九　七一　七七　七八
一〇三　一〇六　一二八
一九四　二〇〇　二三三
四二五　四四六　四四八
四五〇　四六〇　四九三
五六八　六五九　六七一
六七五　六九六　七一四
尚書左丞（左丞）　一九四
二二五　二六二　二八〇
四一三　四九三
尚書令　三　二二　二五
六七　一〇四　一三一
一四四　一七五　一九五
二〇四　二一五　二四九
二六一　二七五　三三九
三六三　三六五　三七四
四二二　四三七　四四九
四六六　四八六　五三三
五五九　五七九　五九九
六七一　六九五　七〇四
七一六
尚書侍郎　一八七　一九四
二二五　二八〇　二八三
七一七
尚書郎　一〇〇　一二七
二一八　二六二　二六七
四一二　四一三　四四二

五三二　五七〇　五九〇
六一七
尚書僕射（僕射）　三八
二二三　四〇五　四四六
四九三　五七九　五八二
明帝（劉莊、劉陽、子麗、孝明、
東海王、顯宗）　四　一九
五七　一〇五　一六五
二二五　二八〇　二八六
二九八　三一四　三一六
三三六　三七六　三九二
四〇七　四九一　四九二
五一一　五一二　五三五
五四一　五四四　五四五
五五七　五六三　六〇二
六二二　六二三　六三一
六九〇　七二九
明德馬皇后（馬后、馬夫人）
一五　三一二　三一三
三一四　六〇二　六九〇
忠　見榆勒
忠文　見朱穆
昆陽　二九七　三三九
六四〇
昌平　三四六
昌安　六四八
昌邑　四二六
昌邑王　五〇九
具瑗　四八九
罔成亭　六四四
牧　一四六　三四二　三七八
三七九　四七八　五八四
牧師令　三五八
牧野　六三九
和平　三二一　三三二
和成聚　六五〇
和帝（劉肇、孝和、穆宗）　四〇
三〇〇　三一五　三一八
三九一　四九三　五六九
六一三　六三一　七〇四
和熹鄧皇后（鄧綏、鄧太后、孝
和鄧后）　六一　三一六
三一七　三一八　四三〇
四八七　六六一
季文子　六六四

季方　見陳諶
季英　見吳祐
季長　見馬融
季明　見鍾晧
季真　見馬融
季卿　見商仁
季高　見吳雄
季習　見仇覽
季偉　見茅容
季孫行父　六二四
季智　見王博
季智　見丘靈舉
季瑜　見應珣
季齊　見樊英
季寧　見陸康

季興　見曹騰
季儒　見施陽
季寶　見羊茂
垂惠聚　六四一
侍中　三三　七〇　九〇
　一二三　一〇五　一一五
　二一二　一六二　一六三
　三一九　二一九　二六九
　四〇一　三三五　三七二
　四四六　四二七　四三一
　四五〇　五〇一　四四〇
　五四五　五五〇　六一三
　六六五　七一四　七二〇
　七二一

季興　見曹騰
侍中祭酒　二二一
侍御史　九〇　二一〇
　二二〇　二九六　三七四
岱宗　二九九
　七一四
征西　見馮異
征西大將軍　五一八
征西將軍　五二二
征羌　四六九
征南將軍　五一九
征虜將軍　五二三
金日磾　九二

金城　六六一　七二九
金鄉　一七一　六四五
金堤　二〇九
金蒲城（金滿城）　三四八
金滿城　見金蒲城
狐奴　三四四
肥頭小卿　三三九
肥親　三六〇
服虔（子慎）　六一七
周公（公旦）　一二〇　二〇九
四四六　四五九　四七六
四九四　五四八　六六七
周文王　四六〇
周平王　一七〇
周成王　一二〇　二八六
四四六　四七六
周防　一六四
周伯靈　二三〇
周武王　一二一　三九九
四六一　六二七
周起　七二〇
周奂　七一五
周毖　五〇八
周紆　五六〇
周莊王　二八一
周翃　四四八
周乘（子居）　二四三　四九七
周躬　二四九
周規　五八七
周翊　一〇五
周章　三六
周康子　一三八
周陽　見袁逢
周敞　二〇六　二〇七
二〇八
周景（仲嚮）　六七　六八
四二二　七〇四
周滂（次彥）　二四七
周嘉　一七一
周暢（伯時、伯持）　五四
一七一　四九六
周榮　七〇四
周璆（孟玉、子瑩）　一一九
六七二　七二三
周稷　一九八

周磐（堅伯、伯堅）　五四
　四〇二
周樹　二六二　二六三
周燕（正公、少卿）　一七〇
周獲　一八二
周澤（稚都）　四九三
周舉（宣光、真先）　一〇五
　四四七　四四八　六九六
周燮（周鑾）　八一　五七四
　七二六
周黨　二二四
京兆　二一二　二三一
　二五八　四〇四　四〇九
　四二三　四四二　五七七
京兆尹　九　一一　二五
　九一　一一五　二五一
　四五五　四五九　四八九
　五〇九　六七〇　七一〇
京房　二〇六　二〇七
　二二一
法正　七二三
法真（玄德先生）　一八九
法曹吏〔郡〕　一一九
法雄　四一三
法喬卿　一一八
河內　一二七　一三八
　一四七　一七四　二四〇
　二五六　三三六　三三七
　三三九　三九四　四三八
　四七三　四九九　五五七
　六〇一　七〇五
河水　一二　二九六　三七七
　五〇四　五一四　五一五
　六三三　六九八　七一〇
　七二〇
河北　一九九　二九六
　三四一
河西　三七九　五二七
　五七〇
河東　一一六　三〇八
　三七四　四六〇　六三四
河牧城　六四四
河南　二　五　四五　八七
　八九　一一二　一二五
　二〇二　三一九　三五九

索引

三六五　四二一　四四七
四八二　四八五　四八九
五六六　六一七　六九八
河南尹　二三　一二五
一二九　一三一　一七一
一八〇　二三九　二六九
三六〇　四一四　四一七
四三一　四六八　四七〇
四七三　四七九　四九六
六五九　七一六　七二六
河津　四七三
河陽　六三八
河堤謁者　二一〇
河間　二三　一一四　二〇五
三〇二　三〇九　三二三
三二四　四三〇
河間王　三〇五
河間孝王　見劉開
河關　五〇三　五〇四
沮儁　六七九
泗水　六四六
治中從事〔州〕　七七
治書　七一四
治書御史　一〇三
宗正　七二〇
宗均（宋均、叔庠）　五八
五九　一二九　四〇六
五五八　五五九
宗琳　見陳琳
宗資（叔都）　一二九　一三〇
四六九　四七〇
定陵　二二六　二二七
定陶　五七　五五六
定陶王　見劉祉
定潁侯　見郭鎮
定襄　一三二　一三八
六五三
宜民　二六〇
宜春　一七七
宜城　四八七
宜陽　三二九
宛　九五　一二一　一八五
三一二　三二四　三三〇
三八〇　五二〇　五六〇
六〇一　六四九

宛陵　一六〇
卷城　六四九
卷縣　一八四　六三八
郎　二四　一六六　五五七
　五九一　六一六
郎〔王國〕　四一六
郎中　二八　四七　四八
　一〇二　一二一　一六二
　一六三　一六六　一八六
　一八七　二一三　二一四
　三二一　三二四　四一六
　四四三　四四四　四四五
　四七七　五五三　五五八
　六二八　六六五
郎中〔王國〕　六五六
郎中令〔王國〕　六二六
郎宗（仲綏）　一八六
郎將　三四九
郎顗　二六　一八六
房元　三六五
門下書佐〔郡〕　四九　二六九
門下祭酒〔郡〕　一五〇
　六〇九
門下幹〔郡〕　二七四
門下督〔郡〕　六六
門下掾〔郡〕　一七四　一八二
門下議生〔郡〕　四一六
屈伯彥　四七一
屈豫　四六
建元　三一八
建公　見馬防
建光　五五〇
建安　三一〇　三一一
　三二五　四七五　五〇一
　五一〇　六五一　七二一
建初　二九一　二九九
　三一五　三一六　三六〇
　三六二　五二五　五五〇
建武　四七　六〇　一七五
　二〇九　二三四　二九六
　二九七　三一一　三一二
　三九〇　四九二　五二三
　五四三　六〇三　六五九
建武將軍　五二二
建昌　二八四

建和　四四九　六二四
建康　三〇三　四三三
建寧　二　四　五　六三
一三八　三〇五　三〇六
三七七　四六〇　六二五
姑臧　三七九　三八〇
五三六
始春　見桓鸞
孟玉　見周璆
孟他　四九〇
孟光　一九〇　六一〇
孟郁　三〇六
孟卓　見張邈
孟政（子節）　二七一
孟侯　見嚴豐
孟高　見劉陵
孟孫　見何熙
孟孫　見竇固
孟堅　見班固
孟博　見范滂
孟喜　見蔡衍
孟賁　三〇六
孟賁（春秋衛國人）　七一八
孟軻　七六
孟嘗　一五二
孟嘗　見薛包
孟觀　二六三
承宮（少子）　二一　三七二
三七三
承疊　三七三
函谷關　一三八　四八一
四八八

九劃

春光　見公孫曄
春卿　見桓榮
契　六六七
垣雝城　六三八
城父侯　四〇
城門校尉　七一五
相水　六四七
相　二二　五五　六五　七二
七九　八〇　八五　九六
一一三　一一四　一一六
一二九　一四六　一五七

一七六　二〇五　二一一
二二〇　二二五　二四〇
二四四　二五六　二五七
二六七　二七六　二八〇
四〇六　四二二　四五〇
四五八　四七五　四九四
五五六　五六五　五七〇
五八四　五九一　六七四
七一一　七一二　七二六
相工　三二〇
相者待詔　三一七
相國　五九九
相豫　見劉愷
柳中城　三四八
柳分　六三三
柳城　四六一
胡母班　一四七　一四八
胡邵　二三八
胡剛　四一二
胡殷　一二　六〇五
胡爽　一三
胡陽　三三九
胡紹　四九九
胡廣(伯始)　四　二三　六二
六三　一一一　四一三
四二三　五六二　六〇二
七一五
胡蘭　四九　七〇二
胡騰　一四一
封告(君達)　一九一
封觀(孝起)　六六　六七
四一六　四九八
荆州　一九　二二　四八
四九　五一　一四一
一四二　一七三　一八三
三三九　四二六　四八一
五九四
勃海　一五八
勃海王　見獻帝
郝孟節　一八七
南武陽　六四五
南昌　四七　八一
南岳　五〇三
南郡　一六七　一九〇
二六〇

南海　四五七　六九九
五三四　五三八　五四九
五八八　五九四　六四九
六五〇　六五九　六六四
六七〇　六七五　六七七
六七九　六八八　七〇四
南容　見傅燮
南鄉　一〇
南陽　一〇　一五　一九
二二　二七　二九　三〇
三一　三五　三六　五一
九三　九四　一二一
一三〇　一四一　一五〇
一七三　一七四　一八三
一八八　一九九　二六六
三一二　三一四　三二四
三四一　三六三　三八〇
三八三　四一五　四二二
四七〇　四七二　四八八
四九七　五二九　五三〇
南就聚　六四九
南頓　六七　五〇一　七二五
南鳴市　二九五
南䜌　三五四
莒　一四六　五五九　六五五
荀宇　四九五
荀攸　二六六　七一二
七一七
荀汪　七一一
荀昱　七一二
荀彧(文若)　二六六　四五一
六六八　七一三　七一六
荀悅(仲豫)　一〇七　四五一
七二一
荀旉　七一一
荀爽(慈明、荀諝)　四二五
四五〇　四五一　四六八
四八〇　五三五　六一六
六六四　六六八　七一一
七一二　七一六
荀淑　四五〇　四六八
六六八　七一一
荀翌(伯條)　六七三
荀靖(叔慈)　六六八　七一一
七一二

荀緄(伯條)　六七　一〇六　二九三　七一一　七二六
荀儉　七一一
荀曇　七一二
荀諝　見荀爽
荀燾　七一一
荀顗　六九五
荀彝　七一二
茨充　一五〇　五八八
郟　三八七
威明　見皇甫規
威宗　見桓帝
威卿　見馬嚴
威虜都尉　四四二
匽貴人　見博園匽貴人

貞定　見蔡稜
貞節先生　見范丹
昭公　見陳寵
昭帝　三〇〇
昭寧　三一〇
毗陵　二七一
界休　六五二
幽州　一四五　一六八　三四二　四二一　四八一　四八七　七〇六
种劭　七一六
种拂　九五　一八〇　七一六
种暠(景伯)　九四　九五　四三四　四三五　四三六　四八八　六九六

竿咸　六四四
重合　五四
信都　三三五　六四三
侯生　見侯嬴
侯參　九一　四八九
侯瑾(子瑜)　一六八
侯嬴(侯生)　一九五　五九五
侯霸(君房)　三五　三六五　五五七　六六〇
侯覽　二三　一一六　一三一　四六〇　四七四　四八九　七〇四
段珪　四一七
段熲(紀明)　四六四　四六五
皇太子　見太子

皇甫規（威明） 一一七
四六二 四六三 四六四
皇甫嵩（義真） 一四二
一四三 四七七 四七八
五八四 六七八 七一三
七一九
泉陵 一五四
後將軍 七一八
郗公 見郗慮
郗慮（郗公、鴻豫） 三
五〇一 七二二 七二三
爰延（奚延） 七三
爰興（驥） 七三
逄安 六五六
施延（君子） 二三七

施陽（季儒） 二七五
計吏〔郡〕 二六六
哀牢 五〇三 五九七
哀帝 二四 六二一
亭伯 見崔駰
亭長 一〇八 二〇七
兗州 六 三七 五七
一四八 一四九 二三一
二四六 四四八 五五六
彥信 見趙謙
彥真 見張升
度尚（博平） 四九 三九九
四〇〇
度遼將軍 四六二
恒直 見郭亮

洧水 六三三 六三四
洮陽 一五四
洛 見洛陽
洛水 三八九
洛邑 見洛陽
洛城 見洛陽
洛陽（洛、洛邑、洛城、雒、雒陽）
一二 三五 四七 七五
八〇 九二 九六
一一二 一七一 二二五
二四四 三〇一 三一〇
三一一 三一六 三三九
三四〇 三九一 四三一
四三三 四五二 四五七
四八〇 四八一 四八二

四八五　四八六　四九六
五〇九　五三八　五六〇
六〇五　六二七　六八九
七一六　七二六
洛縣　六九
前將軍　三三六
首陽山　六七五
宣光　見周舉
宣仲　二六〇
宣秉（巨公）　三六八
宣帝（孝宣）　七　一一一
五一二　五二八　六二一
六三〇　六三一
宣靖　七一四
宣德侯　見卓茂

宣播　五八六
宣豐　二四三
美陽　六六一
美稷　三七八
姜仲海　四二四
姜季江　八五　八六　四二四
姜肱（伯淮）　八五　八六
四二三　四二四
祖榮　見劉寵
祝良（邵平、劭卿）　二四四
二四五　五〇〇
祝其　一五六
祝皓（子春）　二三九
軍都山　四六一
郡守　見太守

陜　一四四
韋著　二〇　八二　四二三
韋彪　二〇　五三〇　五三一
姚俊　二六七
羿　二九七
紂　九一　一二一　四七六
七二三
紀山　見陳禪
紀氏　三八七
紀伯　二一八
紀明　見段熲
紀陽　見董春

十劃

班固（孟堅） 五六 七〇 一〇一 四〇三 五五三

班始 五五四 五六九

班彪（叔皮） 五六 五五三 五五四

班超（仲叔） 七〇 一九〇

班女休 六八四 六八五

秦始皇 六一三 六一四

秦宮 五四〇

秦彭（伯平） 七二七 七二八

秦豐 一二

秦護 二四八

泰山 六 二九 三七

桓少君 一九〇

郴 一五二

桂陽 五〇 一五〇 四四二 五八八 七〇二 六二八 七一四

桓任 一九八

桓延 五四五

桓良 五四五

桓郁（仲思） 五四四 五四五

桓典（公雅） 三九八 五四六

桓焉 五四五 五四六 六六三

桓俊 五四五

桓帝（孝桓、威宗） 二三 八二 八六 九〇 九五 一一五 一二〇 一二一 一四〇 一九四 二六二 二八八 二八九 二九四 三〇四 三〇五 二九九 三二二 四〇九 四一五 四六六 四六七 四六八 四六九 四八八 四八九 四九六 五六六 六三一 六六四 六七二 六七三 七〇六 七一五

桓順　五四六
桓普　五四五
桓虞　四九三
桓雍　五四四
桓榮（春卿、子春）　四七　三九七　三九八　五四三　五四四　五四七　六九二
桓衡　五四六
桓譚（君山）　二四　五三一　五三四
桓嚴（桓礹、文林）　四六　四七
桓鄷　五四五　五四六
桓麟　五四六
桓礹　見桓嚴
桓鸞（始春）　六六三
校書郎　一〇二　四四五
校書郎中　三五七　四四四
校尉　六二八
耿伯　四五六
耿秉（伯初）　三四八　五二二　五二三
耿況　三四六　五二二　六五八
耿弇（伯昭）　三四六　三四七　五二二　六五八
耿恭（伯宗）　一三　三四八　三四九
耿純（伯山、東光侯）　三五二　三五三
耿國（叔慮、叔廉）　三四七　三四八
耿騰（高亭侯）　三五四
都末　六九三
都官郎　六〇八
都官從事　三七五
都尉　三七　七四　七八　一〇〇　一一八　三三二　三六二　四六三　四七二　四八二　五四六　六〇六
都鄉侯　見呂强
都鄉侯　見袁隗
都護〔西域〕　七〇　一九〇
真先　見周舉
真定　三一一

貢禹　六三〇
袁平　五六三
袁本初　見袁紹
袁弘　六六
袁成　四一五　五六三
　六八〇
袁安(邵公)　三六〇　三六一
　四一〇　四一四　四一五
　五六三
袁良　五六三
袁叔稺　一二二
袁忠(正甫)　六六　四一六
　五六五　五八二
袁京　五六三
袁珍　一二二
袁祕(永寧)　六六　四一六
袁逢(周陽)　六六　一〇一
　四一五　四一六　四八九
　五六三　五六四　六八〇
袁術　六六　一四九　二六八
　四二八　四七五　七一六
　七一八
袁隗(次陽、都鄉侯)　一九〇
　四一五　五六三　五八〇
　六一〇
袁紹(本初、袁本初)　六六
　一〇九　一四六　一四七
　一四八　一四九　三二四
　四七二　四七三　五七四
　六七四　六八〇　七一〇
　七一六　七一七　七二一
袁彭(伯楚)　四一五
袁湯(仲河)　四一五　五六三
袁閎(夏甫)　六四　六五
　六六　八二　四二三
袁賀　六五　七二　七二五
　七二六
袁閬(奉高)　一三六　四七一
華仲　見應順
華表(偉容)　五八四　六〇〇
華松(愛卿)　二二八　二三九
華周　六〇〇
華陰　四四　四五　一一八
華博　六〇〇
華歆　三　五八四　五九八

五九九　六〇〇
華廙（長駿）　六〇〇
華嶠　五三四　五四七
五八四
莎車王　六九三
莊生（即莊子）　六二七
恭宗　見安帝
恭愍李皇后　三一九
恭懷梁皇后（梁貴人）　三一五
三二〇
晉文公　四六四
晉文經　一三九
晉宣帝　五一〇
破敵都尉　四四二
夏甫　見袁閎

夏甫　見黄真
夏門亭　三〇五　四五四
四五七
夏侯勝　五六四　六三〇
六三一
夏啓　二八六
夏勤（伯宗）　二七〇　二七一
夏靖　一二八
夏馥　一二八
原縣　二五
原憲　一五〇　六〇九
致密城　六四四
虔國　二一三
鬲　二四三
馬元義　五〇二

馬夫人　見明德馬皇后
馬日磾（馬公）　一四七
五七六
馬公　見馬日磾
馬生　見馬援
馬成（君遷）　五二五
馬充（叔山）　三五八
馬仲　三五八
馬后　見明德馬皇后
馬防（孝孫、建公）　二九一
二九二　三一四　五二七
五二八　六九一
馬武（子張）　一五　三三七
三五六
馬皇后　見明德馬皇后

馬宮　四一二
馬員　三五八
馬援（文淵、馬生、新息侯、伏波將軍）　一五　五八　二八五　三一二　三五八　四五七　五二七　六一四　六二一　六九九
馬寔（伯騫）　二七二　二七三
馬稜　四三八
馬廖　一五
馬稷　一八四
馬賓　三五八
馬融（季長、季真）　一〇一　一〇二　一六六　一九〇　四四四　四四五　四六〇　五三五　五七七
馬嚴（威卿）　三五八　三九三
晏嬰　二四七
畢正　三二一
畢嵐　五一三
特進　二三　九一　三八五　四八八　五一六　五三九
祕君　一七〇
祕書監　七二一
造津　二〇九
乘氏　六四六
脩縣　七四　六四三
射犬　三五二
射聲校尉　三九四
皋陶（皋繇）　二二〇　四六九　六七五
皋繇　見皋陶
烏氏　三一五
烏桓校尉　一二四
烏程　一八二
烏傷　一九四　二六七　六五〇
徐子盛　二一　三七二
徐州　七三　一〇一　一四六　一五六　一五七　二〇三
徐防　六一　四一二　五六二　五二一
徐相　見徐栩
徐胤　八四
徐栩（徐相）　二四一

徐偃王　七二二
徐淑（伯進）　七四　四四六
　四四七
徐蒙　二四四
徐稚（孺子、徐穉、徐孺子）
　八一　八二　八三　八四
　一二〇　四二三　六七一
徐慎　七四
徐璜　四八九
徐璆　六六六
徐穉　見徐稚
徐縣　二七七
徐孺子　見徐稚
殷建　三三八
殷亮　二四八
殷輝（子倫）　二七八
般　四八四
釜亭　三三二
翁君　見劉憲
翁敖　見劉慶
奚延　見爰延
倉曹掾〔郡〕　一八〇
桀　九一　一二一　七二二
記室史〔郡〕　六六
郭大賢　七〇九
郭公　二六五
郭丹　二〇　六一五
郭伋（細侯）　三七七　三七八
　三七九　五三五
郭有道　見郭泰
郭汜　一四四　四七九
　五一五　五八六
郭宏　二四七
郭林宗　見郭泰
郭長信　一三八
郭昌（安陽思侯）　三一一
郭皇后　見光武郭皇后
郭亮（恒直、郭諒）　一一一
　四五四
郭度　六九六
郭泰（林宗、郭林宗、郭有道）
　一〇九　一三四　一三六
　一三七　一三八　一三九
　一四一　四七一　六〇八
　六七二　六七六　六七七

七一六
郭泰（黃巾軍領袖） 二九〇
郭躬（仲孫） 四一七 五六六
郭貴人 三二三
郭尊 見郭遵
郭賀（惠公） 一八 一九
郭賀（喬卿） 一九
郭聖通 見光武郭皇后
郭圖 二六六
郭諒 見郭亮
郭遵（郭尊） 一〇五 四四八
郭鎮（定潁侯） 一八 五六六
高丹 六五九
高平 五〇一
高弘（伯武） 二四〇 二五六
二五七
高呂 二一七
高安 二〇七
高皇帝 見高祖
高皇帝 見曹騰
高亭侯 見耿騰
高帝 見高祖
高祖（高帝、高皇帝） 七 二五五 二八三 三三七 四八〇 六二一
高峻 三二四
高躬 二六六
高陵 二八七
高梵 四三四 四三五 六九四
高彪 一六八
高堂伯 一六五
高密 六三 三五一 四七五
高密侯 見鄧禹
高陽 六四三
高幹（元才） 二六六
高鳳（文通） 一八八 四九七
高慎 七六
高遷亭 四四五
高賜 二六六
高廟令 一一
高廟郎 一一
亳猛女 見孝桓鄧皇后
唐 見堯
唐羌（伯游） 二三二

唐珍　三〇六
唐約（仲謙）　二六一
唐姬　六二六
唐衡　一二九　三〇六
酒泉　二五四　四四一　七二二
涇水　二八七
涉屋山　六
涉都鄉　六四九
海西　七四
海鹽　二三七
朔山　六四一
朔方　一四八
益州　二三　九四　一二四　二八五　四三五　四三六　四八一　四八八　四八九　六〇六　六九六
益孫　見淳于恭
宰晁　一六九
朗陵　一一一
朗陵侯　四五〇　七一一
書佐（州）　一六〇
書佐（郡）　二七一
陸康（季寧）　三三
陸閎　一七五
陸續（智幼）　一七五　一七六
陳□（文鍾）　七三〇
陳元（長孫）　五四一　五四二
陳屯　九五
陳平　五六四　七一八　七二二
陳平子　一七三
陳正（叔方）　一九六
陳仲舉　見陳蕃
陳茂　二〇八
陳長（君淵）　二四〇
陳忠　七七
陳宗　四〇三
陳政　三三二
陳咸（子成）　六八
陳重（景公）　一七七　一七八　二〇二
陳俊　三四五　三四七　五二一
陳弁（叔明）　四九二　六八一

陳宣（子興） 二〇九
陳紀（元方） 一〇九 四二五 六六八
陳珪（漢瑜） 九六
陳倉 四三八 四四二
陳留 三四 三五 一二二 一二三 一二八 一三六 一三七 一五三 一五六 一七六 一七八 二二四 二三一 二四一 三九三 四三七 四四五 四五七 四六七 四七四 四八八 四九四 五七八 六七七 六八一 七一五
陳留王 見獻帝
陳球（伯真、宗琳） 九五 四二二 四三六 七〇二
陳常 二七七
陳國 七六 一三六 一八〇 二六七 四二二
陳衆 一〇
陳逸 四六七
陳堪（子游） 二二八
陳掌 五六四
陳翔（子麟） 一三二 四七〇
陳寔（仲弓、仲躬） 一〇八 一〇九 四五一 四六八 五七九 五八〇 六六八
陳登（元龍） 九六
陳瑀 九六
陳禁（子雅） 二三三 二三四
陳煒 四七四
陳羣（長文） 一〇九 四五二 五九九 六〇〇 六六八
陳愍王 見劉寵
陳曄 二五〇
陳端 六六
陳蕃（仲舉、陳仲舉） 二三 六二 六三 六七 六八 八一 八二 一〇九 一一九 一二〇 一二一 一二二 一八七 二四二 四二三 四六六 四六七 五八二 六〇七 六一七 六二四 六三三 六七一

六七二　六七三　七〇四
七〇五　七一六
陳遵　一四六
陳諶（季方）　六六八
陳禪（紀山）　七七
陳謙（伯謙、伯讓）　二四二
二四三　四九九
陳臨（子然）　一九三
陳囂　見陳囂
陳龜　七八
陳寵（昭公）　六九　五六七
五六八　六九一
陳囂（君期、子公、陳囂）
二一七　二一八
陶丘洪　四六〇　四七四

陶碩（公超）　二〇二
陶謙　一四六
牂柯　九一
孫仲　見王苑
孫卿（即荀子）　七六
孫堅　七一四
孫章　四一七
孫敬（文質）　七二九
孫期（仲式）　一六三
孫程　九八　三〇二　四八七
孫策　五九九
孫微　五一五
孫壽　五三九　五四〇
孫臏　四三九

十一劃

琅邪　七四　一五四　二四〇
二五六　二五七　二八九
三〇七　三二五　三四五
三七二　六三四　六四七
琅邪王　見劉京
琅邪孝王　見劉京
堵陽　三二九
梅福　五〇九
聊城　六七　七一八
執金吾　一四八　三二四
三三八　三八五　三八六
五二〇
萊蕪　一七九　五九六

六八一
菀裘聚　六四五
黄子艾　一三九
黄向（文章）　二〇一　二〇二
黄况　一六六
黄初　四二八
黄奉　二四五
黄叔度　見黄憲
黄昌（聖真）　一五九　一六〇
黄門侍郎　三八五　四五一
六〇〇
黄門郎　三一四　三一八
三四七
黄門從官　四八七
黄香（文彊）　一六六　一六七
三六三　四九三
黄祖　一六八
黄真（夏甫）　一一三　六六九
黄射　一六八
黄雋　四四一
黄國　三八
黄淳水　六〇一
黄琬（子琰）　一〇六　四二八
四四九　四五〇　四八〇
四八一
黄澤　六四二
黄憲（叔度、黄叔度）　八一
一三六　四七一　七一一
黄瓊（世英）　一一三　六三
八四　一〇六　四四九
五七九
黄黨　二九六
黄讜　一六四　二三四
二三五
曹子元　一三八
曹公　見曹操
曹丕（魏王、魏文帝）　三一一
四二八　五一二　五九九
曹仲興　四八七
曹充　三九二
曹伯興　四八七
曹叔興　四八七
曹破石　一六一
曹常侍　見曹騰
曹章（鄢陵侯）　四二九

曹陽　五一五　七二〇
曹植（臨淄侯）　四二九
曹嵩（巨高、太皇帝）　四八九
　五九一
曹節　二三　一六一　四八六
　六三三　七〇六
曹節（元偉，節當作萌）
　四八七
曹節　見獻穆曹后
曹壽　一九〇
曹褒（叔通）　四二一　三九三
　三九四
曹操（魏王、太祖、魏武帝、
　曹公）　三　九二
一四八　一四九　三一一
三二五　四二二　四二八
四六一　四七五　四七六
六二七　六三四　六七四
六七七　七一六　七二〇
　七二三
曹憲　見孝獻曹后
曹騰（季興、曹常侍、費亭侯、高
　皇帝）　四八七　四八八
盛元　四四九
盛吉（君達）　二五七
盛仲明　六七七
掖庭令　五一三
鄾　五二〇
鄾王　見尹尊
堅伯　見周磐
處仲　見張陵
堂邑　四〇五　五五七
堂谿典　四八八
常山　二四七　三三五
　五二五　六〇〇
　六二八
常侍　見中常侍
崤　一六一　四八一
崤底　五一八
略陽　三三五
野王　一二五　五二四
距游　見李業
崔烈　一〇〇　五七四
　七一五
崔琦（子瑋）　四九四　五九三

崔鈞　五七四
崔寔　八〇　五三五　五七三　五七四
崔瑗（子玉）　七九　八〇　四二三　四九四　五七三
崔駰（亭伯）　五七二　五七三　六八五
嵩高邑　三〇六
圉　三九三　四三七　四四五　七一五
國師　二三
筦融　一四六
符偉明　見符融
符融（偉明、符偉明）　一三六　一三九　一四〇　五八三　六〇八
第五永　一六八
第五倫（伯魚）　三九　五六　五七　一八二　一八三　三八八　四〇四　五五四　五五五
第五儁　四四二
第五種（興先）　五七　一二二　五五六
偃師　一四　三五〇　四五五　七一五
偪陽　六四七
偏將軍　五二三
偉明　見符融
偉卿　見鄧晨
偉容　見華表
偉節　見賈彪
鳥擊都尉　四四二
從事〔州〕　一〇　四六　五七　六〇　六七　一〇一　一二三　一四一　一四二　一四六　一七〇　二六二　二六三　四二〇　四二三　四八七　五五六　七一三　七一六
從事〔郡〕　一二二
從事中郎　四四八　四五二
猛女　見孝桓鄧皇后
祭肜（次孫）　一四　三五〇　六九〇

祭酒　四四五
祭遵（弟孫）　一四　三五〇
　五二三　五二四
許　三一一　六六六　七二一
許子將　見許劭
許世　一五一
許由　八六
許永（永先）　二五九
許劭（子將、許子將）　一四〇
　一四一　四七二
許季長　二二九
許荆（子張）　一五一
許偉康　一三六
許陽　一八二
許敬（鴻卿）　二三〇　二三一
許慎（叔重）　一六六
許德　三四四
許慶（子伯）　一九七　一九八
商子微　一七二
商仁（季卿）　二七九
商容　三九九　四六一
率義侯　見張曄
章和　二三一　三〇〇
章帝（孝章、肅宗）　六九
　一八三　二一五　二七九
　二八七　二九九　三〇五
　三一四　三一六　三二三
　三二四　三八一　三九六
　四二一　四九二　五一二
　五二六　五三五　五五〇
　五五五　五六〇　五六三
　六一三　六一七　六二三
　六三一　七〇四
章陵　三八四
章德竇皇后（竇后、竇太后）
　三一五　三一六　三二〇
　三二三
康成　見鄭玄
鹿城鄉　六四六
清水　三三〇
清河　四五　九七　三八二
　四三〇
清河王　見劉慶
清河孝王　見劉慶
清寇都尉　四四二

清詔使　四六九
淇水　六九八
淇園　三三七
涿郡　三五三　四六一
五〇二
淮水　四〇六　五一七
淮南　二三八
淮陽王　一六三
涼州　一〇〇　一四二
四九〇　五八五　七一八
淳于恭（益孫）　四〇一
淳于臨　一〇
淳于縣　六四八
淯陽　六〇一
深陽　一二八
寇恂　三三七　三三八
寃朐　六四五
密　三五九　六三八
密鄉　六四八
梁女瑩　見懿獻梁皇后
梁不疑　四〇　四五　四三一
梁太后　見順烈梁皇后
梁父　二九七　六四五
梁丘賜　三三二
梁仲寧　四四一
梁州　二四五　四三五
梁松　三八九
梁皇后　見順烈梁皇后
梁胤　四〇
梁紀　三二三
梁國　五三　一八〇　二四五
四二二　六三四
梁猛女　見孝桓鄧皇后
梁商　二二　三二〇　三八九
四四八　四五二
梁貴人　見孝桓鄧皇后
梁貴人　見恭懷梁皇后
梁竦（褒親愍侯）　四〇
三一五
梁統（仲寧）　三八〇　三八八
梁輔　七二九
梁嫕　三一五
梁冀　四〇　四五　九三
九四　九五　一一一
二二一　三二三　三八九

三九〇　四二二　四三一
四三二　四三三　四三五
四五四　四五五　四五六
四五七　四七〇　四八九
四九四　五三九　五四〇
五六五　五九三　六九六
六九七　六九八
梁鴻　一九〇　六一〇
梁鵠　四四一
梁讓　二二
鄆亭　六四六
張子林　一七〇
張子禁　一二一
張元祖　一四〇
張升（彦真）　四九四

張申　三三一
張印　三一八
張成　一二五
張仲　二六六
張仲然　六六
張祁　四六三
張防（張昉）　九八　四三四
六九四
張步　三四〇　三四七
六五八
張攸　九一
張伯　四四一
張角　四六〇　五〇二
五七六　五八四　六三六
張免　二七七

張良　七一八
張劭（元伯）　一七一　一七二
張表（公儀）　六一〇
張奉（公先）　五一　三〇七
五四九　五五〇　六一〇
張武　一七四
張松　七二二
張雨　一八三
張明　五二二
張昉　見張防
張季札　一八〇　一八一
張孟卓　見張邈
張重（仲篤）　七二九
張修（子慎）　二一五
張禹（伯達）　二八〇　四一一

張奐(然明)　一一八　一一九
張津　四八八　五八一
張陵(處仲)　四七三
張純(伯仁)　四五　六一三
張袐　一五三　四六五
張常侍　見張讓
張隆　三四〇
張堪(君遊)　二八　三八〇
張湛(子孝)　五三六　五三七
張温　一四五　三六九　四八八
張翔　一二二五

張楷(公超)　四四　四五
張馴(子儁)　一六三
張業(仲叔)　一七四
張意　二二二一
張酺　四一六　六九二
張暉(率義侯)　三四〇
張綱(文紀)　九二　一〇五
張蕃　五六五
張稷(衞君)　二二五
張儉　一三一　一三三一
張磐(子石、張盤)　四七〇　四七四　七〇四

張盤　見張磐
張諛　二八〇
張璠　七〇一
張奮(雅通)　三九一　三九二
張興　四六八
張冀(仲宗)　二二二〇
張衡(平子)　四四二　四四三
張隱　七一四
張要　四三二一　四三二三
張邈(孟卓、張孟卓)　一四八
張濟(元江)　四一七　五六六

索引
八七九

張禮　二六六
張闓　二六八
張釋之　二八〇
張騫　七〇
張霸　四四　三九七
張顥　三〇七
張讓（張常侍）　一二五　三〇九　四六〇　四六一　四六八　四九〇
尉氏　四九四
陽平　五四　六四四
陽平關　六一八
陽武　六三八
陽城　六四二
陽球（方正）　一六〇　四八六　五九〇
陽遂亭　一五三
陽嘉　三二〇　四五三
陽翟　一八　二〇八　四六八
隗相　六八三
隗囂　三二九　三三五　四九五
陰氏　見孝和陰皇后
陰丹　六一六
陰城公主　五六九
陰修　二六六
陰員　六一六
陰脩　一四七
陰陸（宣思哀侯）　三一二
陰就　六〇六
陰綱（吴房侯）　三一七
陰興（君陵）　三八五　三八六
陰慶（鮦陽侯）　六一六
陰麗華　見光烈陰皇后
陰識　三一二　三八五
將作大匠　一七　九五　三九四　四五三　四七五　四八三　五七〇　五九〇
將軍　一四　七一八
鄗縣　一一八　五七四
參䜌（參蠻）　三三九　六八七　六四〇
參蠻　見參䜌
細君　五七二
細侯　見郭伋

細陽　三四　一二九　三八七

十二劃

博士　八九　一六二　二一一
二一二　二四八　三九二
三九三　三九八　四六〇
五四一　五四三
博平　見度尚
博昌　六四七
博園匽貴人（孝崇皇后、匽貴人）　三〇五　三一二
項　五八二
項羽　七二三
項誦（叔和）　二四六
棘陽　三三九
軹關　七二〇
散宜生　四六〇
散騎侍郎　六〇〇
敬宗　見順帝
敬祖　見巴祇
敬隱宋皇后（宋貴人）　三一五
三一六　三二四
朝那　六七八
朝歌　四三八　六三九
彭亡　五一九
彭城　六五　七二　八五
二二〇　四二三　四二四
六三四
彭殊　五八四
彭脩（子陽）　一六九　一七〇
彭閎（作明）　三九八
彭璆　四七五
彭寵　三四〇　三四四
葉　一六六　一八八　三三九
六四九
萬良　二四九
萬歲亭　八七
葛城　六四三
葛龔　一六七
董太夫人　見慎園董貴人
董卓　一〇三　一四四
一四七　一四八　二六九
三一〇　三二四　四二八
四四五　四六一　四六四
四七九　四八〇　四八一

八家後漢書輯注　八八二

五七四　五八一　五八五
五八六　六二六　七一〇
七一二　七一三　七一四
七一五　七一六　七一七
七一八
董昆（文通）　二七九
董承　五一四　五一五
董春（紀陽）　二二一
董种　一五四
董重　三二三
董侯　見獻帝
董宣　一五九　四八五
董姬　三〇五
董敦　三五五
董憲　三四〇

董襲　二六八
堯（唐）　九〇　二〇九
三五三　六二七　七二二
堯卿　見謝夷吾
惠公　見伏湛
惠公　見郭賀
惠帝（孝惠）　三三二
煮棗城　六四五
越騎校尉　一六一　二二三
二六九　七一五
硤石　七一八
雁門　二三六　三〇三
四六二　七二九
雲中　三七　一三八　三八一
五九七

揚州　四六　一〇一　一三二
一四六　一五七　一五八
二五一　四一一　五九九
六〇三　七一八
揚武將軍　六七三
揚烈將軍　六七三
揚雄（楊雄）　七六　五七二
雅通　見張奮
景山　見百里嵩
景公　見陳重
景成　見戴就
景伯　見种暠
景伯　見賈逵
景帝　五〇二
景寔　四六八

景慮 九一
景毅 四六八
貴人 三一一 三一七 三二一 三二四 三二五
單匡 五七 一二二 一二三 五五六
單超 五七 一二三 四八九 五五六
黑山 一二八
犍爲 一六五 三一九
嵇詔（文肅） 二三八
程夫人 一八一
程徐 五八七
喬卿 見郭賀
喬卿 見魏霸
智幼 見陸續
智伯 見鄧彪
傅介子 七〇
傅昌 五二五
傅俊 五二五
傅寧 二九九
傅賢（仲舒） 二一六 二一七
傅燮（南容、幼起） 九九 一〇〇 四四一
傅翻（君成） 二七〇
順帝（濟陰王、孝順、敬宗） 一九 一五三 一八五 二三七 二七二 三〇二 三〇三 三一九 三二〇 四一五 四三一 四三四 四四八 四五四 四八七 四八八 五四五 五六九 五七九 六一一 六三一 六九五
順烈后 見順烈梁皇后
順烈梁皇后（順烈后、梁皇后、梁太后） 一〇六 三二〇 三二一 三二二 四四九 四五四 五六五
皐弘（奉卿） 四七
皐徽 四七
焦參 六〇六
焦儉 三〇
御史 一二二 四二一 五六〇

御史大夫　一二二　四二一　五六〇
御史中丞　一三〇　二一七　二四二　二四三　三五八　三六八　四九九　五五一
須昌　六四四
鉅野　一一六
鉅鹿　一六　一八四　二七九　四七三　五〇二
舜（虞）　九〇　一二〇　二〇九　三五三　六二七
勝母　五八
鄒衍　五七二
然明　見張奐
童子郎　四四七

廐長（王國）　一六三
馮石　三三　三〇二
馮立　五三二
馮岱（德山）　一三九　一四〇
馮衍　五三二　五三三
馮異（公孫、征西）　三三八　三三九　五一八
馮豹（仲文）　五三二
馮翊（官名）　見左馮翊
馮翊（地名，亦稱左馮翊）　七一八
馮羡　一〇五　四四八
馮滿　五三二
馮緄（鴻卿）　四八　七二
馮敷　二三七

馮魴　三三　三八七
馮鸞　四八
湛城　六三八
湛重（文疊）　二〇四
湖陽　三八四
湖陽公主　一八
湖縣　八八　二二九　六三九
湘水　四五七
渤海陳夫人（樂安陳夫人）　三二一
湞陽　四三六
湯　一二一　三一七　六一七
湯陰　一三八
温序　四九五
温縣　四八二

渭水　六三三
湼縣　六五二
湟中　七一八
湟水　五〇四
曾參　五八
寒亭　六四八
寒泥　二九七
富平侯　四九四
盜泉　五八
遂高　四七二
禄（胡奴）　七一
尋陽　二六四
費亭侯　見曹騰
費遂（子奇）　二五一
開陽門候　四七
閎夭　四六〇
閔子騫　五四九　七〇一
閔貢（仲叔）　二二四　六一〇
疎勒（疏勒）　三四九
疏勒　見疎勒
賀純（仲真）　二六三

十三劃

瑕丘　一七四
楊王孫　四六四
楊仁（文義）　四九二　四九三
楊匡（叔康、楊章）　一一二
四五七　六六九
楊仲桓　八九
楊奇（公偉、公挺）　八九
九〇
楊秉（叔節）　九〇　九一
四二七　四八九　七〇三
楊政（子行）　四九一
楊厚（仲桓）　六〇六　六〇七
六六一
楊修　見楊脩
楊音　五五二
楊脩（楊修）　九二　四二九
楊球　四八七
楊彪（文先）　九二　四二七
四二八　四七五　四七六
四八〇　四八一　五八五
五八六
楊旋　見楊璇

楊章　見楊匡
楊淮（伯川）　二七五
楊密　五八七
楊終　六六五
楊喬（聖達）　一九四　一九五
楊惲（平通侯）　二五四
楊會宗　二五四
楊璇（機平、楊旋）　五〇　五一　四〇〇
楊震（伯起）　八八　八九　九〇　二二九　四二六　四二七　四三四　五七五　五七六　六〇六　六六七
楊賜（伯欽、臨晉侯）　九一　九二　四二七　五六五
楊魯　二七八
楊豫　二五四
楊儒　四四二
楊贊　一〇〇
榆勒（忠）　四一八
斟城　六四八
甄子然　四七五
甄阜　三三二　六〇一
甄豐　一五六
鄢陵　四九二
鄢陵侯　見曹章
蓋延　三四四　五五四
蓋思齊　一〇〇
蓋彪　四四一
蓋進　四四一
蓋登　三〇四
蓋勳　一〇〇　四四一　四四二　七一〇
蒼梧　四九　五〇　一九三　三〇七
蒲陰　六四二
蒙陰　六四二
蒙陰山　三七二
賈長頭　見賈逵
賈萌　一九七
賈逵（景伯、賈長頭）　四三　三六三　三九六　五三五　五四二　六六五
賈彪（偉節）　一三五　六七六　七一六

賈淑　一三七
賈琮　三二　三八三　四八一
賈貴人　見孝明賈貴人
賈復　五二〇　六五七
嗇夫　三七
楚王　五六三
楚丘亭　六四六
楚郡　二七九　五六三
楚國　三六八
聖公　見劉玄
聖明　見方儲
聖達　見楊喬
雷義（仲公）　一七七　一七八
　二〇二
零陵　五〇　五一　一五四
　一五五　二九九　四〇〇
　七〇二
損中　四一九　五六九
訾寶　六七九
督亢亭　六五三
督軍御史　一六八
督郵（郡國）　三四　三五
　五九　一三一　一三三
　一八二　一九七　二三六
　二三七　二四四　三八八
　四〇五　六六一　七〇〇
　七〇四
虞　見舜
虞延（子大）　三四　三五
　一九一　三八七　六〇六
虞放　四八八
虞承（叔明）　二三九
虞封　三五六
虞思　二九七
虞卿　二七一
虞孫　四三八
虞詩　三二一
虞詡（升卿）　九八　四三七
　四三八　四三九　四四〇
　四四六　六九四
虞經　四三七
虞毅　六九四
虞衡　三二一
當利　三一九
當陽穀侯　見宋揚

睢陽　四二二
蛾陂　六〇六
路仲翁　二一一
路芝　七九
賊曹掾〔郡〕　六六　二六六
嗣祖　見羊陟
嵩高　三〇六
睾門亭　三二四
蜀郡　二二　二四　一二四
一六〇　二六六　三八一
四八八　四九七　五一九
五三六　五三七　六六五
蜀郡屬國　三七
稚都　見周澤
鉤盾令　五一三　五四六
會稽　一七　四四　七五
一四六　一五三　一五九
一六〇　一六五　一六九
一七五　一八〇　一八二
二一七　二二一　二三七
二四二　二五七　二六三
三〇二　三九七　四〇四
四四五　四七八　四八二
四八三　五九〇　六二八
六六六　七二六
愛卿　見華松
解惲　九
解瀆侯　見靈帝
解瀆亭侯　見劉淑
新平　六五二
新都　六四九
新息侯　見馬援
新野　一七三　一七四
二九五　三一二　四一〇
五九四　六四九
新野公主　一一
新淦　二六三
新遷　二五　六〇九
新豐　二七七　六四〇
雍丘　六六九
雍鄉　六〇四
廉丹　五三二
廉范（叔度）　三八一　五三七
五三八
悽園董貴人（孝仁皇后、董太夫

人、永樂董太后、永樂后永
樂太后） 三一〇
三二三 三二四 三二五
滇池 五〇三
慈明 見荀爽
義真 見皇甫嵩
塗山 六五〇
褚禧（叔齊） 二六七
肅宗 見章帝

十四劃

壽春 一四九
壽張 一八三
壽張敬侯 見樊重
輔國將軍 三二五
輔鸞 見謝弼
嘉平 見熹平
臺卿 見趙岐
蔡伯喈 見蔡邕
蔡孟喜 五八二
蔡邕（伯喈、蔡伯喈） 四
一〇三 一〇四 一四八
一六三 一六八 四二七
四四五 四七一 五七六
五七八 六〇二 六〇三
六二八 六三〇 六三二
六六四 六六六 七〇一
七〇六 七〇七 七一四
七一五 七二二
蔡陽國 三三二
蔡稜（貞定） 七〇一 七一五
蔡順 六八三
蔡嵩 四一四
蔡勳（君嚴） 一〇二 七一五
蔡澤 五七二
蔣崇 二四四
蔣詡（元卿） 五〇一
蔣疊 二七八
綦毋君 一四六
趙弘 六七九
趙戒（志伯） 二三 二四
一一一
趙孝（長平） 五二 五五一
趙孝王 見劉良
趙岐（臺卿、趙嘉） 一一七

一四七　四六二　五八〇
趙忠（趙常侍）　一二三　三〇九
四七三　四九〇
趙典（仲經）　一二一　一二三
二四　二九三　三七三
六七三
趙建　四四七
趙承　一一二
趙昱（元達）　一四六　一四七
趙咨　五五
趙峻（伯師）　二七七　七二八
趙高　四七六
趙常侍　見趙忠
趙國　二一一
趙壹（元淑）　四九四　五九三

趙喜（伯陽）　三六六
趙堯（平氏君）　六二五
趙凱　五一
趙溫　二四
趙閎　三四二
趙嘉　見趙岐
趙曄（長君）　一六五
趙謙（彥信）　二四　四一六
趙禮　五二　五五一
臧旻　一〇一
臧宮（君公）　三四六　五二二
監軍　五八　二七五
熙平　見熹平
裴優　四五
箕關　三三六

管仲　五三八
管霸　三二三
舞陽　三三九　七二五
僕射　見尚書僕射
槃木　四三五
銍　一二二　四六七
銚期　一四
雒水　二〇九　六三三
雒陽　見洛陽
鄮縣　四六
齊武王　見劉縯
齊桓公　四六四
齊國　三七　七九　五四九
廣平王　四一六
廣武城　六三七

廣威 四二四
廣信 二〇七
廣陵 五六 七四 九六 一四六 二三〇 四三二 四四六
廣陽 一四 三五〇
廣漢 六九 一三四 二二七
廖扶 一八五
滎陽 三一九 六一七 六三七 六五六 六九八 七一八
漢中 一一〇 二四〇 六五一
漢安 九二 四三一
漢陽 一七九 二五六 三一五 四三六 四四一 四四二 五九三 六五九
漢瑜 見陳珪
漢寧 六五一
滿殷 六五九
漆 六五二
滹沱河 二九一
漁陽 二八 二二〇 三五〇 四八六 五二二 五三六
漲海 六 二〇八
鄭公鄉 四七五 五八四
鄭玄(康成、鄭康成) 四二 四三 三九四 三九五 四六〇 四七五 五〇一 五八四 七一八
鄭弘(巨君) 三七 三八 三九 三八八
鄭吉 三七
鄭均 二二
鄭泰(公業) 五九八 七一七 七一八
鄭康成 見鄭玄
鄭敬(次卿、次都) 二五 六〇六
鄭衆(仲師、子師) 三四九 三九六 五四〇 五四一
鄭遂 一一二
鄭據 四一四
鄭興(少贛) 四三 三九六 五三四 五四〇

寧平公主　四八五
寧武男　見竇融
寧季　四三八
寧陽　九八
寧彌國　五〇六
聞人統（文公）　二三六
隨　三二七
鄧太后　見和熹鄧皇后
鄧弘　三一七　三一八
鄧朱　三一七
鄧奉　三四〇　六五七
鄧京　三一七　三一八
鄧況　四一〇
鄧香　三二三
鄧禹（仲華、高密侯）　一一
三一七　三三六　三三七
五一七　五一八　六五六
鄧衍　三五　三六
鄧宣　三二三
鄧訓（平壽敬侯）　三一七
鄧悝　三一七　三一八
鄧容　三一七
鄧蛾（女蛾）　三一七
鄧通　見鄧道
鄧彪（智伯）　四一〇　五四七
五六一　五六二
鄧晨（偉卿）　一一　一八二
二九五　三三五　五一七
鄧康　三五七
鄧敬　二五　六〇六
鄧道（子淵、鄧道）　二二二
二二三
鄧蒲　三二九
鄧綏　見和熹鄧皇后
鄧曄　一〇
鄧融　一九一
鄧燕　三一七
鄧儒（伯祖）　二〇四
鄧閶　三一七　三一八
鄧騭　三〇一　三一七
三一八　四四四　五七七
六六一
翟酺（子庶）　七〇　七一
綸氏　七一

十五劃

橫野大將軍　三三四
樅陽　九六
赭丘城　六四一
穀城門候　六二八
蕪湖侯　見傅後
殤帝　三〇一　三一六　三一八
遼東　六五三　六九〇
遼陽　六五三
撣國　七七
劇　九六　一一二　六五八
鄴　三三九
賜支　五〇四
暴室嗇夫　三二五
稽落山　六九二
稷　二四三　六六七
黎丘　一二
儋耳　二〇八
緜上聚　六五二
樂安　一一九
樂安陳夫人　見渤海陳夫人
樂城　六七二
樂恢（伯奇）　四〇九　五六〇
樂崧　五五七
德山　見馮岱
德公　見李燮
德公　見魏昭
德瑜　見伍孚
質帝（孝質）　二八九　三三一
盤庚　四八〇　五八五
餘姚　二二一
樊　三八四　四九三
樊子昭　一四〇　四七二
樊宏（靡卿）　五三九　六五八
樊英（季齊）　一六七　一八五　六一一
樊重　三八四　六一五
樊崇　六五五
樊稠　六七三
樊曄　六八九
樊豐　二二九　二四四　三〇三　四二六　五七五
樊儵（長亙）　三八四

樊顯　五三六
滕延　二五一
滕咨　一一二
膠東　一一三　一一四
二二五
膠東侯　四五八
潁川　一八　三三　六七
七一　一〇〇　一〇七
一〇八　一一二　一四〇
一七五　一八〇　二〇三
二〇八　二一七　二四七
二六六　二七六　二九三
二九六　三三七　三三八
四一七　四二三　四五〇
四七七　四七九　四八八
五〇九　五三五　五六〇
五九二　六八八　六九四
七一七　七二五
潁陽　一八〇
潁陰侯　四〇
劉子張　三三二
劉公山　見劉岱
劉方　三九一
劉方　見劉輿
劉艾　七二〇
劉平　五二　四〇一　五五一
劉本　四八四
劉旦　二七八
劉玄(聖公、更始)　九　一二
一五〇　二九六　三二七
三二八　三三二　三二九
三四二　三六五　三七四
三七五　四八〇　五二〇
五四〇　六〇五　六〇九
六一五　六五六
劉永　三四四
劉永國(叔儒)　五九六
劉先　七二二
劉仲卿　六五五
劉伉(千乘王)　四二〇
劉向　七六
劉芳　見盧芳
劉秀　見光武帝
劉伯安　見劉虞
劉伯祖　見劉祐

劉宏 見靈帝

劉良(趙孝王) 三三二

劉表 九四 四八一 七一四 七二二

劉協 見獻帝

劉林 二九六

劉茂 六二四

劉昆 一六一 四九一

劉岱(公山、劉公山) 一四八 四八四

劉京(琅邪王、琅邪孝王) 二九三 四〇八 五五九

劉育 五二

劉祉(定陶王) 九

劉咸 四九五

劉矩 六二四

劉信 三三二

劉禹 三四三

劉盆子 九 六〇五 六六五

劉洪(元卓) 六二八

劉祐(伯祖、劉伯祖) 一二六

劉班 一〇五 四四八

劉莊 見明帝

劉恭(式侯) 九 六〇五

劉般 五五〇

劉悝(勃海王) 四二〇

劉祥 九七

劉陵(孟高) 二一九

劉陶(子奇) 九六 四三六

劉乾 三三二

劉焉 四八一

劉萇(孝仁皇) 三〇五

劉敞 三三二

劉偉德 六六

劉翊(劉詡、子相) 一八〇

劉庚(濟南王) 三〇五

劉淑(仲承) 一二三 三〇五

劉般 四六八 六〇七

劉淑（解瀆亭侯）　三〇五
劉陽　見明帝
劉紺　三五三
劉備（玄德）　四七五　五〇二
劉勝（中山靖王）　三一八
　五〇二
劉開（河間孝王）　三〇五
　四三〇
劉蒼（東平憲王）　四〇七
　四〇八　六〇二
劉虞（伯安、劉伯安）　一四五
　一四六　四八一
　六八〇
劉睦（北海敬王）　三三一
劉詡　見劉翊

劉歆　六三一
劉愷（相豫）　五四七　五五三
劉輔（沛獻王）　四〇七
劉寬（文饒、太饒）　一七
　三六二　三六三　三六四
　五二九　五三〇
劉肇　見和帝
劉璋　七二三
劉靚　二五二
劉賜　三三二
劉慶（翁敖）　三三三
劉慶（清河孝王、清河王、孝德
　皇帝）　三一五　三一六
　四三〇　六一三
劉興（北海靖王、北海靜王、魯
王）　三三一　六一四
　六二八
劉據　一〇五
劉儒（叔林）　一三四
劉憲（翁君）　三三三
　劉禪　七二四
劉彊（東海恭王）　一四五
　三一一　三一二
劉輿（劉方）　四八四
劉繇　四八四
劉鮪　四五六
劉翼（蠡吾侯、孝崇皇）
　三一二
劉縯（伯升、伯昇、齊武王、天柱
　大將軍）　二九五

三三〇　三三三
劉瑱（文理）　一二一
劉寵（安衆侯）　一九九
劉寵（祖榮）　一三九　一五三
四八三　四八四　五九〇
劉寵（陳愍王）　五七一
劉櫝（北鄉侯）　三〇二
劉騫　三三二
劉辯　見少帝
劉顯　三三二
魯王　見劉興
魯平　四九六
魯丕（叔陵）　三六二　三六三
魯奇　三四〇
魯炳　三六二

魯郡　三七五
魯恭（仲康、仲廉）　一六
三六〇　三六一　三六二
五二九
魯國　三七　一九六　四〇六
四七三　四七六
魯馗　七一五
魯陽　六九八
諸葛禮　二七四
褒成侯　見孔霸
褒親愍侯　見梁竦
稾　三一一
廚監　三〇三
慶忌　七一八
慶鴻　五三八

摩耶夫人　二八一
潘冢山　六五一
選公　見王閎
閬中　四九三
嫣皓（元起）　二六〇　二六一
豫州　六　六七　六八
一〇六　一〇九　二〇八
二三一　四二二　七一六
七二六
豫章　四七　八一　八五
一二〇　一七七　一九九
二〇一　二一九　二二六
二三七　二三〇　二四六
四二三　四六八　四九八
五九九　六〇七　六七一

豫章水 六五一

縓氏 九〇 四二一

縓玉 四二五

十六劃

橋玄(公祖) 七九 九五 四二三 七〇七

機平 見楊璇

薛包(孟嘗) 五五〇

薛郁 七一四

薛悙(子禮) 二四〇

薛勤 四六六 六九五

薛漢 一六五

薊 一四 二九一 三四二 三四七 三五一

薄姑城 六四七

蕭 二〇九

蕭王 見光武帝

蕭何 三三七

蕭建 五五

燕然山 六九二

熹平(嘉平、熙平) 二八九 三一一 三三三 五六四

霍諝 六七五

駱俊(孝遠) 二六七 二六八

冀州(冀部) 六〇 一〇一 一〇四 一四二 二五三 三三五

冀部 見冀州

冀奴 一〇一

冀江 三三二

盧芳(劉芳、西平王) 三七八

盧植(子幹) 四六〇 四六一 五七六 五八四 六七一

盧毓 四六一

縣令(令) 五四 六三 七四 七九 九五 一〇一 一一二

薊 一二二 一二五 一三一 一五四 一六〇

薄姑城 五七〇 五八四 七〇六 七〇八 七一〇

一六六 一七六 一八三 一八五 一八六 一八七 二一五 二二六 二二七 二三八 二四四 二四五 二四九 二五〇 二五六 二六四 二七七 三四四 三五〇 三五九 三六〇 三六一 三六七 三八七 三八八 三九三 四〇五 四〇九 四二六 四三六 四五二 四六七 四七七 四八二 四八三 四八五 四九一 四九二 四九四 四九九 五〇九 五二四 五五二 五五七 五六〇 五八七 五九二 五九六 五九八 六六一 六七二 七一一 七二五 七三〇

縣長(長) 一四 九六 一〇七 一〇九 一四六 一七九 一八二 二一四 二一九 二三二 二八四 三三〇 三五〇 三七六 三七九 三八〇 四〇〇 四〇一 四三六 四三八 四五一 四五五 四七二 四八四 五三六 五五一 五七三 五九六 六八一

黔陬 六四八

興平 三一〇 五一五 六三六 六五二

興先 見第五種

興祖 見羊續

穆宗 見和帝

築陽 六四九

衛羽 五七 五五六

衛良(叔賢) 二四九

衛君 見張稷

衛尉 三三 二四三 三〇二 三五七 三五八 三六六 三八六

衛颯 五八八

衛縣 六四四

錢塘江 二五三

錫 六五一

館陶公主　五一一
歆　二一三
鮑永（君長）　三七四　三七五
　三七六　五三三
鮑叔　五三八
鮑昂　二五
鮑昱（守文）　一八二　三七六
　五六七
鮑恢　三七〇　三七五
鮑宣　一九〇　七一五
鮑鄴　二九一　二九二
鮑德　五三四
諫議大夫　五三　二〇九
　二三九　二七〇　三七四
　三九六　四四八　五四〇
　五四四　六六七
謁者　二二六　三四一
　三四八　五六九　六二八
謁者僕射　三四八
龍亢　三九七
龍丘萇　一五〇　六〇九
龍逢　六六七
龍舒侯　一二九
龍壘　六三三
燒何　四六五
澠池　三二九
彊弩偏將軍　五二一
彊華　二九六
閻暢　三一九
閻顯　三〇二　三一九
闕與聚　六五二

十七劃

檀敷　一三三
檀謨　一四六
韓文布　一三八
韓卓（子助）　一四〇　六七七
韓忠　六七九
韓信　七二二
韓約　見韓遂
韓崇　二〇三　六八三
韓寅　四八九
韓遂（韓約）　九九　一四五
　七〇六
韓嵩　七二二

索引

韓稜（伯歸） 七二五
韓韶（仲黄） 一〇七 一〇八
韓演 五六五
韓融 四二五
韓鴻 三四一
韓縯 七〇五
韓顔 五二一
戴次公 一六〇
戴宏 一一三
戴良 一八八
戴封（平仲） 一七六
戴就（景成） 一八〇
戴遵（子高） 二七五
戴憑（次仲） 一六二
戴禮 二一〇
戴翼 二九四
臨平亭 三一七
臨沂 六四七
臨汾 四七七
臨武 二三二
臨洮 五〇四 六一四
臨晉侯 見楊賜
臨涇 四二〇
臨淮 三八 一四六 三六五
臨淄 三七 七九 五五二 六五八
臨淄侯 見曹植
臨湖 二三七
臨湘 一七三 五〇〇 五八七
臨濟 四九四 七二三
魏王 見曹丕
魏王 見曹操
魏少英 見魏朗
魏文侯 一六九
魏文帝 見曹丕
魏劭 四六〇
魏武帝 見曹操
魏尚（文仲） 二五五
魏德公 一三六
魏郡 一三 一〇六 一六七 三二一 四四九 六六二
魏朗（少英、魏少英） 一二七 一二八 二九三 六七三
魏貴人 三四

魏傑　四四二
魏應（尹伯）　三七三　六一七
魏霸（喬卿）　一六
繁陽　四三六
儲大伯　三七四　三七五
鍾南嚴　二五〇
鍾皓（季明）　一〇八
鍾繇　二六六
鍾離意（子阿）　五七　五八
　一五〇　一六九　四〇五
　四〇六　五一二　五五七
　六〇七　六〇九
鮦陽　五六一
鮦陽侯　見陰慶
鮮于褒　五五四

講學大夫　二四八
謝弘　一五二
謝夷吾（堯卿）　七六　一八二
　一八三　一八四
謝承　二八三
謝貞　二八四
謝躬　三三九　三四二
謝祿　六五六
謝弼（輔鸞）　九七
謝婴　見謝嬰
謝廉　四四七
謝嬰（謝婴）　二八三　二八四
襄邑　三四四
襄城　二九三　六五〇
襄賁　三五〇

襄楷　三七七
應世叔　見應奉
應志（仲節）　五〇
應劭（仲遠、仲援）　七三
　四一九　五七一
應奉（世叔、應世叔）　七一
　七二　四一九　五七〇
應珣（季瑜）　四一九　五七一
　六六五　七二五　七二六
應順（華仲）　五〇一　五七〇
應暘　四一九　五七一
應操　一三七
鴻池　三〇一
鴻郄陂（鴻卻陂）　一八二
　三三五

鴻門亭　六四〇
鴻郤陂　見鴻郄陂
鴻卿　見馮緄
鴻溝水　六三七
鴻豫　見郗慮
濮陽　九七　一四九　四七二
濟水　六三三
濟北　八〇　九六　一一三
　三〇二　三七七　四九四
濟北王　三一九
濟南　六九　一五七
濟南王　見劉庚
濟陽　五二　一七四
濟陰　一六　五七　一二二
　一二三　二七四　三七三
　三七七　五五六　六四六
濟陰王　見順帝
禮震（仲威）　一六三
闐鄉　六三九
孺子　見徐雅
孺子　見蘇章

十八劃

騎都尉　五〇九
豐　三六七
叢臺　六四三
顓臾城　六四五
邊水　二七二
邊章　九九　五八五
邊韶（孝先）　四八八　四九四
邊讓　四七四
顏子　見顏回
顏回（顏子、顏淵）　五九
　四四六　七〇〇
顏卿　見王常
離狐　六四六
離湳　四六三
禰衡　一六八
闕里　三七五　五〇九
隴西　一九一　四九五
　五〇四　五二七
隴亭　六八九

十九劃

櫟陽　二四九

鵲巢亭　二〇七
蘧伯玉　九四　一三一
蘄縣　二三七
蘇太　三一七
蘇不韋（公先）　六六二
蘇茂　六五六
蘇娥　二〇七
蘇章（士成）　二八
蘇章（孺文）　三八二
蘇謙（仲讓）　六六一
蟻陂　二五
羅威　六八四
嚴子陵　見嚴光
嚴光（嚴子陵）　七二八
嚴延年（次卿）　四八五
嚴君平　四九七
嚴崇　二九二
嚴翊　二一七
嚴遵　一八八
嚴豐（孟侯）　一九七
嚴麟　三八一
譙玄（君黄）　四九五
譙周　六〇二　六〇三
　七二四
鶉觚　六五二
廬江　二九　三三　五一
　二二一　二三七　二六四
　三八一　五四九
龐萌　三四四
龐參（仲達）　四二一
靡卿　見樊宏
懷　四九九
闞亭　六四四
關內侯　四七　五二六
　五六一
關寵　三四八

二十劃

蘭臺令史　四〇三　五四二
騶　三七
獻帝（劉協、董侯、勃海王、陳留
　王、山陽公）　三　一四四
　三一〇　三二五　四五一
　四六二　四七〇　六二七
　七一〇　七一一

獻穆曹后（曹節） 三二五
犨 三三九
護苑使者 三五八
護軍 五二四
護軍校尉 四九五
議生 六六
議郎 七三 九六 九九 一〇一 一二三 一三〇 一八六 二二四 二三四 二五六 二六三 三六二 三八二 三九七 四四六 四五二 四六八 七〇七 七一八
贏 一〇七
竇太后 見孝桓竇皇后
竇后 見孝桓竇皇后
竇攸 五九一
竇武 二三 一四一 三〇五 三二三 六〇七 六三三
竇固（孟孫） 三五七 五二八
竇章 三二〇 三五七
竇融（寧武男） 二八五 三五六
竇勳 三一五
竇憲（伯度） 二一五 三五七 五五四 五七〇 五七三 六九二

二十一劃

霸陵 四七七
驃騎將軍 二二二 三二三 四〇七 四〇八
鷄鹿山 三五七
酇 一八五
蠡吾侯 見劉翼

二十二劃

懿獻梁皇后（梁女瑩） 三二二
驍騎將軍 五二五
龔遂（巨卿） 二六二 五〇九
龔壽 二〇七

二十三劃

顯宗 見明帝
顯陽苑 三一〇 三二四

樂巴 一○五 四四八

二十四劃

靈思何皇（何皇后、何太后）
三一○ 三一二三 三一二四
三二三五 三三七七 四○○
四一五 四四二 四八九
四九○ 五一三 五一四
五一六 五六五 五九一
六六二 六六七 七○五
七○九 七一一

靈文鄉 三七

靈州 九九

靈帝（劉宏、孝靈、解瀆侯） 一
二一三 二二三 二三一
五○ 八六 九○
二五九 二八八 二八九
二九○ 三○五 三○六
三○七 三○九 三一○
三二一 三二三 三二四

靈懷王皇后 三三三五

贛 六五一

鷺陰河 五○四

鷹鷄都尉 四四二二

二十六劃

驥 見爰興